Christina von Braun und Gabriele Dietze (Hg.)

Multiple Persönlichkeit

Krankheit, Medium oder Metapher?

Verlag Neue Kritik

Die Deutsche Bibliothek - CIP-Einheitsaufnahme

Multiple Persönlichkeit : Krankheit, Medium oder Metapher? /
Christina von Braun und Gabriele Dietze (Hg.). Frankfurt am Main :
Verl. Neue Kritik, 1999
ISBN 3-8015-0326-7

© für diese Ausgabe Verlag Neue Kritik KGFrankfurt am Main 1999
Umschlug unter Verwendung des Werkes »Butterschuhe« von Yin Xiuzhen
Druck Druckerei Optima Ljubljana Slowenien
ISBN 3-8015-0326-7

Inhalt

Vorwort   6

Tilo Held
Multiple Persönlichkeitsstörung –
ein psychiatriepolitisches Konstrukt?   18

Ursula Link-Heer
Doppelgänger und multiple Persönlichkeiten.
Eine Faszination der Jahrhundertwende   32

Christina von Braun
Der Frauenkörper als Norm und Anomalie
des Gemeinschaftskörpers   60

Sherry Turkle
Computertechnologien und multiple Bilder des Selbst   86

Reinhard Isensee
Multiplizität und Identität im Internet   105

Ian Hacking
Kindesmißbrauch – Geschichte eines Diskurses   117

Janice Haaken
Das Wiedergewinnen des Gedächtnisses,
der Phantasie und des Begehrens.
Sexueller Mißbrauch und psychisches Trauma   165

Gabriele Dietze
Multiple Persönlichkeit und *Multiple Choice* in den USA
Eine Geschichte von Unschuld und Trauma   202

Auswahlbibliographie   236
Biographische Angaben   242

Vorwort

Was geschieht mit mir, wenn mein Klon ein Egoist ist und nur an sich denkt? Diese Frage erscheint wie die moderne Fassung des alten Paradoxons von Epimenides, der sich als Kreter das Sprichwort der Griechen »Alle Kreter lügen« zu eigen machte. Wie definiert man die Lüge, wenn ein notorischer Lügner sich selbst zum Lügner erklärt? Warum sollte irgendein Mensch einen Klon von sich selber wollen, wenn nicht, um die eigene Einmaligkeit zu feiern? Aber kann man das einmalige Selbst durch dessen Multiplikation feiern? Die Frage ist nicht nur ironisch gemeint. Der dahinter stehende Widerspruch durchgeistert die gesamte moderne Philosophie und Psychologie, die Geistes- und Naturwissenschaften überhaupt. Auf der einen Seite das sich selbst feiernde Ich und auf der anderen Seite eine Auflösung aller tradierten Vorstellungen von Individuum und »Autorschaft«.

Die Vorsilbe »Multi« ist auf dem Vormarsch. Sie schiebt sich in den Vordergrund vieler Diskurse der Gegenwart: Multi-Media, multikulturell, multiple choice, »Multioptionsgesellschaft«, multiple Identität im Internet. Neben der Feier der Selbstvervielfältigung etabliert sich auch eine ver-rückte Schattenseite, die wie viele Leiden der Moderne einen weiblichen Körper und ein weibliches Antlitz hat: die »Multiple Persönlichkeitsstörung«, *Multiple Personality Disorder* (MPD).

Dieses zu über 90% bei Frauen diagnostizierte Krankheitsbild basiert heute auf der Annahme, daß frühkindliche traumatische Erlebnisse, zumeist inzestuöse Übergriffe, zu Dissoziationen führen. Das ist ein relativ neues Erklärungsmuster für die Krankheit, von der schon die Psychiater des 19. Jahrhunderts berichteten. Freilich traten die Krankheitserscheinungen damals wie heute oft erst unter Hypnose zutage. Auch waren es nur vereinzelte Fälle; das Krankheitsbild hatte nicht die »epidemische« Qualität, die es heute – seitdem es mit sexuellem Mißbrauch in Verbindung gebracht wird – angenommen hat. Eine dissoziierende Patientin, so die heutige Theorie, wendet sich mit Trancen oder Amnesien von der ihr unerträglichen Erinnerung oder Realität ab und vergißt sie damit zugleich. Zum Krankheitsbild können *Fugues* (unmotivierte und nicht erinnerte Ortswechsel) oder die Ausbildung einer multiplen Persönlichkeit mit mehreren nebeneinander bestehenden Ichs gehören. Es wird angenommen, daß eine von Angst und Qual überflutete Psyche sogenannte Alter-Egos hervorbringt, die das ihre Entstehung auslösende Geschehen vergessen, d.h. verdrängt haben. Diese Alter-Egos haben unterschiedliche Namen, unterschiedliches Lebensalter, unterschiedliches Geschlecht und verfügen im Einzelfall auch über unterschiedliche sexuelle Präferenzen. Jedes von ihnen hat eine eigene »Biographie«, und oft weiß das eine Teil-Ich nichts von der Existenz der anderen. Eine Gastpersönlichkeit (*host*) wäre dann diejenige, die wegen ihrer psychischen Dysfunktionalität um Therapie nachsucht und erst während der Behandlung Kenntnis von den anderen Alter-Egos erlangt, die in den Phasen sogenannter »verlorener Zeit« der Gastpersönlichkeit ein Eigenleben geführt haben (*out* waren). Der Therapeut sucht im Reigen der während der Behandlung erscheinenden Alter-Persönlichkeiten – das können zwischen drei und hundert sein – nach Helferpersönlichkeiten (*internal self helper*), die meist im Gegensatz zu den anderen Alter-Persönlichkeiten ein Bewußtsein (*co-consciousness*) von den anderen Persönlichkeiten haben, um mit deren Hilfe zur Erinnerung, Anerkennung und kathartischen Durchlebung des Ursprungstraumas zu finden und die disparaten Persönlichkeiten am Ende wieder zu einer einzigen Persönlichkeit zu verschmelzen (to *fuse* oder *integrate*), womit das Therapieziel erreicht wäre. Hypnose kann, muß aber nicht notwendigerweise bei dieser Therapie eine Rolle spielen.

Wir möchten in diesem Band auf die kulturgeschichtliche Genese von sozialen Pathologien wie der Multiplen Persönlichkeitsstörung eingehen. Das bedeutet aber auch, daß gewisse Aspekte der spezifischen Devianz der Multiplizität nicht unser Thema sind. Erstens befassen wir uns *nicht* mit der Frage, ob die Multiple Persönlichkeitsstörung eine hypochondrische oder therapie-induzierte Modekrankheit ist. Die faktische Wahrheit dieser bei ca. 100 000 Patientinnen überwiegend in den USA diagnostizierten Störung soll hier also nicht ergründet werden, sondern es soll ausschließlich ihre emotionale Realität beleuchtet und ein Erklärungsrahmen für ihre theatralische Existenz skizziert werden. Zweitens beabsichtigen wir *nicht*, die Realität von sexuellem Mißbrauch in Frage zu stellen, noch seine beschädigenden Auswirkungen auf die Psyche ihres Opfers zu bestreiten. Wir halten es für schwer entscheidbar, ob traumatisierende Mißbrauchserlebnisse die tatsächliche Ursache des Spektakels der Multiplizität sind. Unser Erkenntnisinteresse zielt vielmehr auf den »sozialen Sinn« (Bourdieu) dieser weiblichen Persönlichkeitsstörung. Es soll die Geschichte nachgezeichnet werden, die Multiplizität im weiteren Kontext medialisierter Vervielfachung erzählt und die sie im kollektiven Imaginären eines modernen Gemeinschaftskörpers verortet, in dessen Zentrum immer die Regulierung von Sexualität steht.

Foucault hat den öffentlichen Blick auf das Geschlecht und das Geschlechtsleben eindringlich beschrieben. Durch diesen öffentlichen Blick, der sich im Industriezeitalter durchsetzte, wurde die Sexualität – an sich *das* traditionelle Territorium des Unberechenbaren, des Antisozialen, das es fernzuhalten oder zu disziplinieren galt – zum wichtigsten »Klebstoff« der sozialen Maschine. Über die Phantasien und die Erwartung von Lust, die der Sexualität zugrunde liegen, schrieb die »Maschine«, deren einzige *hard ware* der Gemeinschaftskörper ist (paradoxerweise ein imaginärer Körper), ihre *soft ware* dem Körper und der Psyche der Individuen ein. Als »Maschine« bezeichnen wir also das soziale Netzwerk oder Nervensystem, dessen Räder und Zellen die Individuen bilden. *Noch nie* – wir tun uns schwer, ein so großes Wort in den Mund zu nehmen, aber hier trifft es wohl zu – noch nie waren Menschen so abhängig voneinander wie heute. Nicht etwa, weil der einzelne auf den einzelnen anderen angewiesen wäre, sondern weil die Maschine selbst, das gesellschaftliche Netz aus dem Zusammenspiel, dem »Nervensystem« dieser einzelnen Teile besteht. Die Körper sowie die Denk- und Rechenfähigkeiten der Mitglieder der Gesellschaft *sind* die Maschine. Hobbes' *Leviathan* bedarf keines gesonderten Souveräns, das Netz *ist* dieser Souverän.

Als Kant die Aufklärung als »Ausgang des Menschen aus seiner selbstverschuldeten Unmündigkeit« definierte, bezog er sich auf die

»Unmündigkeit« gegenüber der Kirche, deren Vormundschaft die abendländische Gesellschaft mit der Aufklärung durch einen Akt des Willens aufkündigte. Daher dieses »selbstverschuldet« seiner Definition. Aufkündigen kann ich aber nur eine Beziehung, die ich mir selbst gewählt habe – und das bedeutet, daß, laut Kant, zumindest in der Vergangenheit ein *Bedürfnis* nach Unmündigkeit bestanden haben muß. Warum aber sollte dieses Bedürfnis mit der Aufklärung verschwunden sein? Adorno und Horkheimer haben den Widerspruch – einerseits technischer Fortschritt, andererseits Rückfall in die Bewußtlosigkeit – in der »Dialektik der Aufklärung« dargestellt. Aber ist dieser Widerspruch nicht dem abendländischen Denken überhaupt inhärent? Ob man an die Geschichte der Zeitwahrnehmung, an die Geschichte des Sehens und Hörens oder auch an die Geschichte des Geldes denkt: Jeder Fortschritt, jede Errungenschaft (die die Ausschaltung der Unberechenbarkeit und des Zufalls beinhalteten) bedeuteten zugleich das Anwachsen der Rolle des Kollektivs, die zunehmende Integration des Individuums in die Gemeinschaft, die steigende Synchronisierung gesellschaftlicher Prozesse. Die Entwicklung der abendländischen Geschichte seit der griechischen Klassik – oder seien wir genauer: seit der Etablierung der vollen phonetischen Alphabetschrift im Griechenland des 8. Jahrhunderts – läßt sich auch als ein großer Versuch interpretieren, den Menschen mit Hilfe der Instrumente, die seine Symbolisierungsfähigkeit hervorgebracht hat, in den paradiesischen Zustand der Verantwortungslosigkeit zu überführen. Diese These stellt einen der Ausgangspunkte für den vorliegenden Band dar:

Seit der Aufklärung (lassen wir es der Einfachheit halber bei diesem ungenauen Begriff) hat sich dieser Prozeß eher verstärkt. Die Maschen der Netzwerke verengten sich, in denen das Individuum lebt, fühlt und handelt. Mit der Entstehung der Nationalstaaten war der einzelne nicht mehr Untertan eines Herrschers, einer Kirche, eines Gesetzbuchs und eines Fiskus', er wurde auch zum Untertan seines patriotischen *Gefühls*. Der Staat selbst wurde zunehmend zu einem »Gefühlsgebilde«, einer »Übermutter«, einem »Netz« – mit allen Implikationen der Fürsorge und Gefangennahme, die dieser Begriff beinhaltet. Die Fürsorglichkeit fand u.a. in der Entstehung des sozialen Wohlfahrtsstaates ihren Ausdruck. Mit der Entwicklung des sozialen

Wohlfahrtsstaates ging der »Generationenvertrag« von einer biologischen Generationenkette (Eltern zu Kindern) auf eine abstrakte Generationenkette über. Während die biologische Generationenkette auf gleichsam »natürlichem« Wege die Vertragspartner designierte, muß im sozialen Wohlfahrtsstaat der Gemeinschaftskonsens, Voraussetzung für den abstrakten Generationenvertrag, überhaupt erst hergestellt werden – und die treibenden Kräfte dieser Konsensherstellung sind die medialen Technologien. Das *Gemeinschaftsgefühl* beruht zunehmend auf einem sich verdichtenden (und unsichtbar werdenden) Netz von Kommunikationsfäden. Es ließ die Entfernungen zwischen den einzelnen schrumpfen. Mit Hilfe der technischen Sehgeräte veränderte und vereinheitlichte es den Blick, die visuelle Wahrnehmung. Zunehmend bewegten sich Menschen *freiwillig* im Gleichtakt. Sie trugen die Uhren an ihrem Körper. Dadurch, so schreibt David Landes, rückte »Zeitdisziplin« an die Stelle von »Zeitgehorsam«:

Die mechanische Uhr war selbstgenügsam, und sobald Uhrmacher gelernt hatten, sie mit einer Sprungfeder, statt eines Fallgewichts, anzutreiben, konnte sie verkleinert werden, um tragbar zu sein, ob im Haushalt oder an der Person. Diese Möglichkeit eines weit verbreiteten privaten Gebrauchs wurde zur Basis für *Zeitdisziplin*, im Gegensatz zu *Zeitgehorsam*. Man kann, wie wir sehen werden, öffentliche Uhren benutzen, um Menschen für den einen oder anderen Zweck zusammenzurufen. Aber das ist keine Pünktlichkeit. Pünktlichkeit kommt von innen, nicht von außen. Die mechanische Uhr ermöglichte eine Zivilisation (wie man diese auch immer beurteilen mag), die sich der Vergänglichkeit der Zeit bewußt war und damit auch produktiv und performativ wurde.[1]

Müßte man also die Aufklärung nicht eher als *Ablösung* der einen Unmündigkeit durch eine andere definieren?

Wir haben es schon lange mit dem Paradoxon zu tun, daß die abendländische Geschichte ihre Lust an der Unmündigkeit zum Ausdruck von Mündigkeit erklärt. Mit der Moderne erhält dieses Paradoxon eine zusätzliche Dimension: Der »Vormund« des abendländischen Menschen hat keinen Namen und kein Gesicht. So offenbart er auch nicht die Gesetze, nach denen er waltet. Wir wollen versuchen, diesem »Vormund« einen Namen zu geben. Nennen wir ihn das »kollektive Imaginäre«. Der Begriff hat nichts mit den von C.G. Jung entworfenen »Archetypen« zu tun, die sich durch Unveränderbarkeit auszeichnen; noch ist damit das »kollektive Unbewußte« gemeint, in das sich die Spuren einer gemeinsamen kulturellen Tradition oder der historischen Traumata einer Nation (etwa Auschwitz) eingraben. Der Begriff des kollektiven Imaginären ist eher dem verwandt, was Walter Benjamin als »Wunschbilder«[2] oder »Bilder« bezeichnet hat, die »einer bestimmten Zeit angehören« und denen eigen ist, »daß sie erst in einer bestimmten Zeit zur Lesbarkeit kommen«[3]. Das kollektive Imaginäre würde in unserer Definition also aus den historisch *wandelbaren* Leitbildern oder Idealentwürfen bestehen, die jede Epoche hervorbringt und die dazu beitragen, die kollektiven Konstrukte vom »Wir« zu prägen. Auf die eine oder andere Weise transportiert das kollektive Imaginäre immer eine Heilsbotschaft, die die Aufhebung menschlicher Versehrtheit beinhaltet. Das Individuum erfährt sich als Teil einer imaginären Gemeinschaft, deren Konsens auf einer symbolischen Ordnung beruht und die durch Rituale, Glaubenssätze oder eben auch medial hergestellt wird. Die Anziehungskraft der Gemeinschaft auf den einzelnen besteht in genau dieser symbolischen (oder immateriellen) Qualität. Die Bilder und Entwürfe des kollektiven Imaginären vom »Wir« bieten dem Individuum die Möglichkeit, das eigene (als sterblich erlebte) Ich in ein anderes, imaginäres (und eben deshalb unsterbliches) Ich einzubinden. Das »funktioniert« freilich nur, solange die phantasmatischen Entwürfe des kollektiven Imaginären von den Mitgliedern der Gemeinschaft nicht als Imaginationen, auch nicht als Phantasie oder als Utopie, sondern als *Wirklichkeit* begriffen werden. Solange die Entwürfe des kollektiven Imaginären »unlesbar« bleiben, üben sie auch Macht über die Gemeinschaft aus; und sie verlieren ihre Macht, sobald sie »lesbar« und erkennbar, bzw. als »Bild« entzifferbar werden.

Das kollektive Imaginäre der Moderne beruht auf medial bedingten »Dispositiven« (um einen Begriff von Foucault zu benutzen), die das Denken, die Wahrnehmung vom Selbst und vom Anderen sowie den Diskurs der Gemeinschaft geprägt haben. Der Begriff »Medium« ist in beiden Übersetzungen des Wortes gemeint: einerseits die medialen Technologien und andererseits das psychische »Medium«. Das »Medium« in letzterem Sinne wurde als Mittler zu den Toten definiert: »a person through whom communication is deemed to be carried on between living men and the spirits of the departed,« wie es Frederic

Myers, der Begründer der Edinburgher Society of Psychical Research um die Jahrhundertwende nannte (siehe den Beitrag von Ursula Link-Heer). Das psychische Medium stellt aber nicht nur den Bezug zwischen der Welt (oder den Lebenden) und der Heilsbotschaft des kollektiven Imaginären her, es vermittelt auch zwischen der Welt und den medialen Technologien, die zweifellos nicht durch Zufall in demselben historischen Moment ihre Wirkungsweise zu entfalten beginnen, in dem auch das Interesse am psychischen Medium wächst. Das bedeutet nicht, daß das psychische Medium als ein Produkt der technischen Medien zu begreifen ist. Vielmehr ist es ein Spiegelbild der Hoffnungen und Phantasien, die sich auf die hypnotische Wirkung der medialen Technologien richten.

Der »gemeinsame Nenner« von psychischem Medium und medialen Technologien ist das kollektive Imaginäre: Sie spiegeln und bedingen einander – aber nicht in dem Sinne, in dem Elaine Showalter in ihrem Buch »Hystorien« den Zusammenhang von einigen »epidemischen« Erscheinungen der Moderne und den Massenmedien sieht. Für Showalter bringen die Massenmedien bestimmte Erscheinungen hervor, gleichsam durch massive Suggestion. So plädiert sie auch für Aufklärung, Information als Antidotum. Wenn aber die Information selbst – als Struktur, nicht als Nachricht – am Ursprung der Suggestion steht, kann sie schwerlich das Instrument der Aufhebung der Suggestion darstellen. *Informationsgesellschaft* – dieser vielbenutzte Begriff ist durchaus ernstzunehmen. Er beinhaltet nicht nur, daß Menschen *informiert* werden, sondern auch, daß sie *formatiert* werden und daß das Kollektiv *in Formation* gebracht wird. So sehen wir im Paradigma der »Suggestion« weniger das Gegenstück als das Spiegelbild der Aufklärung.

Warum nimmt das psychische Medium fast immer im *weiblichen* Körper Gestalt an? Dieser Aspekt hängt, so scheint uns, eng mit dem oben erwähnten Widerspruch der abendländischen Gesellschaft zusammen, die Lust an der Unmündigkeit zum Ausdruck von Mündigkeit zu erklären. Jede Epoche hat mit diesem Widerspruch auf unterschiedliche Weise umzugehen versucht. In einer Hinsicht läßt sich jedoch ein immer wiederkehrendes Muster erkennen. Jeder »Fortschritt«, jede Neuerung im Sinne einer mündigen Annäherung an die Unmündigkeit, wurde von einer Veränderung der symbolischen Geschlechterrollen begleitet, d.h. von einem Wandel der Funktion, die dem geschlechtlichen Ich in der neuen gesellschaftlichen Ordnung zugewiesen wurde. Dem Muster lag ein einfaches Gesetz zugrunde. Immer dann, wenn durch Fortschritt eine neue Regression erreicht, wenn durch wachsende Mündigkeit zunehmende Unmündigkeit erworben, wenn das Subjekt durch seine »Objektivierung« in einen »autonomen« Bürger verwandelt wurde, vollzog sich eine Spaltung: Der Fortschritt wurde dem männlichen, die Regression dem weiblichen Geschlecht zugewiesen. Mündigkeit wurde zur einer Eigenschaft des denkenden Mannes, die mit ihr einhergehende Unmündigkeit zum Charakteristikum des »schwachen Geschlechts«. Wurde das »Subjekt« als sehend definiert, so galt der Blick als »männlich« und das »Betrachtetwerden« als weiblich. Das klingt sehr einfach, ist es vielleicht auch. Entziffern läßt sich dieses einfache Gesetz aber nur rückblickend. Denn für jede Epoche bedeutete die Erarbeitung solcher symbolischer Zuschreibungen, die immer auch soziale und politische Veränderungen zur Folge hatten, den Einsatz großer kultureller Energien. So könnte man – in Umkehrung einer üblichen historischen Lesart – vielleicht sagen, daß bestimmte Epochen der abendländischen Geschichte deshalb große kulturelle Energien entwickelten, *weil* es galt, neue symbolische Muster für den Grundwiderspruch zu finden, daß Mündigkeit und Unmündigkeit untrennbar verbunden sind. Auch so ließen sich diese epochalen Einschnitte lesen, die immer wieder als Wendepunkte abendländischer Geschichte gedacht werden: die griechische Klassik nach der Einführung des Alphabets, die Durchsetzung der Transsubstantiationslehre (das große mediale Ereignis des Mittelalters), die Erfindung des Buchdrucks und die Entwicklung der Zentralperspektive in der Renaissance und schließlich die rasante Verbreitung der technischen und telematischen Transport- und Kommunikationsmittel seit 1800. Parallel zu den Errungenschaften dieser Epochen fand auch immer eine Neudefinition der symbolischen Geschlechterrollen statt, und diese schlug sich in religiösen oder philosophischen, künstlerischen, psychologischen, juristischen oder medizinischen »Gesetzen« nieder.

So gesehen stellten die Geschlechterrollen einen Indikator für die Phantasien dar, die im kollektiven Imaginären jeder Epoche akut wurden. Nirgendwo treten die Geschlechterrollen aber deutlicher zutage als in den sogenannten »Frauenkrankheiten«. Hier offenbart sich die Spaltung des Widerspruchs zwischen Mündigkeit und Unmündigkeit als Spaltung zwischen »rational« und »irrational«, zwischen »Normalität« und »Anomalie«, zwischen »gesund« und »krank«. Gleichzeitig zeigen sich in den »Frauenkrankheiten« aber auch die Brechungen dieser Phantasien, die Unauflösbarkeit des Widerspruchs zwischen Mündigkeit und Unmündigkeit. Ganz generell erlauben Krankheiten die Entzifferung der Gesetze, nach denen Normalität und Gesundheit beurteilt werden. Schon Novalis hatte die Krankheiten als einen Ausdruck erhöhter »Sensibilität« betrachtet. Er schrieb, daß sie »wahrscheinlich (...) der interessanteste Reiz und Stoff unseres Nachdenkens und unserer Tätigkeit« seien. Man müsse die Krankheiten »durch tägliche Bemerkungen zu benützen suchen«, denn sie stellten »Lehrjahre der Lebenskunst und Gemütsbildung« dar.[4] Doch während es Novalis um die Beobachtung des *individuellen* Selbst ging, richtet sich unser Augenmerk auf die Krankheiten als Barometer des *kollektiven* Selbst. Die »Frauenkrankheiten«, die immer kollektiver Art sind, offenbaren die »Gesetze«, nach denen das kollektive Imaginäre funktioniert. Vor allem erlauben sie es, diese »Gesetze« als *Phantasien* zu lesen.

Im Fall der »multiplen Persönlichkeitsstörung« ist der Begriff der »Suggestibilität« von zentraler Bedeutung. Er taucht gegen Ende des 18. Jahrhunderts auf – mit dem Interesse an Hypnose, an den magnetischen Wellen des Mesmerismus, mit Animismus, Spiritismus und der allgemeinen Faszination für das psychische Medium. Er spielt aber auch im Zusammenhang mit den Massenmedien eine wichtige Rolle: Hier verweist er auf den Einfluß der Kommunikationstechnologien auf kollektives Verhalten. Uns erscheint der *Zusammenhang* zwischen der individuellen und der kollektiven Suggestibilität von zentraler Bedeutung. Er bezeichnet das Spannungsfeld, in dem sich der Konsens der Gemeinschaft, das »Gefühl« für die Gemeinschaft und die Gemeinschaft als »Gefühlsgebilde« entwickeln konnte. Die Wechselbeziehung zwischen kollektiver und individueller Suggestibilität erklärt u.a. die Paradoxie, daß die »Multiplizität« einerseits als Krankheitsbild kritisiert, andererseits aber auch als Paradigma der Moderne bejaht werden kann, wie in den Beiträgen von Sherry Turkle und Reinhard Isensee explizit wird. In der Multiplizität offenbart sich einerseits die Spiegelbildlichkeit vom Interesse am psychischen Medium und von Sehnsüchten, die sich auf die medialen Technologien richten. Andererseits zeigt sich hier aber auch die Spaltung zwischen »männlicher« Normalität und »weiblicher« Anomalie. Indem sie diesen Widerspruch sichtbar macht, führt die Krankheit Multiplizität die Phantasien des kollektiven Imaginären wiederum ihrer »Lesbarkeit« zu.

Diese Korrelation von kollektiver und individueller, weiblicher Suggestibilität – die auch in vielen politischen Diskursen zutage tritt, in denen die »Masse« als »weiblich« imaginiert wird – relativiert die Bedeutung der Frage, die sonst im Fokus der Debatte über die Multiplizität steht: die Frage, ob das Krankheitsbild der »multiplen Persönlichkeitsstörung« als iatrogen (vom Therapeuten suggeriert) zu betrachten ist oder nicht. Die Tatsache, daß der Topos der Suggestibilität sowohl im Zentrum des Diskurses über den Gemeinschaftskörper als auch im Zentrum eines modernen Krankheitsbildes steht, besagt, daß er als Indikator für den individuellen, »kranken« Körper wie für den Kollektivleib zu begreifen ist und daß diese Wechselbeziehung das eigentliche Thema ist, das hier verhandelt wird. Janice Haaken macht in ihrem Aufsatz darauf aufmerksam, daß im Zusammenhang sowohl mit der Multiplizität als auch mit dem sexuellen Mißbrauch quasi-religiöse Gefühle zum Tragen kommen. Tatsächlich »glauben« ja beide – Therapeut und Patientin –, wenn auch in unterschiedlicher Weise, an die Krankheit bzw. an das Trauma, an den verdrängten und »vergessenen« sexuellen Mißbrauch, der der Multiplizität das *standing* einer »großen Krankheit« verschafft hat, wie Ian Hacking in seinem Artikel ausführt. Dem Therapeuten eröffnet der »Glaube« an das Krankheitsbild die Möglichkeit, einen Symptomträger zu benennen, der Patientin eröffnet er die Möglichkeit, zum *Adressaten* eines Krankheitsbildes zu werden und damit auch eine »Leerstelle« auszufüllen: Da, wo der »Vormund« kein Gesicht mehr hat, wächst das Bedürfnis, einen »Täter« benennen zu können. Aber es ist auch wichtig zu zeigen, *daß* es sich bei diesem Krankheitsbild um ein »psychiatriepolitisches Konstrukt« handelt, wie Tilo Held im ersten Aufsatz dieses Bandes darlegt. Denn dieses Konstrukt ist wirkungsmächtig, eben weil es Konstrukt ist: Es erzeugt Realität wie alle anderen Phantasien des kollektiven Imaginären, die *nicht* als Phantasien begriffen werden, und seine Wirkungsmacht entfaltet sich nicht nur in der Symptombildung der Krankheiten, sondern auch in den sozialen Strukturen und den Geschlechterrollen. Ursula Link-Heer untersucht das Doppelgängermotiv in der Literatur und setzt es in Beziehung zur ersten Konjunktur des Multiplizitätskonzepts im Fin de Siècle. Die Herausgeberinnen beziehen sich einerseits auf das äußere Erscheinungsbild der Multiplen Persönlichkeitsstörung, andererseits aber auch auf das symbolische *Bild* der Krankheit: auf das Zeichen, das die Anomalie hervorbringt und das es zu entziffern gilt. Christina von Braun beleuchtet den kulturgeschichtlichen Zusammenhang von dem individuell kranken Körper der Frau und dem Gemeinschaftskörper. Die Aufsatzsammlung ist aus einer Tagung der Evangelischen Akademie Tutzung unter der Leitung von Karin Andert hervorgegangen und wurde sowohl um deutsche wie auch um wichtige angloamerikanische Beiträge ergänzt, die hier erstmals in deutscher Sprache vorliegen.

Den Begriff des »Krankheitsbildes«, mit dem in der Medizin und Psychiatrie sonst das Erscheinungsbild, das Sichtbare einer bestimmten Krankheit bzw. die Symptombildung bezeichnet wird, benutzen wir hier in seiner, dem Begriff inhärenten Doppelbedeutung. Gabriele Dietze liest die zweite Welle des Krankheitsbildes Multiplizität aus seiner US-amerikanischen »Wirtskultur« und in seinem Zusammenhang mit postfeministischen Gerechtigkeitsverhandlungen. Die Multiplizität erzählt etwas über den »Dialog« zwischen den medialen Technologien und dem kollektiven Imaginären, bei denen die eigentlichen »Mittler«, die »Medien«, die Menschen selbst sind. Dieses Krankheitsbild macht einige der Gesetze sicht- und lesbar, nach denen das kollektive Imaginäre die Individuen im Gemeinschaftskörper leben, lieben, denken und handeln läßt. Wir können mit diesem Band nur einen kleinen Einblick in die vielen geistesgeschichtlichen Hintergründe für die Entstehung eines solchen Krankheitsbildes geben. Die Autoren und Autorinnen kommen aus unterschiedlichen Disziplinen, geisteswissenschaftlichen wie medizinischen. Ihre verschiedenen Perspektiven und Interpretationen vermitteln eine Ahnung von den heimlichen und unheimlichen Diskursen, die dem Diskurs über Multiplizität zugrunde liegen, und von der Fülle der

Hintergründe (und Abgründe), die sich hinter einem solchen Krankheitsbild auftun.

Christina von Braun und Gabriele Dietze

Anmerkungen:

1 David S. Landes, *Revolution in Time. Clocks and the Making of the Modern World* (Cambridge: Mass./London 1983), S. 7.
2 Walter Benjamin, *Gesammelte Schriften*, hg. v. Rolf Tiedemann u. Hermann Schweppenhäuser, (Frankfurt/M: 1982), Bd. V/2 S. 1226.
3 Ebda., Bd-V/1 S. 577.
4 Novalis, *Schriften, Die Werke Friedrich von Hardenbergs*, hg. v. Paul Kluckhohn und Richard Samuel, zweite ergänzte, erweiterte und verbesserte Auflage, (Stuttgart: 1960ff), S. 667, 686f, 662f.

Tilo Held

Multiple Persönlichkeitsstörung ein psychiatriepolitisches Konstrukt?

Einführung

Es soll im folgenden von »multipler Persönlichkeitsstörung« und »MPD« (multiple personality disorder) die Rede sein. Im Zuge einer Aktualisierung der amerikanischen Psychiatrie-Terminologie im Handbuch der psychiatrischen Diagnostik (DSM IV, 1994) wurde das »Krankheitsbild« zwar mit einem neuen Namen, dem der »dissoziativen Identitätsstörung« (*dissociate identity disorder*) belegt; diesen Namen einfach zu übernehmen hieße aber, von vornherein viel von der kritischen Distanz zu dem Phänomen aufzugeben, deren argumentative Begründung gerade Ziel und Inhalt dieses Beitrags ist. Zur multiplen Persönlichkeitsstörung, einem wissenschaftlich-klassifikatorischen Begriff, gehört untrennbar die Aura eines formidablen Medienrummels, der so viel für das Bekanntwerden des Störungsbildes getan hat, dessen sich aber die wissenschaftlichen Propagatoren der Krankheit durch die Umbenennung zu entledigen suchen.

Die psychiatrische Terminologie könnte ein Elfenbeinturm-Phänomen sein, ist aber das Gegenteil davon. Die Beschreibung psychopathologischer und psychiatrischer Phänomene wurde lange als Wissenschaft vom erkrankten Geist mit den Methoden der Geisteswissenschaft betrieben. Die daraus entstandenen, noch heute wertvollen, profunden Analysen hatten den Nachteil einer exzessiven Bindung an Personen und Schulen, bei der es eigentlich nur eine Sicherheit gab: daß zwei verschiedene Beobachter dasselbe Phänomen unterschiedlich beschreiben würden. Dieser Nachteil ist gravierend unter der Prämisse, daß die Psychiatrie ihren Platz innerhalb der medizinischen Disziplinen nicht aufgeben und sich von deren erfahrungs-wissenschaftlicher Orientierung nicht abkoppeln wollte.

18

Das Fachwort für das Maß der Übereinstimmung zwischen zwei Beschreibern eines Phänomens ist die *Interrater-Reliabilität*. Die gesamte Entwicklung der Psychiatrie in den letzten Jahrzehnten läßt sich unter diesem Stichwort als Kampf um die verbesserte Interrater-Reliabilität beschreiben. Der Gewinn aus einer solchen verbesserten Übereinstimmung für die wissenschaftliche Psychiatrie leuchtet unmittelbar ein. Aber der Preis ist hoch. Bevorzugt werden natürlich jene Kriterien zur Beschreibung herangezogen, über die Einigkeit schnell zu erzielen ist. Deren Relevanz für das zu beschreibende Phänomen spielt, wenn überhaupt, nur eine geringe Rolle. Die Freude über die gemeinsame Sprache wird somit immer wieder durch Zweifel darüber getrübt, ob wir nicht an vielen Stellen einer medizinalistischen Verflachung der Psychiatrie unterliegen. Dennoch deutet, 17 Jahre nach dem Vorpreschen der US-Amerikaner mit ihrem neuen Klassifikationswerk DSM III (1980), nichts darauf hin, daß sich dieser Trend zu einer am Manifesten orientierten Beschreibung psychischer Phänomene ändern könnte. Im Gegenteil. Die Weltgesundheitsorganisation, mit ihrer weltweit gültigen Krankheitsliste ICD, hat die Kriterien-Logik des amerikanischen Systems übernommen und damit in der 10. Auflage der International Classification of Diseases von 1992 eigentlich die Voraussetzungen geschaffen, daß die Amerikaner zur internationalen Klassifikation zurückkehren könnten. Dies geschieht aber nicht. Es geht um viel Geld und viel Macht. Eine Terminologie vorgeben, die Definitionsmacht ausüben zu können, ist offenbar zu viel, als daß man es freiwillig wieder hergeben würde.

Das Krankheitsdogma
Für die »multiple Persönlichkeitsstörung« heißt dies:
1. Es ist ein Akt der Insubordination, heute, vier Jahre nach ihrer offiziellen Umbenennung im DSM IV in Dissoziative Identitätsstörung überhaupt noch von Multipler Persönlichkeitsstörung zu sprechen.
2. Das DSM IV definiert, was für die Betrachtung der Störung relevant ist: das Vorhandensein von zwei oder mehr Identitäten, die abwechselnd verhaltensbestimmend wirken, und das Bestehen von Gedächtnislücken, die nicht durch normale Vergeßlichkeit erklärbar sind.

19

Zugleich ist damit ausgesagt, daß alle übrigen Beobachtungen, die sich mit dem Phänomen verknüpfen lassen, medizinisch irrelevant sind. Hatte die Psychiatrie alten Stils eine Sprache, die ihr breit den Zugang zur kulturellen Dimension ihres Faches eröffnete – Freud war insofern zwar besonders brillant, aber nur einer unter vielen –, so bemüht sich heute die Psychiatrie um eine universalistische Sprache, durchaus in der Absicht, das zu eliminieren, was je nach Standpunkt eine kulturelle Relativierung oder Bereicherung ihrer Aussagen ist. Ich hoffe zeigen zu können, warum es scheitert und scheitern muß, das Phänomen »MPD« mit *dieser* Psychiatrie zu erfassen.

Die sehr zahlreichen Publikationen einer Handvoll von Autoren (v.a. Putnam, Ross, Kluft, Coons), die den Mainstream der amerikanischen MPD-Literatur darstellen, bilden genau dieses Sprach- und Denktabu gegenüber der Produktivkraft der eigenen Kultur ab. Ihre Grundaussage ist schnell referiert: die dissoziative Identitätsstörung ist eine durch Kindheitstraumen erzeugte Krankheit (*mental illness*) und sonst gar nichts. Es ist an der Zeit, dieses Tabu aufzubrechen.

Eine Handvoll Autoren: es war in der Medizin bisher nicht üblich (aber das beginnt sich zu ändern), daß Krankheiten und die dazu empfohlene Therapie als eingetragenes Markenzeichen einiger weniger behandelt werden. Für die MPD gilt dies in ganz besonderem Maße, wobei gleich gesagt werden muß, daß einige der Propagatoren sehr angesehene und vor allem einflußreiche amerikanische Psychiater sind. Wie sonst wäre es auch zu verstehen, daß MPD 1980 sozusagen auf dem kurzen Weg durch die Institutionen einen schnellen Eingang in den offiziellen Diagnosenkatalog DSM III fand (übrigens zugleich mit der Entfernung des Terminus »Hysterie« aus der offiziellen amerikanischen Terminologie)?

Ob ein psychiatrisch beschriebenes Phänomen die Dignität einer offiziellen Diagnose erhält, wird nämlich demokratisch durch Gremienbeschluß entschieden – von den vielen unvollkommenen Arten, die Wirklichkeit abzubilden, eine der beliebtesten. Entsprechend viel findet sich vom Eigenleben des Gremiums in der Wirklichkeitsbeschreibung wieder. Was versteht die Medizin unter Krankheit?

Krankheit ist eine Beeinträchtigung der Gesundheit, die durch charakteristische Ursachen, Erscheinungs- und Verlaufsformen beschrieben werden kann.

Tilo Held

Nur selten sind in der Psychiatrie diese Elemente so klar und vollzählig vorhanden. Es hat sich deshalb eingebürgert, statt von psychischen Krankheiten lieber von psychischen Störungen zu sprechen, was auch ein Anliegen der in der Psychiatrie und Psychotherapie tätigen nicht-ärztlichen Berufsgruppen ist.

Ob Krankheit oder Störung, für die Besitzer des Markenzeichens »MPD« ist jedenfalls klar, daß hier eine besonders eindeutige Konstellation vorliegt, für die Ursache, Erscheinungsbild und adäquate Therapie bekannt sind.

Abb. 1 MPD-Erklärungsmuster der »Besitzer des Markenzeichens«

| Symptom | Syndrom | **MPD = Krankheit** | Medizinische Sphäre |

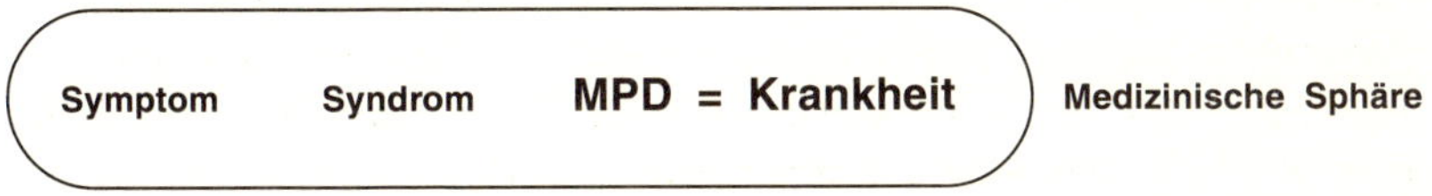

Unterhalb der Ebene der definierten Krankheit oder Störung gibt es das Symptom und das Syndrom. Ein Symptom, wie Fieber etwa, ist klar beschreibbar, aber in seiner ursächlichen Zuordnung grundsätzlich mehrdeutig und kann oftmals bei ganz verschiedenen Krankheiten vorkommen. Das Syndrom bezeichnet das regelmäßige gemeinsame Auftreten von Symptomen.

Könnte man das Erleben verschiedener, von einander getrennter Identitäten statt als *Krankheit* auch als *Symptom* im Rahmen einer weiter definierten Störung sehen? Selbstverständlich, und sogar sehr gut. Aber ein Symptom ist nicht als Markenzeichen zu schützen, und die Pforten der Krankenkassenbehandlung öffnen sich nicht für Symptome, sondern nur für definierte Störungen des DSM III oder IV.

Da ich Psychiater und Psychoanalytiker bin und dieses Metier jahrzehntelang in Frankreich und Deutschland ausgeübt habe und immer noch ausübe, möchte ich meinen persönlichen Erfahrungshintergrund zur »multiplen Persönlichkeitsstörung« beschreiben. Mir sind keine Patientinnen begegnet, bei denen im engen Sinne das Phänomen der multiplen Persönlichkeit eine Rolle spielte, und das nicht nur in meiner persönlichen Praxis, sondern auch in meiner Klinik, in der eine

Reihe von Psychologinnen arbeiten, die vielleicht noch mehr als ich die Eignung und Neigung besäßen, dies Störungsbild zu sehen. Unser konstantes und seit langem bestehendes Interesse an den Folgen psychischer Traumatisierung macht es unwahrscheinlich, daß dies an mangelnder Aufmerksamkeit unsererseits liegt. Wohl sind uns viele Patientinnen begegnet, deren Symptome und Erleben sie in hohem Maße der Suggestion einer multiplen Identität zugänglich gemacht hätten, wenn wir sie denn in diese Richtung beeinflußt hätten. Wir haben uns gehütet ...

Die soziokulturelle Dimension
Es geht mir nicht darum, die Realität der amerikanischen Fallbeschreibungen zu leugnen, und schon gar nicht das Leiden derer, die sich hilfesuchend in Amerika oder Europa an Therapeuten wenden. Wohl aber will ich versuchen, mitzuwirken an der Rekonstruktion des Gesamtphänomens MPD, das sehr gewaltsam amputiert wurde, um in das Prokrustesbett der psychiatrischen Krankheitsdefinition zu passen. Amputiert wurde die gesamte kulturelle und soziale Dimension, die auf sehr brillante Weise Autoren wie Hacking (1991), Ofshe (1993) und Spanos (1996) beschrieben haben.

Ich selbst möchte mich darauf beschränken, die Thesen des leider so jung verunglückten Psychologen Nicholas Spanos als Kontrapunkt zu der psychiatrischen Deutung der MPD zu resümieren.

Abb. 2: MPD-»soziokognitives Modell« nach Spanos

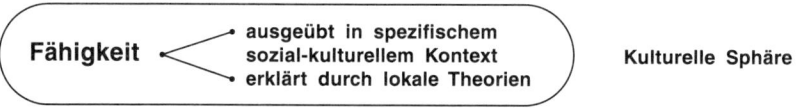

In scharfem Kontrast zu der These der Abbildung 1 wäre MPD also nicht eine Krankheit, sondern eine universell vorhandene, aber in unterschiedlichen Kontexten unterschiedlich abgerufene und in Szene gesetzte (*enactment*) psychische Fähigkeit, die in ihrem lokalen Auftreten durch lokale Theorien erklärt wird. Das psychiatrische Verständnis der MPD wäre nach Spanos eine solche lokale, aber falsche Theorie. Mein Beitrag soll argumentativ belegen, warum auch aus *psychiatrischer Sicht* die Theorie »MPD ist eine psychische Erkrankung« nicht zu halten ist.

Zunächst zur Tatsache, daß sich ein extremes Gefälle in der Zahl bekanntgewordener Fälle von MPD in den USA und Kanada verglichen mit anderen Ländern findet. Wenngleich es eine große Anzahl von Publikationen zur MPD aus der Feder der Mainstream-Autoren gibt (man hat ausgerechnet, daß 3,3 Artikel pro MPD-Patientin geschrieben wurden) (Coons, 1990), so sind sie einander doch sehr ähnlich. Gemeinsam ist vor allem das eine: die konsequente Ablehnung jedes überindividuellen Gesichtspunkts in der Betrachtung des Phänomens MPD. Kollektiv ist nach Meinung dieser Autoren einzig das kollektive Verharren vor allem der nicht-nordamerikanischen Psychiater in der selbstverschuldeten Unfähigkeit, im eigenen Lande diese Fälle zu sehen (entsprechend rechnet Ross die Zahl der MPD-Fälle auf 100 Millionen weltweit hoch) (Ross, 1991). Die Häufung bestimmter Krankheitsbilder in bestimmten Regionen ist in der Medizin etwas sehr Alltägliches. Ihre Erklärung erfordert den Einsatz der Methoden der Epidemiologie oder anderer Wissenszweige, vor allem erfordert sie den Verzicht auf vorschnelle Festlegungen.

Die tönernen Füße

Wie fast alles andere ist auch dies bei der MPD anders gelaufen. Eine Krankheitsursache war als allererstes gefunden: die hauptsächlich sexuelle Traumatisierung kleiner Mädchen. Nun konnten die Häufigkeitsunterschiede nur noch auf zwei Arten erklärt werden: entweder gibt es in der Welt eine extreme Ungleichverteilung der Häufigkeit sexueller Gewalt gegen Mädchen zu Lasten der USA oder aber es gibt eine extreme Ignoranz der Psychiater anderer Länder bei der Wahrnehmung der auch in ihren Ländern häufigen MPD. Beide Behauptungen werden formuliert, beide sind wenig plausibel und durch nichts belegt. Laut den Arbeiten der MPD-Befürworter geben mehr als 90% der MPD-Patientinnen (ich benutze die weibliche Form, da es zu 92% Frauen sind) (Putnam, 1986) bei der Erstbefragung an, in der Kindheit aggressiv und/oder sexuell mißbraucht worden zu sein. Dies ist zwar eindrucksvoll, als wissenschaftlich begründete Ursachenzuschreibung aber nicht zulässig. Das Verfahren geht anders.

Abb. 3: Zur Findung von Kausalfaktoren in der Medizin

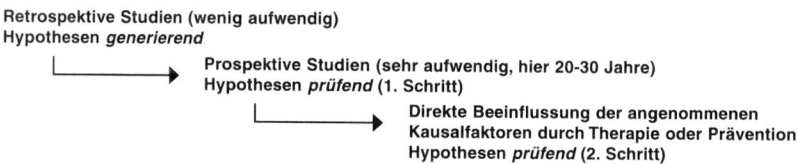

Retrospektive Studien (wenig aufwendig)
Hypothesen *generierend*

Prospektive Studien (sehr aufwendig, hier 20-30 Jahre)
Hypothesen *prüfend* (1. Schritt)

Direkte Beeinflussung der angenommenen
Kausalfaktoren durch Therapie oder Prävention
Hypothesen *prüfend* (2. Schritt)

Nur durch prospektive Untersuchungen, d.h. wenn man vorab definierte, was man beobachten will, und dabei von den bekannten und sicheren Fällen von Mißbrauch ausginge, nur dann ließe sich sehen, ob wirklich die dissoziative Identitätsstörung eine Folge, und gar eine häufige, solchen Mißbrauchs ist.

Solche prospektiven Studien fehlen, werden meines Wissens von den Besitzern des Markenzeichens auch nicht unternommen. Sie wären aber die Voraussetzung dafür, Aussagen über die ursächliche Verknüpfung von sexuellem Mißbrauch und MPD zu machen. Ist somit der qualitative Zusammenhang unbelegt, so sind es erst recht die quantitativen Aussagen. Niemand bestreitet, daß MPD-Patientinnen meist eine Fülle anderer, begleitender oder der MPD vorausgehende Störungen haben: Zwei Arbeiten, von offiziellen MPD-Autoren, seien zitiert:

Abb. 4: Zusätzliche Diagnosen bei MPD-Patientinnen

	Ross et al. (1990)	Coons et al. (1988)
Borderline-Persönlichkeitsstörung	64%	56%
Antisoziale-Persönlichkeitsstörung		45%
Alkoholmißbrauch	33%	35%
Drogenmißbrauch	28%	20%
Schizophrenie	(46%)	0% (24%)
Affektive Störung	91%	45%
Somatisierungsstörung	61%	60%

In Klammern: Diagnosenstellung durch andere Ärzte
Ohne Klammern: Diagnosenstellung durch die Autoren der Studie

Welches sollte nun das Verhältnis dieser Diagnosen zueinander sein? Nach Ansicht der MPD-Autoren ist dies klar: MPD ist die übergeordnete Diagnose. Wissenschaftlich begründet wird dies nicht. Unser Wissen von den Folgen früher Traumatisierung ist, daß MPD, wenn

Tilo Held

überhaupt, eine *seltene* Folge davon ist. Die psychischen Folgen bekannter Traumatisierungen werden zusammengefaßt unter dem Namen posttraumatische Belastungsstörung, wozu auch die Borderline-Persönlichkeitsstörung gehören kann. MPD wäre dann ein Sonderfall, ein eigenes Symptom im Rahmen der posttraumatischen Belastungsstörung und dieser Diagnose *unter-* und nicht übergeordnet.

Jeder, und natürlich auch die Besitzer des Markenzeichens, hat in den achtziger und frühen neunziger Jahren den exponentiellen Anstieg der Zahl der bekanntgewordenen MPD-Fälle, der Zahl der Identitäten bei ein und derselben Patientin und schließlich der Gräßlichkeit der erinnerten Mißbrauchsszenen beobachten können. Der simplen Ursachenlogik der offiziellen Autoren folgend, muß sich 20 bis 30 Jahre vorher in Nordamerika unbemerkt eine Epidemie des Kindesmißbrauchs ereignet haben.

MPD, so sagen sie, ist ein Indikator für die Schwere der vorausgegangenen Traumatisierungen – MPD-Fälle wären somit die am schwersten traumatisierten Fälle. Diese natürlich ebenfalls unbelegte Aussage verträgt sich überhaupt nicht mit der Beobachtung, daß das Phänomen der multiplen Persönlichkeiten relativ leicht zum Verschwinden zu bringen ist – durch geeignete Therapie, wie die Autoren sagen –, aber auch durch Entzug der Aufmerksamkeit, wie viele Fälle belegen. Wäre MPD die Folge besonders schwerer Traumatisierung, dann könnte sie nicht »therapeutisch dankbar« sein, denn unsere Beschäftigung mit den Folgen real bekannter schwerer Traumatisierungen lehrt uns im Gegenteil, daß diese meist unauslöschlich in die Persönlichkeits- und wohl auch Hirnstruktur eingeschrieben werden und der Therapie schwer zugänglich sind.

Es könnte eingewendet werden, und manche Arbeiten argumentieren so: MPD sei eben nicht eine direkte Traumafolge, sondern eher eine Art des Umgangs damit. Dies entspricht dem oft zitierten Satz von Ross, einem der Hauptverfechter der MPD: »MPD ist ein kleines Mädchen, das sich vorstellt, der Mißbrauch passiere jemand anderem« (Ross, 1989). Damit wird die Krankheitstheorie vollends untergraben. MPD wäre dann nämlich ein psychischer Abwehrmechanismus, bestenfalls ein Symptom, aber keine Krankheit. Es geht hier, daran sei erinnert, nicht um Wortklaubereien unter Psychiatern, für die ich die Aufmerksamkeit des Lesers nicht beanspruchen würde. Es geht vielmehr darum, die forcierte Psychiatrisierung der MPD gedanklich rückgängig zu machen.

Welches traumatisierte Kind würde nicht, wenn dies denn das Leiden verminderte, sich vorstellen, der Horror passiere jemand anderem und dann – nach der Theorie der Autoren –, dissoziierte Identitäten entwickeln? Wir können die *Vorstellung* entwickeln, es sei so. Aber es ist offenbar nicht so. Die intensive Beschäftigung mit im Kindesalter Verfolgten – sowohl durch das Nazi-Regime als auch kürzlich durch das Pol-Pot-Regime – hat eben diese Traumafolge nicht zutage gefördert.

Das Erscheinungsbild der anderen Identitäten, der »Alters«, ist bunt – eine Buntheit, die nicht gut mit der entlastenden Funktion zum Zeitpunkt des Traumas erklärt werden kann, umso besser mit den multiplen Einflüssen zur Zeit von Diagnose und Therapie. Wer eine längere Psychoanalyse gemacht hat, erfährt dabei, wie stark während der Dauer der Analyse die Träume jene Themen ausgestalten, die derzeit in der Analyse »dran« sind. Und wer nacheinander einen freudianischen und einen jungianischen Analytiker hatte, konnte jeweils die Vorherrschaft Freudscher und Jungscher Bilder in seinen Träumen bewundern. Gilt dies schon für Produkte des Schlafs, warum dann nicht erst recht für Produktionen wacherer Bewußtseinszustände, wie sie zwischen Therapeut und Patient herrschen?

Interessanterweise schreibt sogar Kluft (Ross, 1989), einer der offiziellen MPD-Autoren:

> Dämonische Alters kommen häufiger vor bei Patientinnen, deren Therapeuten starke religiöse Überzeugungen haben. Es fällt auf, wie häufig die Alter-Persönlichkeiten anderen Kulturkreisen angehören – eine Tatsache, die von den Betroffenen selbst nicht in Zusammenhang mit dem Trauma gebracht, sondern meist als Seelenwanderung oder Reinkarnation gedeutet wird.

Generell ist aus den Berichten über oder von Alter-Persönlichkeiten ihre traumabezogene intrapsychische Entlastungsfunktion wenig evident, umso mehr ihre Bedeutung für den Betrachter. Putnam (1986), einer der einflußreichsten MPD-Autoren beschreibt es selbst: 15 bis 20 Minuten sind meist die längste Zeitdauer, während derer eine Alter-Persönlichkeit die Szene beherrschen kann – ein Hinweis auf die Anstrengung, die eine solche Produktion erfordert? Die Zahl der Alter-Persönlichkeiten pro Patientin hat in den vergangenen Dekaden

Tilo Held

stark zugenommen, wobei in Einzelfällen 300 Alters und darüber gezählt wurden.

Abb. 5:
Mittlere Zahl der Alter-Persönlichkeiten (nach Dell und Eisenhower 1990)

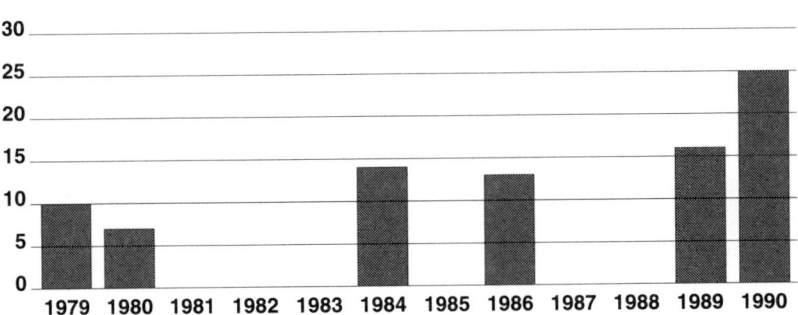

Waren noch die früheren dualen Persönlichkeiten je von einer gewissen Vollständigkeit und inneren Kohärenz, so sind die hochmultiplen Alters eher karikatural. Zitat Simpson (1995) über Eve, Heldin des berühmten Buches »The Three Faces of Eve«:

Unter Eve's späteren Produktionen war eine, die zwanghaft Glocken sammelte, eine, die von Schildkröten fasziniert war, eine, die Erdbeeren liebte. Es fällt schwer, dies als relevant anzusehen für die Lösung von Problemen aus früherer Traumatisierung. Sind diese Details intrapsychisch irrelevant, so wären sie für jeden Simulator unverzichtbar. Es sind Karikaturen, nicht Charaktere; Parodien, nicht Persönlichkeiten.

Zentral dürfte die Erkenntnis sein, daß es zur Entstehung von MPD in jedem größeren Ausmaß eines spezifischen Kontextes bedarf, der schon durch die Begegnung mit *einer* Person gegeben sein kann. Wie sagt Hacking: »*it takes two to multiply*«.

Bei einer in Großbritannien unternommenen Umfrage unter Psychiatern zu diesem Thema kommentierte einer der Befragten: »In England sagen wir sofort jedem Patienten oder jedem Angehörigen, der angibt, zwei oder mehr Persönlichkeiten zu haben, daß *innerhalb der Persönlichkeit* zwei oder mehr Aspekte vorhanden seien, und daß er für alle diese Aspekte die Verantwortung habe. Es funktioniert« (Aldridge-Morris, 1989).

Ein psychiatrisches Konstrukt?   27

Dies sei eine iatrogene, d.h. vom Arzt erzeugte Symptomunter-drückung, sagen die MPD-Verfechter; von iatrogener Produktion von Multiplizität sprechen viele der Skeptiker. Gerade in ihrer scheinbaren Unvereinbarkeit unterstreichen diese beiden Argumente, daß der Arzt oder Therapeut durch seine Definitionsmacht darüber entscheidet, ob MPD vorliegt oder nicht.

Auch in den USA ist MPD nicht gleichmäßig verteilt. Daß Kinder afrikanisch-amerikanischer Herkunft ein überdurchschnittliches Risi-ko der Traumatisierung haben, ist bekannt. Und doch sind so gut wie keine Fälle von MPD bei Schwarzen beschrieben. Auch hier hat die Traumatisierungshypothese keine erklärende Kraft, wohl aber die der kulturellen Produktion, nämlich das Auftreten von MPD in einer den Therapien und Therapeuten nahestehenden Subkultur, die sich nur dort entwickeln kann, wo Finanzquellen für die Bezahlung von Lang-zeitpsychotherapien zu erschließen sind.

Die Flut und ihr Rückfluß

Auch in einer anderen Beziehung ist MPD tief ins amerikanische Gesellschaftssystem verwoben, nämlich in die Praxis von Schadenser-satzforderungen in horrender Höhe. Nehmen wir den Fall eines Va-ters von mehreren Töchtern, deren eine in ihrer Therapie den Vater als Verursacher sexuellen Mißbrauchs an ihr entlarvt. Die in einem sol-chen Kontext häufige Schadensersatzforderung würde das elterliche Vermögen übersteigen. Die einzige Möglichkeit für die Schwestern, *nicht* um ihr Erbe gebracht zu werden, wäre es, ihrerseits den Vater wegen derselben Vergehen haftbar zu machen. Aber die gesellschaft-liche Gegenbewegung ist in vollem Gange – pikanterweise wieder-um über die Schaffung einer medizinischen Pseudo-Entität – des *false memory syndrome*. Erinnerungen, die keinem realen Erleben entsprechen, sind weder eine Krankheit noch ein Syndrom – sie sind eine weit ins Normalpsychologische reichende Tatsache. Die Gegen-bewegung, mit eigener Stiftung – der »False Memory Syndrome Foundation«, eigenem wissenschaftlichem Beirat und eigenem Web-site übt erheblichen und vielfach erfolgreichen Druck aus, um fälsch-lich Beschuldigten die Verteidigung und das Recht der Schadenser-satzklage gegen den beschuldigenden Therapeuten zu ermöglichen. Eine Alternativhypothese zu der Verursachung der MPD durch sexu-

Tilo Held

ellen Mißbrauch haben die Beschreiber des angeblichen Krankheitsbildes nie formuliert. Dies war wissenschaftlich und ethisch problematisch. Jetzt wird es für die Therapeuten zur existentiellen Bedro-
hung durch die finanziellen Konsequenzen einer Verurteilung zu
Schadensersatz wegen unbewiesener Anschuldigung. Es ist nicht er-
sichtlich, wie sie ohne komplette konzeptionelle Kehrtwendung aus
der Sackgasse ihrer Kausalerklärung herausgelangen können. Schon
jetzt wird den Therapeuten empfohlen, sich hinsichtlich der Ursachenzuschreibung immer einen Schritt hinter den Patienten zu bewegen – ein Weg, der seit 100 Jahren empfohlen wird und besser nie
hätte verlassen werden sollen. Wenn es auch bedauerlich ist, daß die
eigentlichen Ursachen für diesen Wandel gänzlich außerhalb des wissenschaftlichen Disputes liegen: vielleicht werden sich die wissenschaftlichen Verfechter der MPD doch einer breiteren und damit
weniger anfechtbaren Sicht des von ihnen beschriebenen Phänomens
öffnen. Es wäre nicht das erste Mal, daß Ärzte glauben, Wissenschaft
zu betreiben, und doch von ihrer Umwelt ganz anders wahrgenommen werden. Charcot an der Salpêtrière sah sich als den wissenschaftlichen Erstbeschreiber des von ihm so genannten Krankheitsbildes
»Hysteroepilepsie«. Wie andere das sahen, geht aus dem 1898 veröf-
fentlichten Aufsatz von Pierre Janet »Ein Fall von Besessenheit und
der moderne Exorzismus« hervor. Bei dem von ihm beschriebenen
Fall »mußte man sich bald danach auf den Rat eines benachrichtigten
Arztes entschließen, ihn in die Salpêtrière zu überführen, als den heute
für die Beschwörung Besessener und für Teufelsaustreibung geeignet-
sten Ort« (Janet, 1998).
Daß Charcot ein großer Mann war, zeigt sich nicht so sehr daran,
daß er ein Krankheitsbild beschrieb, das dann doch keines war, sondern daß er die Kritik seines Schülers Babinski aufzunehmen und zur
verbesserten Erkenntnis und Therapie seiner Patienten zu verwerten
wußte. Es ist 100 Jahre her, daß Freud eine Methode – die Psychoanalyse – entwickelte, um die Hysterie aufzuklären und dadurch den
Patienten zu heilen. Wo sind die Hysterikerinnen heute? Geheilt?
Oder überhaupt verschwunden? Weder noch. Weit ab von den für sie
geschaffenen Therapiepraxen bewegen sie sich noch immer in den
Abteilungen für Neurologie, und besonders häufig in jenen mit einem
Schwerpunkt für Epileptologie.

Es wäre nicht erstaunlich, wenn es sich mit den MPD-Patientinnen ähnlich verhielte: Sie werden es jenen nicht danken, die sie ihrer psychiatrischen Logik einverleiben und der Irrationalität berauben wollen.

Wer versucht, dem gesamten Phänomen MPD und den darunter Leidenden gerecht zu werden, kommt um ein integratives Modell nicht herum:

Abb. 6: MPD-Erklärungsmuster-integratives Modell

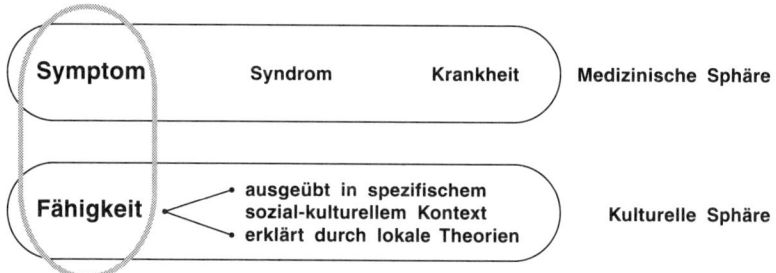

Tilo Held

Bibliographie:

Aldridge-Morris, R, 1989, *Multiple Personality: An Exercise in Deception* (London: Erlbaum).

American Psychiatric Association ,1980, *Diagnostic and Statistical Manual of Mental Disorders, 3ʳᵈ Edition* (Washington DC:American Psychiatric Association).

1994, *Diagnostic and Statistical Manual of Mental Disorders, 4ᵗʰ Edition* (Washington DC: American Psychiatric Association).

Coons, P.M., 1990, »More on Multiple Personality Disorder«, in *British Journal of Psychiatry* 156:448-449.

mit E.S. Bowman und V. Milstein, 1988, »Multiple Personality Disorder: A Clinical Investigation of 50 Cases«, in *J Nerv Ment Dis* 175:519-527.

Dell, P.F.und J.W. Eisenhower, 1990, »Adolescent Multiple Personality Disorder: A Preliminary Study of Eleven Cases«, *in Journal of the American Academy of Child and Adolescent Psychiatry* 29:359-366.

Hacking, I., 1991, »Two Souls in One Body«, in *Critical Inquiry* 17:838-867.

Janet, P., 1898, *Un cas de possession et l'exorcisme moderne. Névroses et idées fixes (I)* (Paris: xxx).

Kluft, R.P., 1989, »Iatrogenic Creation of New Alter Personalities«, in *Dissociation* 2:83-91.

Oesterreich, T.K., 1966, »Possession: Demoniacal and Other Among Primitive Races«, in *Antiquity, The Middle Ages and Modern Times*. 1922. Reprint. (London: New Hyde Park).

Ofshe, R. und E. Watters 1993, »Making Monsters«, in *Society* 4-16.

Putnam, F.W., 1986, »The Scientific Investigation of Multiple Personality Disorder«, in J.M. Queen (ed.), *Split Minds/Split Brains: Historical and Current Perspectives* (New York: New York University Press), pp. 109-125.

Ross, C.A., 1989, *Multiple Personality Disorder: Diagnosis, Clinical Features, and Treatment* (New York: John Wiley and Sons).

1991, »Epidemiology of Multiple Personality Disorder and Dissociation«, in *Psychiatric Clinics of North America* 14:503-517

mit S.D. Miller und P. Reagor, 1990, »Structured Interview Data on 102 Cases of Multiple Personality from Four Centres«, in *Am J Psychiatry* 147:596-601.

Simpson, M.A., 1995, »Gullibles Travels, or the Importance of Being Multiple«, in L. Cohen, J. Berzoff und M. Elin (eds), *Dissociative Identity Disorder* (xy: xxx).

Spanos, N.P., 1996, *Multiple Identities and False Memories. A Sociocognitive Perspective* (Washington DC: American Psychological Association).

World Health Organization, 1992, *Tenth Revision of the International Classification of Diseases* (Genf: WHO), Chapter V (F): Mental and Behavioural Disorders.

Ursula Link-Heer

Doppelgänger und
multiple Persönlichkeiten

Eine Faszination der Jahrhundertwende

I.

Doppelgängerei ist ein altehrwürdiger Gegenstand der Literaturwissenschaft. Doch um was für eine Art von Gegenstand handelt es sich
hier eigentlich? Um ein »literarisches Motiv«, antworten die Stoff-
und Motivgeschichten, in denen man auch am raschesten fündig wird,
wenn man Materialhinweise sucht. So bietet der Artikel »Doppelgänger« im Lexikon *Motive der Weltliteratur* von Elisabeth Frenzel eine
Fülle, wenn nicht Überfülle von Hinweisen: auf die *Menaechmi* des
Plautus, einer auf dem Zwillingsmotiv basierenden Verwechslungsko-
mödie (206 v. Chr.) und deren Wieder- und Weiterverarbeitungen in
der Renaissance- und Barockkomödie mit dem großen Höhepunkt
von Shakespeares *Comedy of Errors* (1589/93); auf den Amphitryon-
Stoff (Zeus gewinnt die Liebe Alkmenes in der Gestalt ihres Gatten)
und andere »Trugbilder« und »Werkzeuge der List«, wie die Maske
Gunthers, in der Siegfried in der Nibelungensage Brünhild bezwingt;
auf Metamorphosen und Zaubergeschichten, in denen böse Geister,
Gespenster, Vampire und Werwölfe sich in Menschen verwandeln
und umgekehrt; auf belebte Puppen und künstliche Menschen; auf das
Doppel-Ich im Abbild, sei es im Traum, im Spiegel, im Schatten, im
Porträt, wobei der Narziß-Mythos aus den *Metamorphosen* Ovids
ebenso assoziierbar ist, wie Chamissos »wundersame Geschichte« des
schattenlosen *Peter Schlemihl* (1814) oder Oscar Wildes *Picture of
Dorian Gray* (1891); auf die »reinen Phantom-Doppelgänger« in der
»romantischen Motivvariante (...) des gebrochenen Persönlichkeits-
bewußtseins« und auf die »überragende Motivverarbeitung« bei Do-
stojevskij.[1]
Es kann hier nicht um die Ausbreitung des Materialfundus gehen,
den die Motivforscher zusammengetragen haben. Der disparate Cha-

rakter dieses Materialfundus springt ins Auge, auch wenn man nur einen Bruchteil erwähnt. Diese Disparität resultiert nicht nur, wie Vladimir Propp immer noch gültig kritisiert hat, aus den systematischen Aporien, in die jede Klassifikation von Motiven und Motivvarianten führen muß, solange der Forscher gar nicht weiß, nach welchen Kriterien der Klassifikation er eigentlich verfährt oder welchen Kriterien der Transformation er gar Rechnung zu tragen hätte.[2] Die Disparität resultiert auch aus der Weigerung der Motivforschung bzw. -geschichte, ihren ja nicht schlechthin als eine Entität gegebenen Gegenstand allererst als eine Gegenstandskonstruktion zu begreifen, die in der Episteme, oder, wie Foucault später reformuliert hat, der interdiskursiven Konfiguration einer jeweiligen Epoche zu situieren wäre. Mit Diskursen im Foucaultschen Sinne sind vorwiegend neuzeitliche Diskurse der Wissensproduktion und Wissensregulierung gemeint, samt den zugehörigen Institutionen, Ritualen, Autoritäten, Publikations- und Distributionsmechanismen, sowie auch den nichtdiskursiven Praktiken. Interdiskursive Konfigurationen – sagen wir etwa: die Bezüge zwischen dem klinischen, biologischen, psychiatrischen und juristischen Diskurs im 19. Jahrhundert – konstituieren gewissermaßen die »Archäologie des Wissens« einer Epoche, einen Raum, den das Denken gleichsam bewohnt, wie eine andere Foucaultsche Metapher lautet, oder auch, mit einer etwas häretischen Formulierung, einen Set von »historischen Apriori«, durch die zwar nicht schon garantiert ist, daß all diese Diskurse die Wahrheit sagen, aber doch ihr Wille zur Wahrheit und ihr ›Im-Wahren-Sein‹ verbürgt wird.[3]

Für die Beziehungen der Literatur auf diese anderen Diskurse, die man – anders als die sogenannt schöne Literatur selbst – als Spezialdiskurse mit je eigener Fachliteratur bezeichnen könnte, sind selbstverständlich nicht alle wissensproduzierenden und -kanalisierenden Diskurse gleichermaßen relevant. Nach einer Arbeitshypothese, die einen Teilbereich meiner komparatistischen Forschungsinteressen seit geraumer Zeit leitet, sind jedoch die Beziehungen – oder genauer: Wechselbeziehungen – zwischen Literatur und medizinischen Diskursen im weitesten Sinne von maximaler Intensität und grundlegender Relevanz. Medizinische Diskurse im weitesten Sinne: das schließt die äußerst langlebige humoralpathologische Lehre der galenisch-hippokratischen Tradition ein – man denke nur an die enge Symbiose, die Medizin, Literatur und Kunst im Krankheitsbild der Melancholie, der »schwarzen Galle« eingehen, die bis zum 18. Jahrhundert als eine Störung des Gleichgewichts der Körpersäfte begriffen wurde. Es schließt aber auch Rebellen gegen eine auctoritatesgläubige und erfahrungsfremde Schulmedizin ein, wie Paracelsus, dessen facettenreiche Gestalt zwischen Magie und in die Zukunft der Chemotherapien weisender Iatrochemie auch und gerade die Literatur unaufhörlich inspiriert hat.

Will man sich auf die Moderne beschränken, und ich will jetzt mit Schlemihls Siebenmeilenstiefeln zur Jahrhundertwende eilen, so muß der neuzeitlichen Ausdifferenzierung der Medizin in sehr verschiedene Subdisziplinen Rechnung getragen werden. Die für die Wechselbeziehungen zwischen Literatur und Medizin maßgeblichen Diskurse lassen sich provisorisch als nervenmedizinische Diskurse zusammenfassen, worunter sowohl dominant somatisch orientierte Betrachtungsweisen und Disziplinen (wie die Neurologie, Neuroanatomie und Hirnphysiologie) wie dominant psychisch orientierte Auffassungen (wie die Psychoanalyse Freuds), und alle dazwischen schwankenden psychiatrischen, sexualwissenschaftlichen und psychologischen Auffassungen zu subsumieren wären. Eine zweite Arbeitshypothese, von der ich mich leiten lasse, privilegiert ein Konzept von Moderne, das diese engstens mit der Nervosität korreliert sieht, und das heißt sowohl mit der Gesamtheit der unter dem Caput Nervenmedizin zusammengefaßten Diskursdifferenzierung und Spezifizierung, wie auch mit der interdiskursiv gesteigerten Aufmerksamkeit, die eine von Denormalisierungsangst ergriffene Kultur auf die Dynamik der hyperästhetischen oder anästhetischen (überempfindlichen oder empfindungslosen) sensitiven, sensorischen, motorischen und intellektuellen Nervenfunktionen richtet. Zwar sieht sich erst die Kultur des Fin de siècle als ein fundamental nervöses Zeitalter, doch ist diese Selbstbeschreibung und das Sich-Selbst-Erkennen einer Kultur im Syndrom der »modernen Nervosität« (Freud 1908) das Resultat eines Prozesses von längerer Dauer,[4] in dem die Etablierung der Psychiatrie als einer eigenständigen Disziplin (um 1800), wie sodann etwa ein Dreivierteljahrhundert später der zunächst experimentell begründeten Psychologie als autonomer Disziplin höchst wichtige Einschnitte bilden, ohne

Ursula Link-Heer

die die Schicksale der Doppel- und Mehrfachgängerei auch literatur-
wissenschaftlich nicht nachvollzogen werden können.

II.

Nach dieser kurzen (sicher zu kurzen) Skizze des grundsätzlicheren
frameworks meiner Fragestellungen, bleibt mir einleitend noch, den
Vorschlag zu begründen, meinen Gegenstand als eine Faszination –
spezifischer: als eine Faszination der Jahrhundertwende – aufzufas-
sen. Ein solcher Vorschlag kann sich auf den Mediävisten Hugo Kuhn
berufen, der in seinem »Versuch über das fünfzehnte Jahrhundert in
der deutschen Literatur« angesichts des Neben- und Beieinanders, oft
in der gleichen Sammelhandschrift, von »Literarische(m), Wissen-
schaftliche(m), Praktiken, Vers und Prosa, Geistliche(m) und Weltli-
che(m) usw.«, und in Anbetracht des Nichtgreifens überkommener
gattungs- und stiltypologischer Kriterien auf die Unterscheidung zwischen Inszenierungstypen und Faszinationstypen rekurrierte.[5] Während Inszenierungstypen auf Gebrauchssituationen bezogen werden
können, durchziehen Faszinationsbereiche ganz unterschiedliche
Textgruppen sowie Lebens- und Kulturzusammenhänge. Hans Ulrich Gumbrecht hat diesen Vorschlag am Beispiel des »Faszinations-
typs Hagiographie« systematisch reflektiert.[6] Man könnte aber auch
an Foucaults Beispiel der Sexualität denken, wo der »Diskurs über den
Sex« als eine Proliferation beschrieben wird, die eine Vielzahl von
Praxisbereichen, Spezial- und Interdiskursen ›durchquert‹. Will man
nach solchen Modellen einen Faszinationstyp der duplex- und multiplex-personae begründen, die die etablierten diskursiven Grenzen
zwischen Literatur und Fachliteratur, oder auch zwischen Fiktion und
Wissenschaft überschreiten, so rücken nicht bloß die innerliterari-
schen Verweisspiele von Literatur auf andere Literatur in den Blick,
sondern vor allem auch die Orientierung der Literatur am je zeitgenössischen Wissen.

Wenn Kuhn selbst der Meinung war, daß sein Begriff der Faszination ein für das Mittelalter deshalb »bezeichnendes Stichwort« sei,
weil »die in den volkssprachlichen Schriftliteraturen des Mittelalters
wirkenden Interessen noch immer ein quasi-mythisches Element enthalten«[7], so erscheint die Situation am Fin de siècle mit Bezug auf die
schriftlichen Korpora über Doppel- und Mehrfachpersonen in ver-

blüffender Weise in vieler Hinsicht analog. Einerseits lebt die Erinnerung an die alten Doppelgänger, die (französisch) *doubles* und (englisch) *doubles* fort, und besonders die Erinnerung an die vom mesmeristischen Magnetismus inspirierten doubles der Hoffmannschen *Phantasiestücke*, die, zumal in Frankreich, den Anstoß für eine Proliferation des *conte fantastique* gaben. Andererseits ändert sich der Status der doubles im Moment der Emergenz der multiplen Persönlichkeit, die ein Produkt der experimentellen, das heißt physiologisch und messend vorgehenden Psychologie ist, wie sodann auch ihres parapsychologischen Doppelgängers, des Spiritismus. Beide Stränge, sowohl der »psycho-physische«, der Reize und Wahrnehmungsintensitäten zu messen sucht, als auch der in der Society of Psychical Research organisierte »spiritistische«, dem es um die Unsterblichkeit der Seele, »the Survival of Bodily Death« geht, interpretieren sich wechselseitig im Austausch ihrer sich kumulierenden Fallgeschichten, wie sie zugleich die älteren Fallgeschichten reinterpretieren.[8] Der »Doppeltgänger« – ein Ausdruck, der nach Frenzel auf Jean Paul zurückgeht – läßt sich dann aber nicht mehr mit diesem definieren: »Doppeltgänger heißen Leute, die sich selbst sehen.«[9] Vielmehr sind die multiplen Persönlichkeiten Leute, die in der Regel nichts voneinander oder nur partiell oder einseitig voneinander wissen, aber sich selbst nicht sehen können, solange sie der *psychical researcher* nicht dazu bringt, ihren diversen Persönlichkeiten einen Namen zu geben.[10] Mit dem Auftauchen der multiplen Persönlichkeit kann aber zugleich auch das Double nicht mehr einfach auf die Bewußtseinsspaltung des Ichs und die berühmten zwei Seelen in einer Brust verrechnet werden. Statt dessen tritt eine Vielzahl von Problemen auf den Plan, die mit Pierre Janet zu sprechen, als Formen des »psychologischen Automatismus« analysiert werden und Zugang zum Erkennen der Funktionsmechanismen von Memoria und Amnesie (Gedächtnis bzw. Erinnerung und Vergessen) versprechen.[11] Wenn diese Versprechen nur zum Teil eingelöst werden, und der Psychologe statt dessen einen »Fall von Besessenheit« (Janets »Fall Achilles«) entdeckt, so zeigt dies, daß auch die Expertenrede in einer Relation der Faszination steht.[12] Daß schließlich der Begriff der Faszination auch in der Hypnose verwandt wurde, nämlich von dem populären Bühnen-Hypnotiseur Donato, kann mir in diesem Zusammenhang nur recht sein.[13] Donato bezeichnete als Faszination die Technik, seine Sujets auch ohne hypnotische Einschläferung, d.h. den künstlichen Somnambulismus, zur Produktion von Halluzinationen und Lähmungen oder der Ausübung von Befehlen zu bringen. Dieselbe Technik wurde von Hippolyte Bernheim und der Schule von Nancy – dem zweiten großen Zentrum der Hysterie- und Hypnotismus-Forschung neben der berühmteren Pariser Salpêtrière Charcots – praktiziert. Hier lautet ihr Name: *suggestion à l'état de veille*, Suggestion im Wachzustand. Die Relation der wechselseitigen Faszination oder Suggestion, so wird im folgenden zu zeigen sein, ist für die interdiskursive Konfiguration psychologisch-psychiatrischer Diskurse und Literatur des Fin de siècle konstitutiv. Man ist, um eine weitere psychiatrische Kategorie der Zeit zu bemühen, versucht, von einer *folie à deux ou à plusieurs* zu sprechen, von einem Beziehungswahn.

III.

Im folgenden möchte ich auf einige Beobachtungen medizinischer Fälle etwas näher eingehen. ›Medizinisch‹ soll im Sinne der oben gemachten Ausführungen als ein weiter Begriff verstanden werden: Zahlreiche Beobachtungen von Phänomenen multipler Persönlichkeit sind aus der klinischen Psychiatrie von Krankheitszuständen wie z.B. der Lethargie, der Katalepsie (einer Form des Stupors, bei der die Patienten völlig erstarrt und kontaktlos sind), und der Aphasie (einem Sammelbegriff für ein breites Spektrum von Sprachstörungen) hervorgegangen; andere verdanken sich experimentellen Reiz-Reaktions-Techniken, wie der sog. Metallotheraphie, der Elektrotherapie, oder auch der uralten, schon bei den Hexen angewandten Nadelprobe; wieder andere gehen auf spiritistische (auch mediumnistisch genannte) Séancen zurück, wo ein Medium die Schwelle vom Bewußten zum Subliminalen bzw. Unbewußten überschreitet. Nach Frederic H. Myers, dem hochgelehrten und literarisch hochgebildeten spiritus rector der Edinburgher Society of Psychical Research (Myers war übrigens ursprünglich Altphilologe), ist ein Medium »A person through whom communication is deemed to be carried on between living men and spirits of the departed.«[14] Da dieses Phänomen jedoch höchst unterschiedliche Erklärungen erlaube, sei es mitunter zweckmäßig, den spiritistisch besetzten Begriff des Mediums durch den des *automatist* oder *sensitive* zu ersetzen.

Für eine Übersicht über die am Fin de siècle meistdiskutierten Fallgeschichten befinde ich mich nun in der glücklichen Lage, diese nicht selbst erstellen zu müssen, sondern aus zweiter Hand übernehmen zu können. Die im folgenden einschließlich der Legende reproduzierte Übersicht von W.S. Taylor und Mabel F. Martin[15] resümiert zunächst eine vergangene Epoche, denn mit dem Ende der Belle Epoque schienen auch die *strange cases* interessanter multiplices personae und schöner Hysterikerinnen verschwunden zu sein – wie wenn ihre Stelle von den sog. Kriegshysterikern oder Kriegszitterern des Ersten Weltkriegs eingenommen worden wäre, d.h. unsoldatischen Männern, deren traumatische Neurosen zumeist als Simulationen aus Feigheit vor dem Feind diagnostiziert und als rein psychogene Begehrensneurosen reformuliert wurden.[16] Daß die multiplen Persönlichkeiten an unserer eigenen Jahrhundertwende wiederkehren,[17] ist ein anderes Kapitel, dessen Erforschung sich auch der Literaturwissenschaft dringlich stellt (ich komme darauf abschließend, wenn auch nur in gedrängter Kürze, zurück).

Cases	Observers	Names	Personalities	Types			Differences					
1	E. Azam	Félida X.	2	A		O	Q	P			S	R
2	W.F. Barrett	–	2	A	M		Q					R
3	I. Barrows	Anna Winsor (»Old Stump«)	2	C			Q	P			S	R
4	N. Bellanger	Madame de B.	2	A		O	Q	P				
5	A. Binet	Hab.	2	A C								
6	L. Bonamaison	Mlle. X.	2	A		O	Q				S	R
7	L.C. Bruce	–	2	A								R
8	S.G. Burnett	–	2	A	M		Q	P		Y		R
9	S.G. Burnett	–	3	A	M		Q	P				R
10	L. Camuset and others	Louis Vivé	6	A	M	O	Q	P		Y	S	R
11	C.E. Cory	Maria	2	A C		O	Q	P		Y	S	R
12	C.E. Cory	Patience Worth	2	C			Q					R
13	G.B. Cutten	John Kinsel	3	A		O	Q	P			S	R
14	A.H. Dailey	Mollie Fancher	2	A		O					S	R
15	C.L. Dana	Mr. S.	2	A	M		Q					R
16	R. Dewey	Miss X.	2	A	M	O	Q	P	X	Y	S	R
17	J. Donath	–	2	A	M		Q					
18	J. Dufay	Mlle. R. L.	2	A		O	Q			Y	S	R
19	M.H. Erickson, L.S. Kubie	Miss Damon- Miss Brown	2	C I		O	Q					R

Ursula Link-Heer

20	A. Feiling	—	2	A			M		Q				S	R
21	Th. Flournoy	Hélène Smith	5	A	C		M	O	Q	P	X	Y	S	R
22	A. Forel	M. Z.-F. L.	2	A				O	Q	P	X		S	R
23	S.I. Franz	Poulting-Poultney	3	A			M		Q					R
24	H.P. Frost	Mary E. Vaughn	5?	A	C	I	M	O	Q	P	X	Y	S	R
25	J.A. Gilbert	X.	5	A			M	O	Q	P			S	R
26	H.H. Goddard	Norma-Polly-Louise	3	A			M	O	Q	P		Y	S	R
27	A. Gordon	K. J. W.	2	A	C		M		Q	P				R
28	P.L. Harriman	Helen Williams	2	A			M		Q					
29	B. Hart	John Smith	2	A			M		Q					
30	R. Hodgson, W. James	Ansel Bourne	2	A			M							
31	W.L. Howard	Mr. B.	2	A			M		Q					
32	J.H. Hyslop	Charless P. Brewin	2	A			M						S	
33	J. Janet	Blanche Wittmann	2	A	C	I		O	Q				S	R
34	J. Janet	Marcelline R.	2	A				O	Q				S	R
35	P. Janet	Léonie	3	A	C			O	Q	P		Y	S	R
36	P. Janet	Lucie	3	A				O	Q				S	R
37	P. Ladame	—	2	A										
38	F. Leuret	—	2	A										
39	M.G. Marinesco	—												
40	R.O. Mason	Alma Z.	3	A	C		M	O	Q		X	Y	S	R
41	E.E. Mayer	Charles W.	2	A			M		Q				S	R
42	H. Mayo	—	5	A			M							
43	T. Mayo	—	2	A			M		Q				S	R
44	J.N. McCormack	C. W.	2	A					Q					
45	E. Mesnet	F.	2	A			M		Q	P			S	R
46	T.W. Mitchell	Milly P.	4	A	C			O	Q				S	R
47	S.L. Mitchill	Mary Reynolds	2	A			M		Q	P		Y	S	R
48	A.M. Mühl	Aileen-Betty	5	A				O	Q	P				
49	A.M. Mühl	Jorge Isaacs-Horacio	3?	A	C				Q		X			
50	A.M. Mühl	My Dearest	2		C				Q			Y		
51	A.M. Mühl	Star-Zorada	3	A	C				Q					
52	A.M. Mühl	Tookie-Lizbeth	2	A	C	I		O	Q	P		Y		
53	A.M. Mühl	Violet Z.	7	A	C				Q		X			R
54	A.E. Osborne	The tinsmith	2	A			M							
55	A. Pitres	Dad	3	A			M	O	Q	P				
56	M. Prince	B. C. A.	3	A	C	I		O	Q	P		Y	S	R
57	M. Prince	Miss Beauchamp	4	A	C	I	M	O	Q	P		Y	S	R
58	M. Prince	Mrs. J.	2	A			M		Q				S	
59	M. Prince	Mrs. R.	2	A	C	I		O	Q	P			S	R
60	W. F. Prince	Doris Fischer	4	A	C	I	M	O	Q	P		Y	S	R
61	W. F. Prince	Heinrich Meyer	2	A			M					Y	S	
62	A. Proust	Émile X.	2	A			M		Q	P			S	R
63	L. Rice	The artist	3	A					Q	P			S	R
64	L. Rice	The bank guard	2	A					Q	P				
65	L. Rice	Killer Burke	2	A					Q	P				
66	W. Richmond	Violet X.	7	A	C				Q	P	X			R

				A	C	M	O	Q	P	X	Y	S	R
67	R. M. Riggall	Miss Dignity	8?	A		M		Q	P		Y		R
68	B. Sidis, S. P. Goodhart	Mr. Hanna	2	A		M					Y	S	R
69	G. R. Sims	—	2	A		M		Q	P				
70	D. Skae	—	2	A		M		Q				S	R
71	E. E. Slosson	C. F. H.	2	A		M		Q	P				
72	G.R. Trowbridge	—	2	A				Q	P				
73	A. v. Feuerbach	Sörgel	2	A			O	Q	P			S	R
74	R. V. Krafft-Ebing	Ilma S.	4?	A	C	M	O	Q	P	X		S	R
75	C.C. Wholey	Mrs. X	6	A		M	O	Q	P	X	Y	S	R
76	A. Wilson	Mary Barnes	12	A		M	O	Q	P		Y	S	R

Legende: For each case, the list gives a serial number, mentions the chief observer or observers of the case, and, so far as practicable, shows the name or pseudonym of the subject, the number of personalities displayed, the apparent type or types of organization, and any marked differences between the several personalities. Here we shall use:

Symbols	Meanings
A	Alternating personality
C	Coconscious personality
I	Intraconscious personality
M	Mutually amnesic
O	One-way amnesic
P	Propriety (good behavior)
Q	Quality of personality (temperament, sociability, values, etc.)
R	Responses (automatic acts, paralyses, etc.)
S	Sensibility (paresthesias, anesthesias, etc.)
X	Sex (one personality professedly masculine, another, feminine; or one heterosexual, another homosexual; etc.)
Y	Youthfulness (one personality seeming more youthful or childlike than another)

Thus, if the fabled case of Dr. Jekyll and Mr. Hyde appeared in the list as:

77	R.L. Stevenson	Dr. Jekyll and Mr. Hyde	2	A	M	Q P

it would mean that the case numbered 77, recounted by Robert Louis Stevenson and called Dr. Jekyll and Mr. Hyde, had two personalities which alternated with each other, were mutually amnesic, and showed differences in general quality and in propriety. Since no differences in apparent sex, youthfulnes, sensibility, and responses other than general behavior were reported, we would not use the symbols X, Y, S, and R in cataloguing this case.

Zum Schema: aufgelistet sind 76 Fälle, die das Autoren-Duo als »cases of multiple personality« (und nicht bloß als Hysteriker-Fälle) auffaßt. Die beiden ersten Kolonnen des Schemas mögen auf den ersten Blick an Freuds *Studien über Hysterie* erinnern, und sei es bloß aufgrund der auffälligen Gestaltähnlichkeit zwischen den Namen der Helden oder besser Heldinnen dieser Fallgeschichten, nicht bloß »Dora«, sondern auch »Frau Emmy v. N...«, »Miß Lucie R.«, »Frau Cäcilie M...«, etc. Doch trotz dieser und weiterer auffallender Strukturähnlichkeiten auf der Textoberfläche all dieser Fallgeschichten, über deren novellesken Charakter Freud sich besorgt zeigt (»es berührt mich selbst noch eigentümlich, daß die Fallgeschichten, die ich schreibe, wie Novellen zu lesen sind, und daß sie sozusagen des ernsten Gepräges der Wissenschaftlichkeit entbehren«),[18] ist es völlig gerechtfertigt, Freud – im strikten Gegensatz zu seinem Rivalen Janet – auf einem anderen Kontinent anzusiedeln als dem der dynamisch-psychiatrischen bzw. psychologischen Modellierung von Doppel- und Mehrfachpersonen. Wenn ich es richtig sehe, hat Freud diese Phänomene nie in seine Topiken der Psyche einzugliedern gesucht; in seiner diesbezüglich letzten großen theoretischen Arbeit *Das Ich und das Es* (1923) werden die multiplen Persönlichkeiten ganz en passant erwähnt und ihr Rätsel wird praktisch auch schon gelöst – wenn auch mit einem ›vielleicht‹ versehen. »Nehmen diese [die Objektidentifizierungen des Ichs, U. L.-H.] überhand, werden allzu zahlreich und überstark und miteinander unverträglich, so liegt ein pathologisches Ergebnis nahe. Es kann zu einer Aufsplitterung des Ichs kommen, indem sich die einzelnen Identifizierungen durch Widerstände gegeneinander abschließen, und vielleicht ist es das Geheimnis der Fälle von sogenannter *multipler Persönlichkeit*, daß die einzelnen Identifizierungen alternierend das Bewußtsein an sich reißen. Auch wenn es nicht so weit kommt, ergibt sich das Thema der Konflikte zwischen den verschiedenen Identifizierungen, in die das Ich auseinanderfährt, Konflikte die endlich nicht durchweg als pathologische bezeichnet werden können.«[19]

Eine Literaturwissenschaft, die für das Fin de siècle als Erforscher des Seelenlebens *nur* Freud kennt, ist unfähig, die tatsächlichen diskursiven Interrelationen und Interferenzen zu erkennen, und zwar bereits auf der Ebene der positivistischen Einflüsse. Wenn Elisabeth Frenzel, die dem Fin de siècle keinerlei Verständnis entgegenbringt, zumal sie die stimulierende Rolle französischer Autoren völlig übersieht, schreibt: »Seit S. Freuds *Traumdeutung* (1900) und *Psychopathologie des Alltagslebens* (1901) konnte eine Gestaltung des Doppelgänger-Motivs in Kenntnis der Psychoanalyse und unter ihrem Einfluß erfolgen, doch hielt die Literatur an althergebrachten Zügen fest und gab den neuen Theorien nur sehr langsam Raum.«[20], so bedarf dies keines weiteren Kommentars mehr.

Zurück zum Schema. Nach dem Beobachter und dem Namen der Helden/Heldinnen verzeichnet es die Anzahl der aufgetauchten Persönlichkeiten, wobei man sieht, daß die duale Persönlichkeit jetzt ganz der Auffassung von der multiplen Persönlichkeit untergeordnet ist. Sodann vermerkt es die Organisationstypen dieser Persönlichkeiten und schließlich die Qualitätstypen, nach denen sie sich unterscheiden. Um nicht allzusehr ins Detail zu geraten, beschränke ich mich i.w. auf die Organisationstypen der Persönlichkeiten. A, die alternierende Persönlichkeit, meint Persönlichkeiten, die nacheinander auftreten und jeweils im vollen Besitz ihres Bewußtseins sind; C meint Persönlichkeiten, die eine andere als unbewußte Person begleiten; I meint eine bewußte Begleitpersönlichkeit; M wechselseitig amnestische Persönlichkeiten, die gegenseitig nichts voneinander wissen; und O meint einseitig amnestische Persönlichkeiten, bei denen nur eine von der anderen weiß.

Der älteste und zugleich klassische Fall zweier nacheinander auftretender Persönlichkeiten, die gegenseitig nichts voneinander wissen, ist der Fall der Mary Reynolds (Nr. 47). Diese amerikanische Lady, über die erstmals (und ohne Namensnennung) in einer Kuriositäten-Kolumne des *Medical Repository* im Jahr 1816 berichtet worden war, hat nach einem Schlafanfall ihr Gedächtnis vollständig verloren (»Her memory was a tabula rasa«), bis ein erneuter Tiefschlaf den »old state« wiederherstellt, in dem sie nun allerdings kein Wissen mehr über ihren »new state« hat. Beide Zustände alternieren fortan, und man lernte es (gemäß der Notiz von 1816), sich damit zu arrangieren.[21] Aufgrund seiner Anciennität und auch als Musterbeispiel einer »spontan«, d.h. nicht hypnotisch induzierten alternierenden Persönlichkeit, ging der Fall Mary Reynolds in den klassischen, stets erneut kommentierten Kanon der duplex/multiplex-Beobachtungen ein. Nur am Rande will ich noch ein Kuriosum in der Überlieferungsgeschichte dieses Falls mitteilen, das der Wissenschaftshistoriker Ian Hacking aufgedeckt hat.[22] Nachdem der Glasgower Arzt Robert Mac Nish den Fall der Mary Reynolds ohne explizite Namensnennung in seiner *Philosophy*

Ursula Link-Heer

of Sleep (1830) aufgegriffen hatte, spaltete sich die eine Fallgeschichte in zwei Fälle, den Fall Mary Reynolds und den Fall der »lady of Mac Nish« oder »dame de Mac Nish«. Auch das also eine Weise zur Multiplikation der Persönlichkeiten ...

Erst mit Félida X (Nr. 1) bekommt auch Frankreich seinen klassischen Prototyp eines Falls von »double conscience et altération de la personnalité«. Félida X, geboren 1843, kam mit Unterleibsschmerzen in die Behandlung von Eugène Azam, Chirurg in Bordeaux, der sie in den Jahren 1858 und 1859 beobachtete, um festzustellen, daß sie, schon als Kind mürrisch und mit vielfältigen hysterischen Symptomen behaftet, in kurze Trancen fällt, während derer sie ihren Zustand wechselt. In ihrem Sekundärzustand ist sie heiter, frei von Beschwerden und brillant. In diesem Zustand ist sie sich auch ihrer Schwangerschaft bewußt, über die sie sich freut, die sie hingegen in ihrem Primärzustand als völlig inexistent negiert.[23] Der Fall wurde so berühmt, daß Pierre Janet, seit seinem Buch über *L'Automatisme psychologique* (1889) eine Hauptautorität für die hier behandelten Sujets, in seinen Harvard lectures von 1906 sagt: »She was a very remarkable personage who has played a rather important role in the history of ideas. Do not forget that this humble personage was the educator of Taine and Ribot.«[24]

Nach der großen Welle des Interesses für solche Fälle, die in Frankreich seit Taines *De l'Intelligence* (1870) und verstärkt seit 1875 entstanden war, besuchte Azam seine ehemalige Patientin 1876 erneut, um nun festzustellen, daß Félidas Zustände weiterhin alternierten, freilich in anderen Rhythmen, und daß der frühere Sekundärzustand nun zu ihrem Hauptzustand geworden war, und sie sich in den sehr kurz gewordenen Phasen des ehemaligen Primärzustands außerordentlich unwohl befand.

Dieser Fall wurde zum Prototyp für die Spezies von Doppelpersönlichkeiten, welche nacheinander auftreten, und bei denen nur eine von der anderen weiß; außerdem führte er zu einer lebhaften Diskussion über die Frage nach der Priorität der jeweiligen Zustände und stellte die Eindeutigkeit von »normalem« und »pathologischem Zustand« in Frage. Myers zum Beispiel schreibt: »The case shows us how often the word ›normal‹ means nothing more than ›what happens to exist‹, for Félida's *normal* state was in fact her *morbid* state; and the new condition, which seemed at first a mere hysterical abnormity, brought her at last to a life of bodily and mental sanity which made her fully the equal of average women of her class.«[25] Diese Skepsis scheint hingegen der US-amerikanischen Therapie-Kultur der Jahrhundertwende weitgehend zu fehlen.[26] Der Fall »B.C.A.« von Morton Prince, dem Herausgeber des *Journal of Abnormal Psychology* (in der Übersicht die Nr. 56), endet mit der »Reintegration of A and B into a Normal Personality C«, was, wie Prince berichtet, verblüffend einfach gewesen sei, da A und B beide hypnotisierbar waren. Die Hypnose wird also so lange durchgeführt, bis »all the memories, emotions, and innate dispositions«, die in den dissoziierten Persönlichkeiten verloren waren, wieder zur Deckung gelangen. Sobald »the complete normal personality«, allerdings im hypnotischen Zustand, wiederhergestellt ist, muß sie nur noch geweckt werden, wie uns Prince berichtet: »All that remained to do, therefore, was to wake up and the trick was done [...]. So this procedure was carried out and the normal personality was obtained.«[27]

Es würde zu weit führen, auch noch den 1886 publizierten Fall des Louis Vivet erzählen zu wollen (Nr. 10), bei dem es sich um eine multiplex-Persönlichkeit handelt, deren – mindestens – sechs Phasen, Varietäten, oder »Leben« teils »spontan«, teils unter dem Einfluß verschiedener »metallotherapeutischer« Experimente produziert werden.[28] Ich muß mich hier auf einige wenige Geschichten beschränken, und ich möchte nicht auf den Fall »Emile X« verzichten (Nr. 62), den Dr. Adrien Proust, Prof. für Hygiene am Hôtel-Dieu in Paris, im Frühjahr 1890 als Beobachtung eines Falls von »Automatisme ambulatoire chez un hystérique« mitgeteilt hat.[29]

Emile X, 33 Jahre alt, Rechtsanwalt in Paris, gebildet und in den klassischen Studien bewandert, war immer nervös, übersensibel und litt an hysterischen Anfällen. Eines Tages befand er sich in einem Café, sah sich selbst in einem Spiegel und fiel in einen hypnotischen Zustand. Im Krankenhaus kam er wieder zu Bewußtsein. Mitunter machte er auf seine Mitmenschen den Eindruck, als ob er keinen Bewußtseinsverlust habe, jedoch die Erinnerung an sein ganzes vergangenes Leben verloren habe. Bei seinem plötzlichen Erwachen aus seinem Zustand war er ohne jede Erinnerung an das, was in seinem Sekundärzustand geschehen war.

Ursula Link-Heer

Ein Beispiel vom 23. September 1888: Nach einem erregenden Streit mit seinem Stiefvater fiel er in seinen Sekundärzustand, aus dem er drei Wochen später auf seine übliche Art wieder aufwachte, ohne irgendeine Erinnerung an irgendetwas zu haben. Er mußte sich aus verschiedenen Quellen ein Wissen über das beschaffen, was er in dem Dorf Villars-Saint-Marcelin (in der Haute-Marne) getrieben hatte. Es wurde ihm gesagt, daß er den Priester besucht habe, der ihn für »absonderlich« gehalten hatte, daß er im Haus seines Onkels, eines Bischofs in der Haute-Marne, Gegenstände zerbrochen und Manuskripte entwendet habe; daß er sich hoch verschuldet habe und wegen Diebstahls-Anklage in seiner Abwesenheit verurteilt worden sei. In noch jüngerer Zeit, am 11. Mai 1889, frühstückte er in einem Pariser Restaurant und fand sich zwei Tage später in Troyes wieder. Er konnte sich an nichts erinnern, was während dieser Tage passiert war. Er entsann sich, daß er vor dem Verlust seines Bewußtseins einen Übergangsmantel und eine Geldbörse mit 226 Francs gehabt hatte.

An dieser Stelle bemerkt Prof. Adrien Proust, daß diese Geschehnisse ihn an den »wohlbekannten« Fall der Félida X und an den rezenteren Fall des Louis V. erinnerten, bei dem die Erinnerung an die Sekundärpersönlichkeit durch Hypnose wieder hervorgerufen worden war. Auch Emile X war leicht hypnotisierbar, und so konnte er in diesem Zustand tatsächlich einen lückenlosen Bericht geben über das, was ihm in den Zuständen der Sekundärpersönlichkeit geschehen war. Für den ersten Anfall konnte er die Ursache seines Schuldenmachens durch Verluste beim Kartenspiel beschreiben. Und auch seine Reise nach Troyes konnte er nun so detailliert schildern, daß der hypnotische Bericht nur protokolliert zu werden brauchte, damit Emile X an den Hotelbesitzer in Troyes schreiben konnte. Zwei Tage später erhielt er seinen Mantel und die Börse mit exakt 226 ff. zu seinem großen Erstaunen zurück. Das Gericht in Vassy revidierte sein Urteil, als ihm die wahre Lage des Angeklagten bekannt wurde.

Ich habe mich bei der Wiedergabe dieses Falls an den Duktus des Professors Proust gehalten, und auch an das von ihm benutzte Erzähltempus des Imperfekt. Ansonsten scheint an dieser Erzählung nicht sehr viel Besonderes zu sein – und in der Tat: wenn man erst einige dieser Fallgeschichten kennt, so verschafft einem deren Proliferation den bekannten Effekt des »Déjà-vu«. Die Produktivität des Diskurses

– Michel Foucaults großes Thema – läßt sich nicht bloß an der Multiplikation der Fallgeschichten ablesen. Genereller geht es um die Frage der Bedingungen der Möglichkeiten, etwas zu sehen, was man zuvor nicht gesehen hat. In den letzten Jahrzehnten des 19. Jahrhunderts gibt es plötzlich männliche Hysteriker, die man zuvor nicht gesehen hatte (sie waren die große Entdeckung Charcots).[30] Und es schießen die multiplen und doppelten Persönlichkeiten wie Pilze aus dem Boden, so wie man sie zuvor nie gesehen hatte, und die auch mit dem alten Doppelgänger-Motiv, dem alten Rollentausch und den Verwechslungsspielen nur noch wenig gemeinsam haben, auch wenn in der Faszination des Beobachters gegenüber seinem Sujet die Angst vor dem Betrug, der (bloßen) Simulation, der Schauspielerei, des Mysteriösen und Gespenstischen nie gänzlich schwindet.

Ich komme auf Adrien Proust zurück, weil ich (natürlich) auf seinen Sohn, Marcel Proust, zu sprechen kommen will, der wie Emile X immer nervös und übersensibel war und an asthmatischen Anfällen litt. Doch vor dieser Vater-Sohn-Geschichte möchte ich – nicht aus genealogischen oder filiatorischen Gründen, sondern aus eher systematischer Raison – Théodore Flournoys Fall der Hélène Smith (Nr. 21 in unserem Übersichtsschema) einschalten. Dieser im Jahr 1899 in Genf und Paris von Flournoy unter dem Titel *Des Indes à la Planète Mars. Etude sur un cas de somnambulisme avec glossolalie* als 420 Seiten starkes Buch veröffentlichte Fall macht die Spaltung zwischen einem Roman und einer medizinischen Fallstudie offenbar.[31] »Von Indien zum Planeten Mars« beschreibt einen fantastischen Roman, den das Medium Hélène Smith produziert hat; und den ihr Beobachter Flournoy, Wundt-Schüler und Inhaber des Genfer Lehrstuhls für *Psychologie physiologique et expérimentale*, d.h. also ein ganz und gar positivistisch sozialisierter Wissenschaftler, als »Hindu-Zyklus«, »Mars-Zyklus« und »Königs-Zyklus« klassifizierte und beschrieb. Das Medium (Medium im Sinne der spiritistischen Definition von Myers) und der positivistische Gelehrte bilden also gewissermaßen einen Doppel-Autor. Im »Hindu-Zyklus« reinkarniert Hélène Smith eine indische Prinzessin aus dem 15. Jahrhundert, außerdem produziert sie – zum Teil mit Hilfe einer Léopold genannten Ko-Person – in automatischer écriture ein Sanskrit, das der von Flournoy als linguistischer Genfer Kollege zu Rat gezogene Ferdinand de Saussure – ja,

Ursula Link-Heer

es handelt sich um den berühmten Saussure, den Vater unserer Linguistik, den Autor des (freilich von seinen Schülern aufgezeichneten) großen *Cours de linguistique générale* – als ein fantastisches Sanskritoid beurteilt. Im »Mars-Zyklus« ist Hélène Smith mit den Sitten, Gebräuchen und der Sprache dieses Planeten vertraut; im »Königs-Zyklus« reinkarniert sie das Leben der Marie-Antoinette, wobei die Ko-Person Léopold sich in Cagliostro transformiert. Wie verhält sich nun ein positivistisch orientierter Wissenschaftler gegenüber einer solchen fabulatrice, einer Märchenerzählerin, die ihm jedoch auch *écriture-automatique*-Dokumente aus Indien und vom Mars in die Hände spielt (diese Sanskrit- und Marsschriften sind in Flournoys Buch reproduziert)? Zwischen spiritistischen Gläubigen und Bewunderern des Mediums, die ihre Botschaften für Relevationen der transzendenten Welt halten, und den Skeptikern, die in diesen Botschaften nichts als Betrug vermuten, nimmt Flournoy nicht bloß die professionelle Position des experimentellen Psychologen ein, der einen Fall von »Somnambulisme avec glossolalie« (Schlafwandlertum mit Zungenreden) beobachtet, sondern er verhält sich auch wie ein Literaturwissenschaftler, oder genauer: wie ein Intertextualist avant la lettre, der sich auf eine detektivische Recherche begibt, um herauszubekommen, welche Bücher Hélène Smith gelesen haben könnte, welche Grammatiken sie konsultiert haben könnte, und welche Sprachen sie gehört haben könnte, aus dem allem sie ihre Zyklen samt der dazugehörigen Sprachen, Schriften, Sitten und Gebräuche zusammengesetzt hätte. Auch wenn Flournoy – trotz der Konsultation seiner Spezialisten-Kollegen der Genfer Fakultät – nicht rundum erfolgreich ist, die Quellen und Modelle, auf denen die Simulationen und Transformationen seines Mediums beruhen, herauszufinden, kommt er doch zu dem Schluß, daß Hélène Smith ein Pastiche-Genie ist.

Es gebe keinen Grund für die Annahme einer transzendenten (spiritualistischen) Quelle der »ephemeren Inkarnationen« Hélènes, sondern es handle sich um autosuggestiv hervorgebrachte Pastiches. Und selbst im Falle der sich in ihrem hypnoiden Leben manifestierenden sehr viel stabileren Persönlichkeiten habe man lediglich von verschiedenen psychologischen »Zuständen« oder »andersgewendeten Modifikationen« des »Polymorphismus der Individualität« auszugehen:

Sans parler des incarnations éphémères d'Hélène (où j'ai montré qu'il n'y a aucune raison de voir autre chose que des pastiches dus à l'autosuggestion), les diverses personnalités beaucoup plus stables qui se manifestent dans sa vie hypnoïde – Léopold, Esenale et les acteurs du roman martien, Simandini, Marie-Antoinette, etc., – ne sont à mes yeux, comme je l'ai indiqué à mainte reprise, que des états psychologiques variés de Mlle Smith elle-même, des modifications allotropiques pour ainsi dire ou des phénomènes de polymorphisme de son individualité.[32]

Das Supranormale, so führt Flournoy des weiteren aus, habe er beim besten Willen nicht feststellen können. Vielmehr handle es sich um »brillante Rekonstitutionen«, in denen die gesteigerte hypnoide Einbildung eines Mediums durch latente Erinnerungen unterstützt werde. Die »bewundernswert gelungenen Pastiches« des Mediums seien nicht minder interessant als das vermeintlich echt Übernormale:

En fait de lucidité et de messages spirites, je n'y ai rencontré que de ces brillantes reconstitutions que l'imagination hypnoïde, aidée de la mémoire latente, excelle à fabriquer chez les médiums. Je ne m'en plains pas, car pour le psychologue qui n'est pas féru de merveilleux, ces pastiches admirablement réussis sont aussi intéressants et instructifs, par les lueurs qu'ils jettent sur le fonctionnement intime de nos facultés, que les cas les plus stupéfiants de supranormal authentique, devant lesquels on en est encore réduit à rester bouche bée sans y rien comprendre.[33]

Trotz dieses wissenschaftlichen Glaubensbekenntnisses aber bleibt Flournoy fasziniert von den Phänomenen des Spiritismus, wie auch sein langer Nachruf auf den gelehrten Spiritisten Frederic Myers zeigt (1903).[34]

Ohne daß ich dem langen Roman *Des Indes à la Planète Mars* und seinem Doppelautor Hélène Smith/Théodore Flournoy, Medium und Wissenschaftler, hiermit schon in seiner tatsächlichen Komplexität gerecht geworden wäre, die vielleicht sogar eine Spur zu den Anagrammstudien von Saussure weist,[35] muß ich an dieser Stelle auf Marcel Proust zurückkommen, der – wie man weiß – ebenfalls ein Pastiche-Genie war. Proust, der Sohn, schrieb *à la manière*, in der Manier von Balzac, Flaubert, Henri de Régnier, Michelet, Emile Faguet, Ernest Renan, Saint-Simon, John Ruskin, Maurice Maeterlinck, Chateaubriand, Sainte-Beuve und Goncourt, und er begründete diese »exercices«, die er bis zum Auto-pastiche treibt, damit, daß er das *pastiche volontaire*, das willentliche bzw. gewollte Pastiche, brauche, um nicht sein Leben lang dem *pastiche involontaire*, dem unwillentlichen oder unwillkürlichen Pastiche ausgeliefert zu sein.[36] In der Manier von jemand anderem zu schreiben, bedeutet ja, daß man sich einem Mechanismus überläßt, der das Hineinschlüpfen in eine andere Autorpersönlichkeit, ggf. in eine andere Sprache, jedenfalls in einen anderen Diskurs und eine andere Schreibweise, zur Voraussetzung hat. Proust verstand das Pastiche als einen Exorzismus von der Besessenheit durch einen anderen Autor, wie aus dem folgenden Zitat hervorgeht:

> Aussi, pour ce qui concerne l'intoxication flaubertienne, je ne saurais trop recommander aux écrivains la vertu purgative, exorcisante, du pastiche. Quand on vient de finir un livre, non seulement on voudrait continuer à vivre avec ses personnages, avec Mme de Beauséant, avec Frédéric Moreau, mais encore notre voix intérieure qui a été disciplinée pendant toute la durée de la lecture à suivre le rhythme d'un Balzac, d'un Flaubert, voudrait continuer à parler comme eux. Il faut la laisser faire un moment, laisser la pédale prolonger le son, c'est-à-dire faire un pastiche volontaire, pour pouvoir après cela, redevenir original, ne pas faire toute sa vie du pastiche involontaire.[37]

Die Suggestibilität, die hier als Grundlage der Eingewöhnung an Stimmen und Rhythmen und des Wunsches nach Weiterleben mit den Romanpersonen beschrieben wird, ist auch der gemeinsame Grundzug *aller* in den Hunderten von Fallgeschichten beschriebenen gespaltenen Persönlichkeiten, die dem Auto- und Heterohypnotismus so leicht zugänglich waren. Die Suggestibilität konstituiert von daher notwendig das zentrale Untersuchungsobjekt der vom Automatismus faszinierten Psychologen, Mediziner und Philosophen. Daß ein Literat wie Marcel Proust sich dabei bewußt auf das diskursive Universum der Medizin bezieht, geht daraus hervor, daß er die Fallgeschichte seines Vaters (Emile X) in seinen Romanzyklus *A la recherche du temps perdu* integrierte, und zwar als Konversationsbeitrag des Docteur Cottard in dem von Proust fingierten unveröffentlichten Tagebuch der Goncourt, das als Pastiche im letzten Band des Romanzyklus, in *Le temps retrouvé* zu lesen ist.[38] Damit delegiert Marcel Proust das Thema der duplex- und multiplex personae an die fiktive Figur des Docteur Cottard, der den Dr. Adrien Proust doubelt, indem er dessen Fallgeschichte aus dem *Bulletin médical* als seinen eigenen Fall zum besten gibt, um damit in der Konversation zu brillieren. Und weiter delegiert er es an den komplexen Autor Proust-Goncourt, der ein weiteres Mal auf einem Doppelautor beruht, da die Brüder Goncourt bekanntlich zweihändig schrieben. So läßt sich das Thema der Doppel- und Multipel-Figuren in das des Palimpsests, also der mehrfachen Überschriftung und Polyphonie des literarischen Worts überführen.[39]

IV.

Wenn ich nun am Anfang statt am Ende einer Antrittsvorlesung bzw. eines Artikels, der auch nicht allzusehr expandieren soll, stehen würde, ließe sich genauer zeigen, was Proust aus den Anregungen der Medizin und der experimentellen Psychologie alles macht. Marcel Proust exploriert die »états successifs de mon moi« oder »die zehn Albertinen«, die *mémoire* (er ist *der* Autor der Erinnerung) und das Vergessen (die Amnesie), den Schlaf, das Insomnium und den Moment des Erwachens, wie niemand zuvor es getan hatte. Denn Proust geht gar nicht mehr von der Idee fester, mit sich identischer Persönlichkeiten oder »Charaktere« aus: die Integration dissoziierter Zustände zu einer einheitlichen, gar »normalen« Person liegt ihm völlig fern, weshalb ich Walter Benjamin zustimme, wenn dieser meint, Proust sei der größte Zerstörer der Idee der Persönlichkeit, den die neuere Literatur kennt.[40] Aber nicht nur Marcel Proust, viele andere Autoren können vor dem hier entwickelten Hintergrund neu »gesehen« werden. Die vielleicht, auch aufgrund ihrer Verfilmungen, populärste multiple Persönlichkeitsgeschichte (denn es geht eigentlich nicht mehr um das alte Doppelgänger-Motiv), *The Strange Case of Dr. Jekyll and Mr. Hyde* (1886) muß auf die psychical researchers bezogen werden, denn Robert Louis Stevenson war Mitglied der spiritistischen Gesellschaft und hat Myers zahlreiche Mitteilungen über seine Schlaf- und Traumexperimente gemacht.[41] Im übrigen ist Stevensons Geschichte nur die Spitze eines Eisbergs, das heißt, die am meisten berühmt gebliebene unter heute vergessenen »fiktiven« Geschichten. Ein hochangesehener Mediziner, Charles Richet, schrieb unter dem Pseudonym »Epheyre« Novellen und Romane, die an Stevenson erinnern.[42] Es ist sowieso überhaupt nicht so, daß die positivistischen Wissenschaftler das Phantastische und Wunderbare verschmähen, und die Spiritisten nicht experimentieren würden. Im Gegenteil: es

Ursula Link-Heer

handelt sich um eine wechselseitige Faszination, und eine wechselseitige Faszination ist auch die Beziehung von Literatur und Fachliteratur. Die ganze Literaturgeschichte des *conte fantastique* bis hin zu Maupassants *Le Horla* und darüber hinaus müßte neu geschrieben werden.

Man müßte sehen lernen, daß Gertrude Stein, die heute bloß als Literatin bekannt ist und als eine Ikone lesbischen Begehrens, in den Jahren 1896 und 1898 am Harvard Institute von William James (vgl. zu James die Fallgeschichte Nr. 30), zusammen mit Leon M. Solomons, wissenschaftliche Experimente über Automatismus durchführte, deren Intelligenz verblüffend ist. In zwei Artikeln der *(Harvard) Psychological Review* berichtet sie über diese Experimente über »Normal Motor Automatism«.[43] Diese sehr »pragmatistisch«, wenn man will positivistisch, orientierten Experimente bezogen sich explizit auf »that most interesting phenomenon known« as double personality«.[44] Stein und Solomons wollten aber die These widerlegen, nach der das Phänomen per se »anormal«, also an Hysterie oder andere psychische Krankheiten oder Sonderfälle gebunden wäre. Deshalb zielten die Versuchsanordnungen auf den Beweis, daß ganz »normale« Individuen – und als solche dienten zunächst die Autoren selbst, in einer späteren Phase 91 Studentinnen und Studenten von Harvard – genauso wie *double personalities* zu »definite motor reactions unaccompanied by consciousness«[45] veranlaßt werden könnten. Stein und Solomons nahmen an, vier charakteristische Zustände von double personalities unterscheiden zu können, die sie sämtlich experimentell bei Normalmenschen provozieren wollten:

1. General tendency to movement without conscious motor impulse. – 2. Tendency of an idea in the mind to go over into a movement involuntarily and unconsciously. – 3. Tendency of a sensory current to pass over into a motor reaction subconsciously. – 4. unconscious exercise of memory and invention.[46]

Der wichtigste Einfall bestand nun darin, den Versuchspersonen (zuerst war das Gertrude Stein selbst) einen spannenden Roman zu lesen zu geben und ihre Schreibhand gleichzeitig auf leicht bewegliche Röllchen bzw. später in einer leicht beweglichen Hängevorrichtung, mit einem Bleistift versehen, über einer Papierfläche so zu disponieren, daß sie Krickellinien oder auch Schrift produzieren kann. Während die Person ihr Bewußtsein ganz auf den Text konzentrierte, brachte der Versuchsleiter die Hand in verschiedene Bewegungen, die sich dann, einer Eigenlogik folgend, weiterentwickelten. So schrieb die Hand unbewußt bestimmte Worte oder auch bloß Wortansätze des Gelesenen mit. Durch Training konnte die Hand dann sogar dazu gebracht werden, ohne Ablenkung des Bewußtseins vom gelesenen Text gleichzeitig unbewußt ein Diktat nachzuschreiben; das wichtigste Mittel dabei war wie üblich ein möglichst spannender Text:

> But when the story grows interesting the attention is held too powerful (...), and cases of pure automatism begin to appear frequently. The word is written or half written before the subject knows anything about it, or perhaps he never knows about it. For overcoming this habit of attention we found constant repetition of one word of great value.[47]

Diese bekannte Taktik der Literatin Gertrude Stein taucht hier also in Trainings zur wissenschaftlichen Simulation der Funktionsweise multipler Persönlichkeiten auf. Umgekehrt wie die Diktate war das »automatic reading« angelegt: Dabei wurde der Versuchsperson ein spannender Text vorgelesen, während sie einen langweiligen Text vor Augen hatte und laut lesen sollte. Schon nach kurzem Training las sie den langweiligen Text vollständig unbewußt vor, während ihr Bewußtsein ganz auf den spannenden konzentriert war.

Diese Experimente dienten in der Phase mit fast hundert Versuchspersonen dazu, eine Charaktertypologie mit verschiedenen Graden der Disposition zum »Motor Automatism« anzulegen. Ich brauche hier nicht darauf einzugehen. Was ich aber betonen möchte, ist die entscheidende Tatsache, daß die künstliche Simulation der Funktionsweise multipler Persönlichkeiten durch literarische Texte erfolgt: Jeder Teilperson entspricht ein Text – multipel wird die Person dadurch, daß ihre Subjektivität durch den simultanen Applikationszwang mehrerer Texte gespalten und in zwei gleichzeitig funktionierende Subjektivitäten überführt wird. Aus dieser Sicht erscheint die *double personality* also als ein Wesen, bei dem die Krankheit sozusagen mehrere Romane und als deren Applikation mehrere Subjektivitäten gleichzeitig ins Gehirn implementiert.

Wenn Gertrude Stein später die berühmt gewordene paradoxe *Autobiography of Alice Toclas* schrieb, so lassen sich diese Phänomene also nicht aus der Theorie des Pacte autobiographique erklären, son-

Ursula Link-Heer

dern müssen auf die Experimente im *multiple-personality*-Kontext zurückgeführt werden.

Und schließlich die Surrealisten und ihre Traumprotokolle, *Cadavre exquis* und *Ecriture automatique*: Wenn sie sich, wie es sich für Avantgardisten geziemt, auf die nach dem ersten Weltkrieg erfolgreichere Freudsche Psychoanalyse berufen wollten (wobei Freud bekanntlich nicht mittat), so hat ihre literarische Praxis damit letztlich doch herzlich wenig zu tun. Man muß statt dessen Breton mit dem Spiritisten Myers lesen, und das ist keine Spekulation, sondern auch als Einfluß belegbar: Breton war, wie schon Jean Starobinski gezeigt hat, von dem *Survival of Bodily Death* absolut fasziniert.[48]

An einem Gegenpol zu Breton steht Fernando Pessoa, dieser ganz große portugiesische Dichter, der eine Truhe voller Papiere hinterließ, die er selber nie publizierte und die immer noch nicht ausgeschöpft ist. Sein Name bedeutet *Person*, zugleich aber auch – wie im frz. *personne* – *niemand*: Pessoa schreibt nicht unter Pseudonym, sondern Heteronymen, anderen Namen, die zu eigenständigen Persönlichkeiten und Biographien expandieren: Pessoa hat sogar diese Biographien und das Aussehen seiner Heteronyme ziemlich genau beschrieben. Das Wichtigste: diese anderen Dichter, Alvaro de Campos, Carlos Reis, Alberto Caeiro und viele, viele mehr, um die Hundert, schreiben jeweils einen völlig verschiedenen Stil, der eine schreibt futuristisch, der andere schreibt ganz klassizistisch, ein dritter schreibt pindarische und sapphische Oden, und so fort. Pessoa kannte die *multiple-personality*-Forschung entschieden nicht so gut wie Breton, aber er wußte, daß die Mediziner seinen Fall als ganz und gar »abnormal« auffassen würden.[49]

Das hier skizzierte Programm einer komparatistischen Interdiskurs- und Literaturanalyse hat nur einige wenige Namen und literarische wie medizinische ›Fälle‹ berücksichtigen können.[50] In einigen Fällen überschneiden sich gewissermaßen der Patient mit dem Dichter: man denke nur an Raymond Roussel.[51] Versucht man anstelle einer Expansion der Beispiele ein vorläufiges Fazit zu ziehen, so ließe sich als Zentrum der hier behandelten Problematik das Pastiche ausmachen, sei es – gemäß der Proustschen Unterscheidung – das unwillkürliche oder unwillentliche Pastiche, sei es das willkürliche oder willentliche Pastiche. Immer geht es um das – dem Automatismus angenäherte – Sich-Hineinfallenlassen in einen anderen Rhythmus, in eine andere Sprache, in eine andere Manier, wenn man so will: in ein fremdes Ich. Doch geht es in der modernen Literatur immer zugleich auch um die Widerständigkeit gegenüber dem imitativen Mechanismus, um das Reflexivwerden der unvermeidlichen Aktivität des Pastichierens.

V.

Am Ende möchte ich den Blick noch von 1900 auf das Jahr 2000 lenken, von dem wir ja nicht mehr weit entfernt sind. Wer den *Spiegel*, Frauenzeitschriften wie *Brigitte*, die *ZEIT*[52], oder auch die Zeitschrift *Der Nervenarzt*[53] liest, weiß, daß die *multiple personalities* wiederkehren, und ihre Zahl bricht alle Rekorde: Im Fischer-TB von Judith Spencers Buch *Jenny* werden, damit der Leser oder vielleicht vor allem die Leserin, nicht die Übersicht verliert, 35 Persönlichkeiten aufgelistet; im rororo-Sachbuch »Ich bin viele« von Joan Frances Casey habe ich noch gar nicht nachgezählt.[54]

In der *ZEIT* war unlängst vom Beginn eines Prozesses zu lesen, bei dem es vermutlich auch um das Multiple Personality Disorder (MPD) gehen würde, einer in den psychiatrischen Manualen längst kodifizierten Krankheit.[55] Und damit geht es zugleich um die intrikate Frage der Verantwortlichkeit der Persönlichkeit, die der juristische Diskurs zum großen Teil an die Seelenforscher delegieren muß. Hier spielt es dann im übrigen letztlich keine Rolle, ob es sich um eine duplex – oder eine multiplex-persona handelt; die Rekordzahlen der immer ausgreifenderen Multiplikationen der Persönlichkeiten sind nicht entscheidend; denn wenn bloß *eine* der Personen unverantwortlich für ihr Handeln ist – man denke an Prousts »Emile X« –, dürfte sie juristisch nicht belangt werden können, sofern und solange die Krankheit MPD ›ernstgenommen‹ wird.

Freud meinte, die privilegierten Seelenforscher seien die Dichter, und deshalb ließe es sich entschuldigen, daß seine eigenen Fallgeschichten sich wie Novellen läsen. Die derzeit – zunächst in den USA, jetzt auch hier – den Markt überschwemmende Literatur zum Multiple Personality Disorder kennt in letzter Instanz keine Einzelautoren im emphatischen Sinne *des* Dichters mehr. Ihre Paratextualität (Vorworte, Nachworte, Kommentare, Widmungen) von Ärzten,

Ursula Link-Heer

Therapeuten und anderen vorausgegangenen Fällen, eine Multiplikation mithin von Äußerungen von Autoritäten und Betroffenen, ist der
auffälligste Zug des outfits. Wie bei den Diskursen der Transsexualität, der Geschlechtsumwandlung, die Annette Runte in einer jüngst
erschienenen grundlegenden Studie mit dem Titel *Biographische Operationen* eingehend analysiert hat[56], werden wir im Jahr 2000 auf eine
Proliferation des MPD-Diskurses zurückblicken können. Einstweilen
bleibt uns, die zeitgenössische Produktivität – oder, wenn man will:
Macht – dieses Diskurses zu beobachten. Ich denke, daß diese Beobachtung der Gegenwart in der Verdoppelung des Blicks zurück auf die
Zeit um 1900 in etwas größerer Scharfeinstellung möglich ist, und daß
der Anteil literaturwissenschaftlicher Analysemöglichkeiten für die Be-
obachtungskompetenz dieser Gegenwart nicht zu unterschätzen ist.

Anmerkungen

Der Beitrag erschien in: *Arcadia*. Zeitschrift für allgemeine und vergleichende Literaturwissenschaft, Bd. 31, Heft 1/2 1996

1 E. Frenzel, *Motive der Weltliteratur*. Ein Lexikon dichtungsgeschichtlicher Längs-
schnitte (Kröners Taschenausgabe, 301), Stuttgart 1988, Art. »Doppelgänger«, S. 94-113.

2 V. Propp, *Morphology of the Folktale*, Bloomington, Indiana University Press 1958 (1.
russ. Ausgabe, Leningrad 1928).

3 Für die hier gemachten Foucaultschen Voraussetzungen vgl. detaillierter J. Link / Vf.,
»Diskurs/Interdiskurs und Literaturanalyse«, *Zeitschrift für Literaturwissenschaft und
Linguistik*, H. 77 (1990), S. 88-99, und Vf., Weltbilder, Epistemai, Epochenschwellen.
»Mediävistische Überlegungen im Anschluß an Foucault«, in: H.-J. Bachorski / W.
Röcke (Hrsg.), *Weltbildwandel*. Selbstdeutung und Fremderfahrung im Epochenüber-
gang vom Spätmittelalter zur Frühen Neuzeit, Trier 1995, S. 19-56.

4 Vgl. dazu eingehender Vf., »›Malgré ce formidable obstacle de santé contraire‹, Schreiben und Kranksein bei Proust«, in: A. Corbineau-Hoffmann / A. Gier (Hrsg.), *Aspekte
der Literatur des fin-de-siècle in der Romania*, Tübingen 1983, S. 179-200, sowie Vf.,
»›Le mal a marché trop vite‹, Fortschritts- und Dekadenzbewußtsein im Spiegel des
Nervositätssyndroms«, in: W. Drost (Hrsg.), *Fortschrittsglaube und Dekadenzbewußtsein im Europa des 19. Jahrhunderts*, Literatur – Kunst – Kulturgeschichte (Reihe
Siegen. 59), Heidelberg 1986, S. 45-67.

5 H. Kuhn, »Versuch über das 15. Jahrhundert in der deutschen Literatur«, in: Ders.,
Liebe und Gesellschaft, Kleine Schriften Bd. 3, hrsg. von W. Walliczek, Tübingen 1980,
S. 135-155, hier: S. 140.

6 H.U. Gumbrecht, »Faszinationstyp Hagiographie«, in: C. Cormeau (Hrsg.), *Deutsche
Literatur im Mittelalter*. Kontakte und Perspektiven. Hugo Kuhn zum Gedenken,
Stuttgart 1979, S. 37-84.

7 Kuhn, »Versuch«, S. 145.

8 Grundlegend hierzu ist H.F. Ellenberger, *The Discovery of the Unconscious*. The History and Evolution of Dynamic Psychiatry (Fontana Press), Hammersmith, London 1994 (^{1}1970), bes. Chap. 3, »The First Dynamic Psychiatry (1775-1900)«, das die Entwicklung vom Mesmerismus über die Hypnose bis zur »Multiple Personality« darstellt (S. 110-181; mit zahlreichen Literaturhinweisen, auch zur »fiction«). – Vgl. ferner J. Carroy, *Les personnalités doubles et multiples. Entre science et fiction* (col. Psychopathologie), Paris 1993. Hier wird die Institutionsgeschichte der französischen Psychologie, ihre Etablierung als einer autonomen Disziplin (ab ca. 1870) in enger Verbindung mit der Problematik der Doppel- und Mehrfachpersönlichkeiten gesehen.

9 Jean Paul, *Siebenkäs* (1796/7), zit., nach Frenzel, *Motive*, S. 102.

10 Ellenbergers Klassifikation der multiplen Persönlichkeiten kann als Standard-Klassifikation betrachtet werden, die sich mit Modifikationen in der gesamten Literatur wiederfindet: »1. Simultaneous multiple personalities / 2. Successive multiple personalities / a. mutually cognizant of each other / b. mutually amnestic / c. one-way amnestic / 3. Personality clusters.« (S. 131) – Daß die Namensgebung bzw. Namenshervorlockung dieser Personen durch den Beobachter keine quantité négligeable ist, macht Ian Hacking deutlich. Vgl. I. Hacking, »The Invention of Split Personalities«, in: A. Donagan, A.N. Perovich, Jr., and M.V. Wedin (Hrsg.), *Human Nature and Natural Knowledge*, Univ. of Toronto Press 1986, S. 63-85, bes. S. 75 ff.

11 P. Janet, *L'Automatisme psychologique*, Paris 1889; vgl. dazu auch das Janet-Kapitel bei Ellenberger (Chap. 6, S. 331-417; bes. S. 358-364.

12 Vgl. auch noch das Kap. »Possessions« beim späten P. Janet: *L'Evolution psychologique de la personnalité*, Paris 1929, S. 273 ff.

13 Vgl. Ellenberger, S. 120 f.

14 F.H. Myers, *Human Personality and its Survival of Bodily Death*, 2 Bde., London, New York, Bombay 1903, Bd. 1, XVIII (Zitat aus dem »Glossary«, Stichwort »Medium«). – Bei Myers findet sich das vollständigste Inventar samt Resümees aller bis dato bekannten Fälle.

15 W.S. Taylor and M.F. Martin, »Multiple Personality«, *Journal of Abnormal and Social Psychology*, Bd. 39 (1944), S. 281-300; die reproduzierte Übersicht S. 286-287 habe ich um die Spalte der Referenzen auf die hier nicht reproduzierbare umfangreiche Bibliographie gekürzt; die Legende, S. 284, demonstriert am Beispiel von Robert Louis Stevensons klassischer Erzählung von *The Strange Case of Dr. Jekyll and Mr. Hyde* sehr schön die insgesamt literarische Faktur all dieser duplex- und multiplex-Charaktere.

16 Vgl. die eindrucksvolle Studie von Fischer-Homberger, *Die traumatische Neurose. Vom somatischen zum sozialen Leiden*, Bern, Stuttgart, Wien 1975.

17 Der Befund eines Verschwindens und einer Wiederkehr wäre im einzelnen nach unterschiedlichen nationalen Traditionen stark zu differenzieren. So ist in den USA das Interesse an den multiplen Persönlichkeiten das ganze 20. Jahrhundert hindurch nie ganz geschwunden, wie allein das von Morton Prince (dem neben William James führenden Psychiater in den USA um 1900) gegründete *Journal of Normal and Abnormal Psychology* (später: *Journal of Abnormal and Social Psychology*) zeigt (vgl. auch Anm. 14). Es ist deshalb nicht erstaunlich, daß die Emergenz der ›neuen‹ multiplen Persönlichkeiten von den USA ausging. Darüber informiert eindringlich Ian Hacking im Zusammenhang mit der »explosion in child abuse literature«. Vgl. I. Hacking, »The Making and Molding of Child Abuse«, *Critical Inquiry* 17 (1991), S. 253-288, Zitat: S. 269. (deutsche Fassung im vorliegenden Band)

18 *Studien über Hysterie* (1895, mit Josef Breuer), in: S. Freud, *Gesammelte Werke, chronologisch geordnet*, hrsg. von A. Freud / E. Bibring / W. Hoffer / E. Kris / O. Isakowr, Bd. 1, London 1952, S. 75-312, hier: S. 227.

19 *Das Ich und das Es*, in: S. Freud, *Studienausgabe*, hrsg. von A. Mitscherlich / A. Richards / J. Strachey, Bd. 3, Frankfurt a.M. 1975, S. 273-330, hier: S. 298 (Hervorhebung von Freud).

20 Frenzel, *Motive*, S. 110.

21 Vgl. die Fallbeschreibung mit Textauszügen bei Myers, *Human Personality*, Nr. 232 A, S. 336-338; ferner: Ellenberger, *The Discovery*, S. 128 f.

22 I. Hacking, »Making Up People«, in: Th.C. Heller / M. Sosna / D.E. Wellbery (Hrsg.), *Reconstructing Individuality*, Autonomy, Individuality and the Self in Western Thought, Stanford University Press 1986, S. 222-236, hier: S. 223.

23 Vgl. als umfassendsten Bericht: E. Azam, *Hypnotisme, double conscience et altération de la personnalité*, Paris 1887. Der Fall »Félida X« wird in der gesamten einschlägigen Literatur kommentiert (Resümees u.a. bei Myers, *Human Personality*, Nr. 231 A, S. 333-335; Ellenberger, *The Discovery of the Unconcious*, S. 136-138).

24 Zitiert nach Hacking, »The Invention of Split Personalities«, S. 72.

25 Myers, *Human Personality*, S. 333. – Vgl. für eine umfassende diskursanalytische und -historische Studie zur modernen Problematik des ›Normalen‹, der Denormalisierungsangst und der Arretierungs- sowie Flexibilisierungsstrategien von Normalitätsgrenzen jetzt J. Link, *Versuch über den Normalismus*. Wie Normalität produziert wird, Frankfurt a.M. 1996.

26 Für eine differenziertere Einschätzung des Eklektizismus der US-amerikanischen Therapie-Kultur, insbesondere auch der derzeitigen ›Therapie der Normalen‹ vgl. Link, *Versuch über den Normalismus*.

27 M. Prince, *The Unconscious*. The Fundamentals of Human Personality Normal and Abnormal, Reprint der 2. Auflage New York 1921, New York 1973, Zitat: S. 622.

28 Vgl. dazu Myers, *Human Personality*, Fall 233 A und das Schema, S. 342 f.

29 »Automatisme ambulatoire chez un hystérique«, par M. le prof. Proust, *Bulletin médical*, Bd. 4 (1890), S. 107-108 (Rubrik: »Pathologie nerveuse«). – Myers führt den Fall unter der Nr. 226 A, S. 317f.

30 Vgl. dazu – im Anschluß an Esther Fischer-Hombergers Buch über die *Traumatische Neurose* – Vf., »›Männliche Hysterie‹. Eine Diskursanalyse«, in: U. Becher / J. Rüsen (Hrsg.), *Weiblichkeit in historischer Perspektive*. Fallstudien und Reflexionen zu Grundproblemen der historischen Frauenforschung (stw. 725), Frankfurt a.M. 1988, S. 364-296.

31 Théodore Flournoy, *Des Indes à la Planète Mars*. Etude sur un cas de somnambulisme avec glossolalie, Réimpression de l'édition de Genève, 1899, Slatkine Reprints, Genève-Paris 1983.

32 Ebd., S. 414.

33 Ebd., S. 415 f.

34 Th. Flournoy, »F.W.H. Myers et son oeuvre posthume«, *Archives de psychologie*, Bd. 2 (1903), S. 269-296.

35 Außer an die zuerst von J. Starobinski herausgegebenen und von J. Kristeva kommentierten Anagramm-Studien Saussures muß dabei an den gesamten Komplex der Intertextualität gedacht werden, der hier freilich nicht entfaltet werden kann. Die programmatische Dimension meines Vorschlags sieht hier jedoch eine der wesentlichen theoretisch wie pragmatisch relevanten Anschließbarkeiten, die insbesondere zu den

Forschungen von Renate Lachmann gegeben sind. Vgl. R. Lachmann, *Gedächtnis und Literatur. Intertextualität in der russischen Moderne*, Frankfurt a.m. 1990, bes. Kap. V »Kryprogrammatik und Doppelung«.

36 Dazu *Les Pastiches de Proust*. Edition critique et commentée par Jean Milly, Paris 1970. Die »Introduction« Millys (S. 13-50) ist grundlegend und vereinigt alle relevanten Aussagen Prousts zu seiner Praxis des Pastiche.

37 Das Zitat stammt aus dem berühmten Aufsatz Prousts »A propos du ›style‹ de Flaubert« (1918). Es wird von Milly (S. 37) in eine Konstellation kontiguer Zitate gestellt, die hier aus Platzmangel nicht berücksichtigt werden kann.

38 Diese veritable Trouvaille stammt nicht von mir, sondern ist Ellenberger zu verdanken (*The Discovery of the Unconscious*, S. 167). Meines Wissens hat die literaturwissenschaftliche Proust-Forschung von dieser nicht bloß ›intertextuellen‹, sondern vielmehr ›interdiskursiven‹ Relation bislang nicht Notiz genommen.

39 Ich habe die Proustsche Vater-Sohn-Geschichte als Relation zwischen multiplen Persönlichkeiten und Pastiches auf zwei Kongressen zur Debatte gestellt: im Rahmen des Hamburger Symposions *Bilder vom Menschen – Menschenbilder. Bildfunktionen im medizinischen Diskurs des 19. und 20. Jahrhunderts* (April 1994) unter Leitung von Marianne Schuller; und im Rahmen des Symposions des King's College Research Center, Cambridge *Literary History: Foundations and Futures* (Juni 1995) unter Leitung von Eric Méchoulan und Chris Prendergast (Akten jeweils in Vorbereitung).

40 W. Benjamin, »Pariser Tagebuch« (1930), in: W. B., *Gesammelte Schriften*, hrsg. von R. Tiedemann und H. Schweppenhäuser, *Bd. 4*, Frankfurt a.M. 1972 ff., Bd. 4, S. 567-587; hier: S. 570. – In meinem Buch *Prousts A la recherche du temps perdu und die Form der Autobiographie. Zum Verhältnis fiktionaler und pragmatischer Erzähltexte* (Beihefte zu Poetica. 18), Amsterdam 1988, bin ich auf diese Phänomene noch vor Kenntnis des hier skizzierten interdiskursiven Zusammenhangs eingegangen (vgl. bes. S. 265 ff.).

41 Vgl. zum Beispiel Myers, *Human Personality*, Nr. 221 A, S. 300-303. – Vgl. ferner die Stevensons »Laboratorium« sehr weitgehend offen legende Biographie von F. Mc Lynn, *Robert Louis Stevenson. A Biography*, London 1993.

42 Dazu (unter vielen weiteren Beispielen von Interdepenzen zwischen literarischer und medizinisch-psychologisch-therapeutischer »Berufung«) Carroy, *Les personnalités doubles et multiples*, S. 113-132.

43 Leon M. Solomons and Gertrude Stein, »Normal Motor Automatism«, *Psychological Review* (Harvard), Bd. 3 (1896), S. 492-512; und Gertrude Stein, »Cultivated Motor Automatism: A Study of Character in its Relation to Attention«, *Psychological Review*, Bd. 5 (1898) S. 295-306.

44 »Normal Motor Automatism«, S. 492.

45 Ebd., S. 493.

46 Ebd., S. 494.

47 Ebd., S. 498.

48 J. Starobinski, »Freud, Breton, Myers«, in: Ders., *Psychoanalyse und Literatur* (stw. 1779), Frankfurt a.M. 1990, S. 143-162.

49 Eine sehr schöne Einführung in den multiplen Dichter Pessoa bietet der Band: Fernando Pessoa, »*Algebra der Geheimnisse*«. Ein Lesebuch. Mit Beiträgen von R. Lind, O. Paz, P. Hamm und G. Güntert, Zürich 1986.

50 Nur in sehr gedrängter Form kann ich hier noch hinweisen auf Hugo von Hofmannsthals *Andreas*-Fragment, als dessen geheimes Zentrum Jacques Le Rider ebenfalls die duplex- und multiplex-personae ausgemacht hat. Vgl. die »Préface« von J. Le Rider zu

Hugo von Hofmannsthal *Andreas* (Col. Folio Bilingue), Paris 1994, S. 7-40, hier: S. 28 ff. – Ferner auf Klaus H. Kiefers Forschungen zu Carl Einstein. Vgl. K.H. Kiefer, »Äternalistisches Finale oder Bebuquins Aus-Sage. Carl Einsteins Beitrag zur Postmoderne«, *Neohelicon* Bd. 21/1, S. 13-46, bes. S. 25 (»Bebuquin ist nicht nur als Figur multipel, sondern auch als Intertext: eine multiple Kontroverse.«)

51 Vgl. dazu M. Foucault, *Raymond Roussel*. Présentation de P. Macherey (Col. Folio / Essais), Paris 1992 (¹1963).

52 Vgl. zum Beispiel die Artikel »Bürgerkrieg im Innern« im *Spiegel* Nr. 16/1994), S. 122-130; »Multiple Persönlichkeit. Die vielen Ichs der Andrea B.«, *Brigitte* Nr. 7 (1994), S. 163-172; »Multiple Persönlichkeiten werden bei uns noch nicht behandelt. Ist das richtig? Wenn Ich ein Plural ist«, *ZEIT* vom 13.1.95, S. 44. – Ich danke allen, die mir dies und viel weiteres Material zugespielt haben, besonders Eva Erdmann und Martina Wentzel.

53 Vgl. zum Beispiel E. Erkwoh und H. Saß, »Störung mit multipler Persönlichkeit: alte Konzeptionen in neuem Gewande«, *Der Nervenarzt* Bd. 64 (1993), S. 169-164. – Ich danke M. Günter für den Hinweis. Vgl. auch dessen Artikel, mit R. Boos, »Bedeutung der ›abnormen Reaktionsbereitschaft‹ von Jugendlichen beim Münchhausen-by-proxy-Syndrom. Simulation, Folie à deux, induzierte Artefakterkrankung oder was sonst?«, *Der Nervenarzt* Bd. 65 (1994), S. 307-312.

54 Vgl. Judith Spencer, *Jenny*. Das Martyrium eines Kindes. (Fischer Taschenbuch 2690), Frankfurt a.M. 1995; Joan Frances Casey und Lynn Wilson, *Ich bin viele*. Eine ungewöhnliche Heilungsgeschichte. Mit einem Nachwort von Dr. Frances Howland (rororo Sachbuch. 9566), Reinbek b. Hamburg 1993; Michaela Huber, *Multiple Persönlichkeiten*. Überlebende extremer Gewalt (Fischer Taschenbuch. 12160), Frankfurt a.M. 1995. – Zum Import solcher auflagenstarken Bücher zwischen Sachbuch und (trivial-)literarischer Erzählung aus den USA vgl. oben, Anm. 17.

55 Vgl. Viola Roggenkamp, »Die Retterin des Mörders. Tamar S. riskierte ihr Leben – und das anderer Frauen. Jetzt richten sich alle Augen auf sie«, Die *ZEIT* Nr. 21 vom 17.5.1996, S. 65. – Über die Definitionen des »Multiple Personality Disorder« im *DSM* III R, dem 1987 revidierten (dritten) *Diagnostic and Statistical Manuel of Mental Disorders* unterrichtet sowohl die oben in Anm. 53 wie in Anm. 54 angegebene Literatur.

56 A. Runte, *Biographische Operationen*. Diskurse der Transsexualität, München 1996. – Diese eindrucksvolle Untersuchung erscheint – unter theoretischen und methodologischen Aspekten – auch beispielhaft für die Wege, die eine grundlegende Untersuchung zu den ›Diskursen der Multipersonalität‹ zu beschreiten hätte.

Christina von Braun

Der Frauenkörper als Norm
und Anomalie des Gemeinschaftskörpers

Als die Sprache schriftliche Form annahm, wurde es möglich, »die Sprache« zu denken. Bis dahin bewegten sich die sprechenden Körper in der Sprache wie im Wasser der Fisch: Er lebt darin, aber er weiß nicht, was Wasser ist. Mit der Verschriftlichung der Sprache befand sich der Mensch am Ufer. Von dort aus konnte er das Meer als Wasser wahrnehmen. Seitdem sehnt er sich zurück ins Meer: à la mer/mère. Die Geschichte dieser Sehnsucht und des Verlustes, für den sie steht, spiegelt sich in der Geschichte der »Frauenkrankheiten« wider. Sie erzählen von der Erfahrung, Boden unter den Füßen zu spüren, *und* vom sehnsuchtsvollen Blick zurück in ein Denken, in dem das Sein mit der Sprache eins ist. Das zeigt sich besonders deutlich an dem widersprüchlichen Zusammenhang zwischen den Bildern des Gemeinschaftskörpers und denen des Frauenkörpers. Er besteht auf symbolischer Ebene – und dennoch erfährt jede Frau diesen widersprüchlichen Zusammenhang am eigenen Leibe.

Was ist ein Gemeinschaftskörper?
Alle Gesellschaften – das läßt sich wohl so allgemein sagen – versuchen, durch die Analogie zum Individualkörper der eigenen Gemeinschaft den Anschein von Geschlossenheit und Zusammengehörigkeit zu verleihen. Auf diesem Bedürfnis beruhen viele kulturelle Phänomene wie die Reinheitsgesetze, die in jeder Gesellschaft anders definiert werden. Auch Bilder des Blutes spielen in fast allen Kulturen – als Opferriten, als Inzestverbot, in Gestalt von Blutsbrüderschaften usw. – eine wichtige Rolle. Von diesen Bildern leitet sich zumeist ein gemeinsamer Ursprung, die Herkunft von einer historischen oder mythischen Urgestalt ab: einer Urmutter, einem Urvater (was nicht identisch ist mit dem Schöpfer). Durch das Bild von der Gemeinschaft

Christina von Braun

des Blutes soll etabliert werden, daß die vielen individuellen Körper in Wirklichkeit einen einzigen Körper bilden, weil ein und dasselbe Blut durch alle Adern fließt. Solche Vorstellungen bleiben keineswegs den archaischen Gesellschaften vorbehalten, sie bilden auch die Grundlage von hochentwickelten Schriftkulturen wie der jüdischen und der christlichen – allerdings auf sehr unterschiedliche Weise: Die jüdische Glaubensgemeinschaft zeichnet sich dadurch aus, daß sich – zumindest seit dem Beginn der Diaspora – als Jude definiert, wer eine Jüdin zur Mutter hat. Es handelt sich also um eine Gemeinschaft, in der die biologische Herkunft (und damit auch die Blutsverwandtschaft) über die Zugehörigkeit zur Gemeinschaft entscheidet. Auf der anderen Seite gibt es in der jüdischen Religion (bei der Einnahme von Speisen und beim Sexualverkehr) aber auch das strikte Verbot, Blut zu berühren. Denn in der jüdischen Religion bleibt die Verfügung über das Blut, wo es als Symbol des Lebens in Erscheinung tritt, allein dem Schöpfer vorbehalten.

Ganz anders die Rolle des Bluts in der christlichen Religion, in der gerade der Verzehr des Blutes eine die Gemeinschaft vereinigende Funktion hat. Durch das Heilige Abendmahl verbindet sich nicht nur der einzelne Gläubige mit dem Leib Gottes und hat auf diese Weise Anteil an dessen Unsterblichkeit; darüber hinaus symbolisiert das gemeinsam bei der Messe eingenommene Blut des Herrn auch die Vereinigung der einzelnen Mitglieder der Gemeinschaft. Aus der christlichen Glaubensgemeinschaft wird bei der Eucharistie ein Gemeinschafts*körper*, in dem die verschiedenen individuellen Körper zu einem einzigen verschmelzen. »Weil es ein einziges Brot gibt, sind wir Vielen ein einziger Leib«, sagt Paulus. (1.Kor 10:17) In Christus bilden die einzelnen »Glieder« einen unteilbaren Leib. (Röm 12,5; s.a. 1 Kor. 12: 12,27) Vom Gedanken der Vereinigung mit Gott leitet sich wiederum der Gedanke der Kirche (oder der Glaubensgemeinschaft) als »Corpus Christi« ab – ein Bild, das sich auch in den Kirchengebäuden zeigt, deren Architektur die Gestalt des Gekreuzigten darstellt. Für Paulus umfaßt der Begriff »Körper« (Corpus) drei verschiedene Ebenen, die alle für das spätere Christentum bestimmend sein werden: 1. den Körper des Gläubigen (der sich mit dem Herrn und den anderen Mitgliedern der Gemeinde vereint), 2. den sakramentalen Körper, den jeder beim Heiligen Abendmahl erhält, und 3. den sozialen oder kirchlichen Körper, in den der einzelne durch die Eucharistie aufgenommen wird. Daß Paulus sowohl den transzendenten als auch weltlichen Gemeinschaftskörper meinte, geht auch aus der Tatsache hervor, daß er den Begriff der *Ecclesia* für die Gemeinschaft der Gläubigen wählte. Der Begriff kommt aus dem Griechischen und bezeichnete dort »politische Gemeinschaft«.[1]

Der Vorgang der Vereinigung der Gemeinschaft ist wiederum von Sexualbildern geprägt. Das hängt mit verschiedenen Faktoren zusammen. In der griechischen Klassik (mit der Verbreitung der vollen Alphabetschrift, in der auch die Vokale geschrieben werden) hatte sich eine symbolische Ordnung durchgesetzt, die Männlichkeit mit Geistigkeit und Weiblichkeit mit Leiblichkeit gleichsetzte.[2] Diese Ordnung wurde auch auf die Biologie übertragen. So verkündete Aristoteles in seiner Lehre von der Zeugung der Geschlechter, daß der männliche Same »von oben her« komme. Er sei zwar nicht die Seele, aber er sei »beseelt« durch »eine von außen eingedrungene Vernunft«, die einen immateriellen »Urstoff des Himmelskörpers« darstelle und göttlich sei. Die Tatsache, daß Frauen überhaupt geboren werden, führte Aristoteles darauf zurück, daß sich der »beseelte Same« in vielen Fällen nicht ausreichend gegen die »Materie«, also das Irdische durchsetzen könne, und, so sagt er, der Lebensquell »sich geschlagen geben muß, bevor er die Entwicklung bis zur eigenen Art fördern« kann.[3] Anders ausgedrückt: Die Vorstellung, daß Geist und Materie als Gegensätze zu betrachten sind und der Geist den Körper zu beherrschen habe, fand in der Geschlechterdifferenz ihren Ausdruck und »Beweis« als sichtbare Wirklichkeit. Von dieser symbolisch/ biologischen Differenz leiten sich wiederum viele andere Dichotomien ab wie etwa rational/irrational, gesund/krank rein/ unrein usw. Diese Denkstruktur zog sich von der griechischen Antike über das Christentum bis in die Neuzeit und Moderne, und sie nahm dabei wechselnde Formen an, die sich in kirchlichen wie in politischen, in künstlerischen wie in wissenschaftlichen Zusammenhängen zeigen. Wurde jedoch die Vorstellung, die Männlichkeit mit Geistigkeit und Weiblichkeit mit Leiblichkeit gleichsetzte, zunächst als eine symbolische Ordnung begriffen (was ihre soziale und politische Wirkungsmacht nicht minderte), so verwandelte sie sich im Verlauf der Jahrhunderte allmählich in ein »Naturgesetz«. So argumentierten gegen Ende des

Christina von Braun

19. Jahrhunderts die Gegner einer Zulassung von Frauen zu höherem Studium oder akademischen Berufen damit, daß der weibliche *Körper* für geistige Arbeit nicht geschaffen sei. »Alles, was wir an dem wahren Weibe Weibliches bewundern und verehren, ist nur eine Dependenz der Eierstöcke«, hatte Rudolf von Virchow geschrieben.[4]

Diese symbolische Ordnung – in der Männlichkeit mit Geistigkeit und Weiblichkeit mit Leiblichkeit gleichgesetzt wird – wiederholte sich in der symbolischen Darstellung des christlichen Gemeinschaftskörpers. Der Gekreuzigte repräsentiert die geistigen Aspekte des Glaubens (das Haupt), während die Gemeinschaft der Sterblichen als sein Leib erscheint und hierin weibliche Gestalt annimmt: z.B. als Ecclesia. Deshalb ist von der »Ehe« Christi mit der Kirchengemeinde die Rede. Im säkularen Kontext ist es später der König, der bei seiner Krönung die Nation »heiratet«[5]. Diese Symbolik wirkte wiederum auf die reale Geschlechterordnung zurück. So forderte Paulus, daß, ebenso wie Christus das Haupt der Gemeinde sei, auch der Mann in der Ehe das Haupt der Frau, und sie seinen Leib darstelle (Eph. 5,23 u. 28). Der Mann solle seine Frau so lieben »wie seinen eigenen Körper«. Ähnliche Bilder erscheinen später auch auf säkularer Ebene, wenn der Monarch als »Haupt« des Staates und der Vater als »Haupt« der Familie betrachtet wird. D.h. im Christentum findet die Vereinigung mit Gott in der Geschlechterbeziehung ihr Spiegelbild. So ist es kein Zufall, daß sich die Transsubstantiationslehre – also die Lehre, daß Hostie und Wein nicht den Leib und das Blut des Erlösers *symbolisieren*, sondern *sind* (erst durch diese Lehre wurde die Eucharistie zu einem Akt, in dem Sterblichkeit und Unsterblichkeit miteinander verbunden sind) – in der Kirche zeitgleich mit dem Gebot der Unauflöslichkeit der Ehe (ein Gebot, das keine andere Religion der Welt kennt) und deren Erhebung zum Sakrament durchsetzte. So wie Gott und Mensch durch das Heilige Abendmahl zu einem Leib und einem Geist werden, sollen auch Mann und Weib »ein Fleisch« sein.[6] Mit der Ehe als Sakrament wird die geschlechtliche Vereinigung zum Nucleus des christlichen Gemeinschaftskörpers.[7]

Daß der Gemeinschaftskörper als weiblicher Körper gedacht wird, hängt nicht nur mit der Spaltung in männliche Geistigkeit und weibliche Leiblichkeit zusammen; die Erscheinung gilt deshalb auch nicht nur für religiöse, sondern auch für säkulare Gemeinschaften. So wie die Kirche durch die Ecclesia, wurde auch die Stadt Athen durch Pallas Athene und Rom durch die mütterliche Wölfin repräsentiert. Das gleiche gilt für die modernen Nationen. Ob als Germania, Marianne, oder Britannia – der Gemeinschaftskörper stellt fast immer die Analogie zum Individualkörper her, indem er sich selbst als *weiblichen* Körper präsentiert. Dabei spielt einerseits die Tatsache, daß der weibliche Körper als mütterlich umschließend gedacht wird, eine wichtige Rolle. Andererseits ist aber auch die Tatsache von Bedeutung, daß die Genealogie der Gemeinschaft (also die gemeinsame Herkunft, wie sie die Bilder des gemeinsamen Blutes symbolisieren) in der mütterlichen Linie immer leichter zu belegen war als in der väterlichen. Der eindeutige »Vaterschaftsbeweis« durch den genetischen Fingerabdruck ist, wie man weiß, sehr jung.[8] Diese »Verweiblichung« des Gemeinschaftskörpers spiegelt sich aber auch im Bild der »Gefährdung« durch das Fremde wider.[9] Da der weibliche Körper, anders als der männliche, als »penetrierbar« wahrgenommen wird, bezeichnet er die »verwundbare« Stelle, an der die Abgeschlossenheit und Einheitlichkeit der Gemeinschaft in Frage gestellt wird. Genau diese Vorstellung steht hinter den kollektiven Vergewaltigungen, wie sie in Kriegszeiten stattfinden.

Mit anderen Worten: Der weibliche Körper repräsentiert die Einheitlichkeit und Verletzlichkeit der Gemeinschaft – und dieser Widerspruch bildet die Grundlage des seltsamen Paradoxons, daß der weibliche Körper einerseits den Gemeinschaftskörper, gleichzeitig aber auch das ganz Andere der Gemeinschaft repräsentiert: ein Element, das mit *Un*reinheit oder *Un*zurechnungsfähigkeit, mit *Unzu*länglichkeit gleichgesetzt wird; eine Form von Andersheit, dem ein mangelnder Sinn für die Gemeinschaft unterstellt wird. Letzteres ist z.B. ein Argument, das man oft hören kann, wenn es um die Frage nach dem Militärdienst für Frauen geht. Bei Frauen sei ungewiß, so heißt es, ob sie im Ernstfall ihre Prioriäten nicht bei ihren Männern oder Kindern, statt bei der Gemeinschaft, setzen würden. (Das gleiche Argument wurde auch in den Debatten um das weibliche Wahlrecht benutzt.) D.h. der weibliche Körper symbolisiert die Ganzheitlichkeit *und* zugleich das unsichere Element der Gemeinschaft.

Christina von Braun

Gemeinschaftskörper und Frauenkörper

Genau dieser Widerspruch tritt in der Geschichte der Frauenkrankheiten zutage, in der Parallelen zwischen den verschiedenen Konzepten des Gemeinschaftskörpers und bestimmten Weiblichkeitsbildern sichtbar werden. Zeigen sich die Einschlußmechanismen an den weiblichen Allegorien des Gemeinschaftskörpers bzw. an vielen sozialen Rollen, die von den verschiedenen Epochen der Weiblichkeit zugewiesen werden, so offenbaren sich die Ausschlußmechanismen, also die Vorstellung vom Frauenkörper als dem Unreinen, Unzurechnungsfähigen, besonders deutlich an den sogenannten »Frauenkrankheiten«. Das soll an den drei großen »Frauenkrankheiten«, die die Geschichte des Abendlandes begleitet haben, kurz skizziert werden:

1. der *Hysterie*: ein Krankheitsname, der von Hippokrates geprägt wurde und im übrigen der älteste Begriff unseres medizinischen Vokabulars ist, so wechselhaft die Konzepte von Hysterie in jeder Epoche auch waren;

2. den weiblichen *Eßstörungen;*

3. der *Multiplen Persönlichkeitsstörung* – heute *Dissoziative Identitätsstörung* genannt.[10]

Allen drei »Krankheiten« ist gemeinsam, daß sie erstens fast nur bei Frauen auftauchen, daß sich zweitens die Nosologen nicht nur über der Ätiologie, sondern auch über der Definition selbst in den Haaren liegen. Was nichts daran ändert, daß sich die Therapeuten drittens mit einer Leidenschaft für diese Krankheiten interessieren, die viertens im umgekehrten Verhältnis zu ihren therapeutischen Erfolgen steht. Last not least ist diesen drei Krankheitsbildern ebenfalls gemeinsam, daß sie in erheblichem Maße nicht nur das Interesse von Medizinern und Psychologen, sondern auch von Kirchenmännern, Philosophen, Soziologen, Historikern sowie von Schriftstellern und Künstlern auf sich gezogen haben. Das legt es eigentlich nahe, nach einer *kulturellen* Ursache für diese Krankheitsbilder zu suchen. Doch nicht nur die Erklärungsmuster der Mediziner weisen mehrheitlich biologistische oder vom Glauben an »Realitäten« geprägte Elemente auf. Bei der langen Geschichte der Hysterie gehen diese Erklärungsmuster von der hippokratischen Vorstellung einer wandernden Gebärmutter im Körper der Frau über den mittelalterlichen Glauben an eine Besessenheit durch den Teufel bis zum 3-Phasen-Modell, das der französische Psychiater Jean-Martin Charcot Ende des 19. Jahrhunderts entwickelte.[11] Bei den Eßstörungen reichen die Erklärungen von der im Corpus Hippocraticum getroffenen »Feststellung«, daß »das Fasten für Knaben schwieriger ist als für Mädchen«[12], über das Bild der dominanten Mutter, die für die Eßstörungen der Tochter verantwortlich gemacht wird[13], bis zu neueren Hirnforschungen, die im weiblichen Gehirn ein störanfälliges Ernährungszentrum festgestellt haben wollen. Das derzeit meist verbreitete Erklärungsmuster für die Störung der multiplen Persönlichkeit heißt »sexueller Mißbrauch«.[14] Es soll hier nicht die erschreckend große Verbreitung von sexueller Gewalt gegen Frauen und Kinder in Frage gestellt werden, wohl aber erscheint der Zusammenhang zur multiplen Persönlichkeitsstörung problematisch. Erstens gab es diese Gewalt schon lange, bevor das neue Krankheitsbild entstand, so daß man sich auch dann noch fragen müßte, warum das Leiden an der Gewalt heute *diesen* Ausdruck gefunden hat. Zweitens hat sich mit dem Thema des sexuellen Mißbrauchs ein ganzer Bereich von *false memories* entwickelt[15], und drittens sollte die Gewalt zu denken geben, mit der das neue Krankheitsbild Frauen in der Therapie suggeriert und oft sogar mit physischem Zwang aufgedrängt wird.[16] In diesem Kontext ist sogar die Frage zu überdenken, ob nicht das Krankheitsbild selbst schon den eigentlichen Mißbrauch darstellt bzw. die Herstellung eines Zusammenhangs zwischen Krankheitsbild und sexuellem Mißbrauch eine Form von Gewaltausübung beinhaltet. Bemerkenswert ist auf jeden Fall, daß Inzest und sexueller Mißbrauch auch in der Geschichte von Hysterie und Eßstörungen eine wichtige und ambivalente Rolle spielen. Insgesamt scheint mir, daß durch die Bindung an ein »reales« Trauma ein Realitätsbezug hergestellt werden soll, der sich mit den biologistischen Erklärungsmustern der beiden anderen »Frauenkrankheiten« vergleichen läßt, und daß hinter diesen »realitäts«-bezogenen Erklärungsmustern das Bedürfnis steht, die *kulturellen* Muster weiblicher Andersheit der Frau in Übereinstimmung zu bringen mit der *biologisch anderen* Beschaffenheit der Frau.

Vergleicht man nun die drei »Frauenkrankheiten« mit den Vorstellungen vom Gemeinschaftskörper, so zeigen sich eine Reihe von Korrespondenzen, die *kulturelle* Interpretationsmöglichkeiten für die Entstehung und Verbreitung dieser Krankheitsbilder eröffnen. Es

Christina von Braun

wurde schon erwähnt, daß jede Gemeinschaft versucht, für den eigenen Kollektivkörper die Analogie zum Individualkörper herzustellen.
Das geschieht einerseits durch die Metapher des gemeinsamen Blutes,
die in den modernen – rassistischen – Bildern des »Volkskörpers«
säkulare Gestalt angenommen hat. Daneben gibt es aber auch andere
säkulare Formen. Auch diesen sind Elemente des Mütterlich-Um-
schließenden eigen. Am deutlichsten zeigt sich das am sozialen Wohlfahrtsstaat, der mit der Industrialisierung entsteht und in dem in mehr
als einer Hinsicht Phantasien von sozialer Mütterlichkeit realisiert
werden. Das gilt vor allem für den modernen »Generationenvertrag«,
bei dem das Kollektiv an die Stelle der realen Eltern tritt: Der »Mutter
Staat« übernimmt viele der Funktionen von Fürsorge und Kontrolle,
für die bis dahin die individuelle Mutter verantwortlich war. Die
Entstehung dieses »Mutter Staats« (der den Industrieländern vorbehalten blieb) ging einher mit der Entwicklung einer neuen Frauenrolle
und neuer Frauenberufe, die mit dem Begriff der »sozialen Mütterlichkeit« umschrieben werden und die wie Spiegelbilder des sozialen
»Mutter Staats« erscheinen. In Berufen wie denen der Sozialfürsorgerin,
der Lehrerin, der Kindergärtnerin, der Krankenschwester usw. werden Frauen zu Repräsentanten und Agenten einer »Mütterlichkeit«,
die der Gemeinschaft eigen ist und die sie zugleich als biologische
Mütter überflüssig macht und ausschließt. Tatsächlich geht die Entstehung des modernen sozialen Wohlfahrtsstaates mit dem ersten großen
Rückgang der Geburtenraten einher.

Eine weitere säkulare Erscheinungsform des Gemeinschaftskörpers
besteht in dem, was ich als den medialen Kollektivleib bezeichnen
möchte. Er setzt sich aus dem dichten Netz von Kommunikationsfäden zusammen, die schon mit der Schrift und deren homogenisieren-
der Wirkung entstanden sind. Mit der Entwicklung der Verkehrsmit-
tel und der Elektrizität, der Verbreitung der Telekommunikationsmittel, der Einführung von einheitlichen Währungen, mit der Erfindung von Photographie und Film, die zur Synchronisierung der visuellen Wahrnehmung geführt haben, kurz: mit der Neuzeit ist das
»mediale Netz« immer enger und feinmaschiger geworden und hat
dabei zu einer zunehmenden Vereinheitlichung von Regionen und
Individuen geführt. (Insofern gibt es zu dem, was heute unter dem

Schlagwort der »Globalisierung« geführt wird, eine lange Vorge-
schichte.) Auch dieser medial bedingte Kollektivleib beruft sich auf
die Analogie zum Individualkörper, um seine Geschlossenheit und
Einheitlichkeit darzustellen. Dabei bedienen sich die Protagonisten
des *medialen Kollektivleibs* des Bildes vom »Nervensystem«. Das Bild
des »Nervensystems« gewinnt an Bedeutung mit der Aufklärung –
auch im medizinischen Kontext – und begleitet den Säkularisie-
rungsprozeß, bei dem an die Stelle des »Glaubens« die »Suggestibilität« tritt. Gleichzeitig löst sich der Begriff der »Seele« aus dem religiösen Kontext, um in den der modernen Psychologie überzugehen, wo
er fast zum Synonym für das Unbewußte geworden ist. Dabei ist es
kein Zufall, daß das Interesse für die psycho-medialen Techniken wie
Mesmerismus oder Hypnose, die sich alle unter dem Stichwort der
»Suggestibilität« zusammenfassen lassen, parallel zur Entwicklung
der Telekommunikationsmittel, des elektrischen Stroms und der Ver-
kehrssysteme aufkommt. Die »Suggestibilität« war aber wiederum ein
Privileg des Weiblichen – egal, ob es sich um die einzelne suggestible
Frau oder ein Konzept von »Masse« handelt, das als weiblich-beein-
flußbar galt. Letzteres gilt etwa, wenn Hitler sagt, daß er die Masse als
eine »Frau« empfinde, die er bei seinen Reden mit Worten durchdrin-
ge. Er greift dabei ein Bild aus dem Mittelalter auf, in dem das Ohr als
die »Pforte des Glaubens« galt.[17] Ähnlich wird auf vielen Verkündi-
gungsdarstellungen auch die Empfängnis Mariae als eine Befruchtung
durch das Ohr dargestellt. Das Ohr – und die Botschaft, die es auf-
nimmt – versetzte den Gläubigen in den Zustand der »Hörigkeit«
gegenüber Gott.[18]
   Der mediale Leib als konstitutiver Faktor des Kollektivs erhält eine
besondere Bedeutung in den modernen Gesellschaften, die sich durch
ethnische, sprachliche oder religiöse *Vielfalt* auszeichnen, deren Einheit und »Identität« also durch ein engmaschiges Netz medial vermit-
telter Bilder und Kommunikationsfäden überhaupt erst hergestellt
wird – etwa die Vereinigten Staaten von Amerika. Aber er kann auch
in einem Land wie Japan, das – dank seiner langen Isolation – über
eine größere religiöse und soziale Homogenität verfügt als jede andere
moderne Industrienation, eine konstitutive Rolle einnehmen und die
anderen Formen des Kollektivleibs überlagern oder verstärken. Als
Beispiel dafür sei ein kurzer Bericht der ARD zitiert, der nach dem

Christina von Braun

Sarin-Attentat in der Untergrundbahn von Tokio ausgestrahlt wurde. Nicht nur die Bilder dieses Berichts – das dichte Verkehrsnetz, die technischen Überwachungsanlagen, die gleichgeschalteten Telekommunikationszentralen –, auch der Kommentar vermitteln auf plastische Weise das, was mit dem medialen Leib gemeint ist. Es wird deutlich erkennbar, wie das mediale Netzwerk zur Grundlage eines gesellschaftlichen Konsens wird, der Gewaltausübung innerhalb der Gemeinschaft verhindert und schon die Vorstellung von Gewalt bannt.

Tokios U-Bahnen schnell und sicher, Kontrolleure nicht nötig, Hooligans und Schmierer sind hier unbekannt. Acht Millionen Pendler reisen täglich zur Arbeit und zurück in die Vorstädte. 12 Linien, die Nervenstränge eines hochspezialisierten Systems. (...) Die Attentatsorte, wie ein Ring um das Zentrum und den Kaiserpalast, zeigen die Systematik des Verbrechens. Der Anschlag richtet sich (...) gegen eine der sichersten Metropolen der Welt. (...) Tokio mit seiner drangvollen Enge kann nur aufgrund eines gesellschaftlichen Konsens überleben. So wirkt selbst das tägliche Chaos auf den Straßen geordnet und wird kollektiv ertragen. (...) Ideologische Konflikte fehlen weitgehend, das Verantwortungsgefühl ist allgemein und groß. Auch deshalb konnte Japan bisher auf allzu strenge Sicherheitsvorkehrungen in öffentlichen Einrichtungen verzichten, Monitorüberwachung war genug. Wer gesellschaftliche Tabus verletzt, gar Verbrechen begeht, bewirft laut den Vorstellungen des Shintoismus das Gesicht seiner Eltern mit Schmutz. Diese religiöse Doktrin wirkt schärfer womöglich als das bürgerliche Gesetz. Das sichere Netzwerk der Japaner aus Tradition und Pragmatismus hat durch die U-Bahn Anschläge von heute jedoch erhebliche Risse bekommen. Tokio wird noch unwirklicher. Das verheerende Erdbeben von Kobe, eine Naturkatastrophe, haben die Japaner psychisch überraschend schnell verarbeitet. Im Umgang mit bösartigen Anschlägen jedoch erweist sich die hoch technisierte Gesellschaft als beinahe hilflos.[19]

Sarin ist ein Gift, das das Nervensystem angreift, das Netz der U-Bahn wird in diesem Bericht als die »Nervenstränge eines hochspezialisierten Systems« bezeichnet. Eine solche Metaphorik ist kein Zufall: Was diesen Kollektivleib als »medialen Leib« im Gegensatz zu den Bildern des Blutes im säkularen »Volkskörper« auszeichnet, ist die Tatsache, daß der Zusammenhalt und die Geschlossenheit der Gesellschaft auf einem sozialen »Nervensystem« beruht.

Allen drei Beispielen des Kollektivleibs ist eigen, daß ihre Geschlossenheit oder Homogenität durch die Hervorhebung ihrer mütterlichen bzw. weiblichen Seiten betont wird. Im ersten Fall ist das weibliche Element in der Akzentuierung der gemeinsamen körperlichen Herkunft enthalten; beim sozialen Wohlfahrtsstaat in der Betonung der fürsorglichen Aspekte der Gemeinschaft, und beim »medialen Kollektivleib« sind es die Parallelen, die zwischen den medialen Techniken selbst und der Weiblichkeit hergestellt werden. Genau dieselben Aspekte von Weiblichkeit – ob sie nun biologischer, sozialer oder medialer Art seien – liegen aber auch den Bildern der drei »Frauenkrankheiten« zugrunde, durch die der weibliche Körper als das Unreine, Asoziale und Unberechenbare charakterisiert wird. Diese Interpretation bietet sich an, wenn man die Nosologie und Symptombildung der sogenannten »Frauenkrankheiten« näher betrachtet.

In der Geschichte der Hysterie offenbart sich das Grundmuster. In den vielen »Erklärungen«, die dieses Krankheitsbild begleitet haben, spiegeln sich die Phantasien verschiedener Epochen sowohl über die Mächte, die die Gemeinschaft beherrschen, als auch über die Unzurechnungsfähigkeit oder Asynchronität des Weiblichen wider. Der hysterische Frauenkörper galt als »taktlos« in jedem Sinne des Wortes. Es wurde ihm unterstellt, daß er nicht gleichzuschalten, nicht in die Gesellschaft einzugemeinden sei – und daß eben darin seine »Krankhaftigkeit« bestehe. Der Körper der Hysterika, der einerseits als krank, andererseits aber auch als Spiegelbild »weiblicher Normalität« galt (d.h. die Krankhaftigkeit wird hier zur »Normalität« selbst deklariert[20]) widersprach dem mechanistischen, nach dem Räderwerk der Uhr geformten Körperbild, das die abendländische Medizin über Jahrhunderte – und noch heute – dominiert. »Die Hysterie,« so schreibt Freud, »verhält sich bei ihren Paralysen und anderen Symptomen, als ob es die Anatomie nicht gäbe oder als ob sie kein Wissen darüber besäße.«[21] Freud sagte aber auch, daß die Symptome der Hysterischen, die er, anders als seine Vorgänger, weniger mit den Phantasien *über* den Frauenkörper als *mit* ihm zu lesen versuchte, als Körper gewordene Sprache zu verstehen seien, womit er implizit sagt, daß es sich bei den Symptombildungen dieser »Krankheit« um eine Reaktion auf kulturelle Fragen, auf die symbolische Ordnung der Geschlechter handelt. Hatte die Ordnung der Schrift den männlichen Körper zum Symbolträger von Geistigkeit und den weiblichen zum Symbolträger von Leiblichkeit gemacht, so gerät diese Dichotomie durch die hysterischen Symptome in Unordnung.[22]

Christina von Braun

Das Krankheitsbild der weiblichen Eßstörungen erscheint wiederum wie ein Zerrbild der sozialen Mütterlichkeit, die sich die Gemeinschaft angeeignet hat, sowie der paradoxen Rolle, die dem Frauenkörper in diesem Kontext zugewiesen wurde. Die modernen Eßstörungen werden sehr oft als Reaktion auf eine dominante Mutter interpretiert. Das ist aus vielen Gründen fragwürdig, die hier nicht alle angeführt werden können. Setzt man jedoch an die Stelle der biologischen Mutter den »Mutter Staat«, so eröffnet sich eine ganz andere Perspektive auf dieses Erklärungsmuster. Auch erscheint es dann kein Zufall, daß das Aufkommen der Anorexie den Industriegesellschaften vorbehalten blieb, daß diese Form der Nahrungsverweigerung zeitgleich mit dem Hungerstreik als Waffe der innenpolitischen Auseinandersetzung entstand und daß es ausgerechnet die Suffragetten waren, die sich als erste dieser Verweigerungsform bedienten. An ihnen wurde auch zum ersten Mal in der Geschichte die Zwangsernährung praktiziert.[23] Ein anderes psychologisches oder soziales Erklärungsmuster für die Anorexie unterstellt, daß die betroffenen jungen Frauen Angst davor haben, »erwachsen« oder »Frauen« zu werden. Auch hier bietet sich eine etwas verschobene Lesart an: Man könnte sich fragen, ob es nicht eher um die Angst geht, in eine *bestimmte* Frauenrolle hineinzuwachsen, die von der sozialen Mütterlichkeit definiert wird.[24]

Medialer Kollektivleib und MPS
Die dritte und neueste »Frauenkrankheit«, die Multiple Persönlichkeitsstörung, weist wiederum auffallende Parallelen zum »medialen Gemeinschaftskörper« auf. Im »US-Handbuch der Diagnose und Statistik psychischer Störungen« (DSM-III) von 1980, in dem das Krankheitsbild MPD das der Hysterie ablöst, wird das Syndrom der multiplen Persönlichkeit definiert als: »Existenz im Individuum von einer oder mehreren verschiedenen Persönlichkeiten, von denen eine jeweils dominant ist. (...) Die jeweils dominante Persönlichkeit determiniert das Verhalten des Individuums.« Jede der Persönlichkeiten verfüge über eigene Erinnerungen, Verhaltensmuster und soziale Beziehungen, und habe meistens keine Kenntnis von der Existenz der anderen. Der Übergang von der einen Persönlichkeit zur anderen vollziehe sich plötzlich. Hinzugefügt wird noch, daß die Alter-Egos unterschiedlichen Alters, Geschlechts oder Rasse sein können – daß

sie sich also nicht durch die Vorgaben ihres *Körpers* festlegen lassen. Waren die Berichte über das Krankheitsbild zunächst selten, so nahm deren Zahl rasant zu, nachdem mit dem Fall »Sybil« (1973)[25] die Symptombildung der »multiplen Persönlichkeit« mit sexuellem Mißbrauch in Verbindung gebracht worden war. War auch die Tatsache, daß »Sybil« in ihrer Kindheit Gewalt erfahren hatte, nicht erfunden, so liegen inzwischen gesicherte Erkenntnisse darüber vor, daß es sich bei ihrer Multiplen Persönlichkeitsstörung um eine von der Therapeutin suggerierte Erscheinung handelte.[26] Die Zusammenführung von Multipler Persönlichkeitsstörung mit sexuellem Mißbrauch stellte den Durchbruch für das Krankheitsbild dar, das seither eine immer größere Verbreitung erfuhr. Gab es bis 1980 ca. neun Publikationen im Jahr zum Thema »Multiple Persönlichkeit«, so erschienen Anfang der 90er Jahre jährlich ca. 60 wissenschaftliche Bücher und unzählige Aufsätze zum Thema.[27] Über die ganzen 90er Jahre blieb die Tendenz steigend. Mit der allmählichen Durchsetzung des Krankheitsbildes wuchs nicht nur die Zahl der Personen mit dieser Störung, sondern auch die Zahl ihrer Alter-Egos. War in den ersten Fällen noch von zwei oder drei Persönlichkeiten die Rede, so zieht das revidierte Handbuch des DSM von 1994 die Existenz von hundert verschiedenen Persönlichkeiten in Betracht.

Daß eine solche Symptombildung eng mit kulturellen Mustern zusammenhängt und in diesen ihr Modell findet, liegt auf der Hand. Die Verdoppelung des Ich, das Motiv des Doppelgängers und des verlorenen Schattens durchzieht die gesamte Literatur des 19. Jahrhunderts. »Die Logik, die in der Multiplen Persönlichkeitsstörung ›entdeckt‹ wird,« so schreibt die Anthropologin Jean Comaroff,

> wird präfiguriert (wenn auch oft in Umkehrung) in einer Fülle von Praktiken, Gewohnheiten und Repräsentationen, die das »moderne Subjekt« geprägt haben. Denn entgegen den dominanten Stereotypen ist dieses Subjekt nie allgemeingültig oder ambivalenzfrei gewesen. Tatsächlich scheint sich das soziale und psychiatrische Denken des 19. Jahrhunderts zwischen zwei Konzepten der Selbstheit zu bewegen: dem des einen und *unteilbaren* Ich und dem des gespalteten, fragmentierten Egos.[28]

Zweifellos legt die Tatsache, daß die multiple Persönlichkeit zuerst in der Literatur und dann in den Symptombildungen der Patientinnen auftaucht, die Vermutung nahe, daß es sich, wie Comaroff auch

Christina von Braun

schreibt, um eine »Archetype der modernen Selbstheit« handelt.[29] Dennoch kann man sich fragen, warum sich das literarische Motiv des Doppelgängers fast immer auf eine *männliche* Gestalt bezieht, während die Multiple Persönlichkeitsstörung als »Frauenkrankheit« gesehen wird, und warum das literarische Motiv des Doppelgängers mit dem Aufkommen des Films allmählich verschwindet (weil das Double, wie Friedrich Kittler schreibt, im Medium selbst aufgeht[30]), während das Krankheitsbild der multiplen Persönlichkeit mit der Durchsetzung der technischen Bilder an Bedeutung *zunimmt*. Mit dem Film taucht auch zum ersten Mal eine weibliche Doppelgänger-Gestalt auf: die Figur Maria in Fritz Langs *Metropolis*. Von einem Zauberer aus dem Geist der Elektrizität und magnetischer Wellen erschaffen, erscheint sie wie eine paradigmatische Gestalt medialer Weiblichkeit.[31] Tatsächlich offenbaren sich bei näherer Betrachtung viele Parallelen zwischen dem Krankheitsbild der »multiplen Persönlichkeit« und den modernen medialen Technologien, aus denen sich das »Nervensystem« des modernen Gemeinschaftskörpers zusammensetzt. Das läßt sich deutlich am Beispiel des Kinos darstellen, in dem auch viele der Phantasien, die mit *cyberspace* einhergehen, vorweggenommen sind.

Das Kino galt von Anfang an als Ort des Anzüglichen – mit dem paradoxen Vorwurf, daß es einerseits die Unterscheidung zwischen den Geschlechtern zum Verschwinden bringe, andererseits aber auch Brutstätte lasterhafter Ausschweifungen *zwischen* den Geschlechtern sei. Alfred Polgar verlieh dieser Phantasie um 1926 Ausdruck, als er über das Kino schrieb:

> Diese ganze unterirdische Vegetation bebt mit bis in ihren dunkelsten Wurzelgrund, während die Augen von dem flimmernden Film das tausendfältige Bild des Lebens ablesen. Ja, dieser dunkle Wurzelgrund des Lebens, er, die Region wo das Individuum aufhört Individuum zu sein, er, den so selten ein Wort erreicht, kaum das Wort des Gebetes oder das Gestammel der Liebe, er bebt mit.[32]

Die hier beschriebene Erfahrung einer Verschmelzung der Geschlechter bei gleichzeitiger *Aufhebung* der Sexualunterschiede ist das Produkt der Rezeptionsmuster des Kinos, die – anders als die Photographie – eine doppelte Subjektbildung hervorrufen. Der Zuschauer identifiziert sich einerseits mit dem betrachtenden Auge der Kamera

und andererseits mit dem Objekt der Betrachtung, den auf der Lein-
wand agierenden Darstellern, die aber nicht als Objekt, sondern als
Subjekt ihres Handelns wahrgenommen werden. Wenn man nun
weiß, daß es eine lange Geschichte des Sehens im Abendland gibt, in
der der Blick, das Betrachten mit Männlichkeit und das Betrachtetwerden mit Weiblichkeit gleichgesetzt wurden, so versteht man, daß
es sich hier um nichts weniger als eine Auflösung des traditionellen
Subjekt-Begriffs handelt – eine Auflösung, die natürlich nicht vom
Film allein herzuleiten ist. Sie zeigt sich auch an vielen Phänomenen,
die mit der Trennung von Sexualität und Reproduktion einhergehen
und zu einer *kulturellen* Definition des Begriffs »Geschlecht« geführt
haben.[33] Das Verschwinden der Ich-Grenzen im Kino durch Identifi-
zierung mit dem anderen erinnert wiederum an den Vereinigungsakt
in der Eucharistie, durch den sich der christliche Gemeinschaftskörper
konstituiert. »Wenn Sakrament geschieht«, so schreibt der Theologe
Raphael Schulte

> dann geschieht, was geschehen ist, jetzt, konkret je heute; dann nehmen die
> Betreffenden an dem teil und lassen *mit* und *in* sich geschehen, was sich im
> Kreuzesgeschehen *für* alle ereignete. (…) Das je einzelne sakramentale Gesche-
> hen ist folglich als *Gottes*geschehen zu fassen, *in* dem die betreffenden Men-
> schen entsprechend der jeweiligen (unterschiedlichen) Thematik der einzelnen
> Sakramente mit-beteiligt werden, und das in solcher Konkretheit, daß vom
> *Mit*-gekreuzigt, *Mit*-begraben, *Mit*-auferweckt-werden gesprochen werden
> muß.[34]

Auch aus anderen Gründen gibt es Parallelen zwischen der Eucharistie und den modernen medialen Technologien. So wie das Heilsge-
schehen im Heiligen Abendmahl als »Jetzt« erfahren wird, bringt auch
das Kino die Zeitwahrnehmung zum Verschwinden. Anders als das
Photo, das Zeugnis von einem Moment liefert, der unwiederbringlich
der Vergangenheit angehört, wird das Erlebnis im Film als gegenwärtig sich ereignend wahrgenommen. Christian Metz und Roland Barthes haben deshalb den Film als Medium der permanenten Gegenwart
umschrieben, während sie die Photographie als Medium des Vergangenen oder als »Thanatographie« bezeichnen.[35] Das heißt, im Kino
verbindet sich das Erlebnis einer Aufhebung der Unterscheidung vom
anderen mit der Erfahrung von Zeitlosigkeit. Das hat wiederum dazu
geführt, daß das Kinoerlebnis in der Filmtheorie als Heimkehr in

Christina von Braun

den Mutterschoß (ich würde sagen: in den Gemeinschaftskörper) beschrieben wird bzw. mit der Rückkehr in das Stadium des Lacanschen Imaginären, in dem sich das Individuum nicht vom Rest der Welt unterschieden weiß und weder Zukunft noch Vergangenheit kennt. Die amerikanische Filmtheoretikerin E. Ann Kaplan bringt es auf die knappe Formel:

> Das Kino stellt die nächste Analogie auf dem Gebiet des Symbolischen zur Rückkehr in den Mutterschoß dar; sie erlaubt dem Subjekt, die Lust der Wiedervereinigung mit dem mütterlichen Leib zu erfahren – eine Vereinigung, die nach der ödipalen Phase in Wirklichkeit nicht möglich ist.[36]

Im Kino entsteht also ein Gemeinschaftskörper, dessen integrativer Charakter medial bedingt ist und dessen »Bild«, wie auch in den anderen Formen des Gemeinschaftskörpers, weiblich/mütterlich kodiert ist. Dabei geht es um die Produktion von Gefühlen, die sich nur über die Augen und Ohren, bei gleichzeitiger Ruhigstellung des Körpers entwickeln. Der Film versetzt das Individuum in psychische Räume, in denen es wechselnde Identitäten annehmen und in einer simulierten Gegenwart leben kann. Genau diese Parameter gelten aber auch für den Typus der multiplen Persönlichkeit. Die wechselnden Ichs der Multiplen entsprechen der Austauschbarkeit der Rollen in der Kinorezeption. Ihre Amnesien ähneln der Erfahrung des Films als permanenter Gegenwart. Für die Multiplen gibt es nur die Gegenwart des jeweils dominanten Teil-Ichs. Die Erinnerungen der anderen Teil-Ichs bleiben unzugänglich. Auch wenn sich die Multiplen in die verschiedensten Lebensalter versetzen, so wird doch das jeweilige Alter als Gegenwart wahrgenommen.

Noch deutlicher werden die Parallelen von MPD und »medialem Gemeinschaftskörper«, wenn man das Krankheitsbild mit der Situation des Ich im Internet betrachtet. Endlich eine Form von Kommunikation, so heißt es, bei der Geschlecht, Rasse oder Alter keine Rolle spielen. Alle Phantasien, die mit der Entwicklung von *cyberspace* einhergehen, verweisen auf eine Sehnsucht nach Überwindung der Körperlichkeit, nach Auslöschung der geschlechtlichen »Teilung« und nach Verschmelzung mit einem anderen, dem ebenfalls eine »engelhafte Unbestimmtheit« zugesprochen wird. Diese Sehnsucht nach dem »verklärten Leib« war schon dem frühen Christentum eigen.

Aber versuchten die frühen Christen durch strenge Enthaltsamkeit die Gesetze des Körpers außer Kraft zu setzen, so ist für den *cyberspace*-Theoretiker Gullichsen Walser die Reise in die Körperlosigkeit technisch beherrschbar und zudem ein Vergnügen:

> Im *cyberspace* besteht keine Notwendigkeit, daß Sie sich in Ihrem Körper herumbewegen, den sie in der Realität besitzen. Vielleicht fühlen Sie sich zunächst in einem Körper wie Ihrem eigenen am wohlsten, doch wenn Sie immer größere Anteile Ihres Lebens und Ihrer Geschäfte im *cyberspace* abwickeln, wird Ihre eingeschliffene Vorstellung von einem einzigen und unveränderlichen Körper einem weit flexibleren Körperbegriff weichen – Sie werden Ihren Körper als verzichtbar und, im großen und ganzen, einengend empfinden. Sie werden feststellen, daß manche Körper in bestimmten Situationen am dienlichsten sind, während sich andere Körper in anderen Situationen besser eignen. Die Fähigkeit, das eigene Körperbild radikal und zwingend zu verändern, wird zu tiefgreifenden psychologischen Auswirkungen führen und die Vorstellung in Frage stellen, die Sie von sich selber haben.[37]

Die Störung der multiplen Persönlichkeit stellt eine direkte Umsetzung dieser Phantasie von einem Körper mit vielen, austauchbaren Ichs dar. Tatsächlich sind *cyberspace,* virtuelle Realitäten, Kultur der Simulation und die multiple Persönlichkeit zu unzertrennlichen Begriffen geworden, wie gerade die Schriften von Sherry Turkle zeigen. So schreibt sie:

> Das Ziel einer gesunden Persönlichkeitsentwicklung besteht nicht darin, »eins« zu werden, einen einheitlichen Kern zu haben, sondern in der flexiblen Fähigkeit, mit vielen umzugehen – sich fließend durch viele Identitäten zu bewegen. (...) Dafür brauchen wir eine neue Sprache. Rollenspiel klingt als würden wir etwas aufsetzen, als würden wir damit spielen. Ich sage, das sind alles echte Aspekte unseres Selbst. (...) Man hat zu allen Zugang. Hier liegt der Schlüssel, das ist gesund und nicht pathologisch. Eine Sprache, die von »durchmanövrieren« und nicht von »Einheit konstruieren« spricht, wird Patienten klinisch unterstützen und den Leuten dabei helfen, über ihr Leben nachzudenken. So begreift man, wo man in der Kultur steht.[38]

Wenn aber die multiple Persönlichkeit die »neue Normalität« vertritt, dann stellt sich die Frage, warum die multiple Persönlichkeit überhaupt als Krankheit betrachtet wird – und warum gerade als »Frauenkrankheit«? Weiter: Könnte es sein, daß die multiple Persönlichkeit *nur* bei Frauen als Krankheit betrachtet wird, während sie sonst als Zeichen von Gesundheit, zumindest von Normalität gilt?

Christina von Braun

Eine mögliche Antwort auf diese Frage ist vielleicht in der widersprüchlichen Rolle zu suchen, die dem weiblichen Körper zugewiesen wird. Wenn der weibliche Körper den Gemeinschaftskörper repräsentiert, so kann er nicht gleichzeitig als individueller Körper in Erscheinung treten. So wie die Hostie nicht den Leib des Herrn *symbolisiert*, sondern *ist*, *hat* auch die Frau keinen Körper, sondern sie *ist* der Körper, sie *hat* keine Sexualität, sondern sie *ist* die Sexualität,[39] d.h. sie stellt für das Kollektiv die Vereinigung selbst dar. (In diesem Kontext erhält die Tatsache, daß der Körper der Patientin mit Multipler Persönlichkeitsstörung im Englischen als *host* bezeichnet wird – was einerseits »Gastkörper« bedeutet, andererseits aber auch Hostie heißt – eine vielschichtige Bedeutung.) Tritt der weibliche Körper *nicht* als Hostie, als Inkarnation der Gemeinsamkeit, sondern *als Individuum* in Erscheinung, so repräsentiert er die Anomalie, das Auszuschließende und Unreine, das im Krankheitsbild seinen Ausdruck findet. Freilich verleiht der weibliche Körper auch in dieser Funktion, das Ausgeschlossene zu repräsentieren, der Gemeinschaft einen Zusammenhalt. Denn »Normalität« und »Reinheit« lassen sich nie positiv, nur in ihrer Abgrenzung gegen die Anomalie und das Unreine definieren.[40] Es bedarf also immer der Unreinheit, um die »Reinheit« oder die Gemeinschaft zu benennen – und es bedarf immer der weiblichen »Krankhaftigkeit«, um die Normalität der Gemeinschaft zu kennzeichen.

Auf diese Paradoxie – und in dem Kontext eröffnet das Konzept des Mißbrauchs tatsächlich interessante Perspektiven – reagiert der weibliche Körper wiederum mit einer eigenen Paradoxie: einer Symptombildung, die das Bild weiblicher »Krankhaftigkeit« zugleich bestätigt und verweigert. Bei den Multiplen (wie in den Phantasien vom *cyberspace*) sichert der Körper nicht mehr die Identitätsbildung. So ensteht bei den Multiplen eine Form von Ich-Bildung, bei der ein Beobachter des Selbst *im* Ich angesiedelt wird. *Internal self helper* nennt die MPD-Literatur diese Figur, die die Kontinuität und Identität eines zerspaltenen Ich sichert.[41] Es handelt sich um einen gleichsam nach innen genommenen Spiegel, der den Blick von außen, den Blick des Betrachters auf den weiblichen Körper, verweigert und dennoch, um mit Lacan zu sprechen, die eigenen Körpergrenzen und die schmerzliche Erfahrung, von den »anderen« getrennt zu sein, wiedergibt. Daß es sich bei der Symptombildung von MPD um eine Verweigerung der modernen Sehtechniken handelt, dafür spricht auch die Tatsache, daß die Unfähigkeit, sich selbst im Spiegel oder auf einem Photo zu erkennen, zu den typischen Erscheinungsformen der Multiplizität gehört.[42] Ganz generell stellen Störungen der Seh- und Wahrnehmungsfähigkeiten immer wiederkehrende Symptome der multiplen Persönlichkeit dar[43] – einer Störung, in der sich auf verquere Weise die Bedeutung der visuellen Techniken für die Bildung des medialen Gemeinschaftskörpers widerspiegelt:[44] Die Sehstörungen der Multiplen lassen sich auf dieser psycho-symbolischen Ebene einerseits als ein Gefühl von Körperlosigkeit interpretieren, andererseits aber *auch* als Verweigerung des Blicks der anderen auf das eigene (im Körper manifeste) Ich.

Warum aber wird die Störung der multiplen Persönlichkeit immer wieder mit dem sexuellen Mißbrauch in Verbindung gebracht? Einer der Gründe könnte darin bestehen, daß es bei beiden, wie ein Theoretiker geschrieben hat, um die Frage geht: *is it real?*[45] Hat der sexuelle Mißbrauch tatsächlich stattgefunden oder handelt es sich um eine Täuschung der Erinnerung? Ist MPD eine »reale« Krankheit oder wurde sie der Patientin suggeriert? Auf diese Weise wird aber die Suggestibilität, Leitmotiv des medialen Kollektivleibs, dessen Anziehungskraft und integrative Macht auf den medialen Technologien beruht, zugleich zum Leitmotiv des Krankheitsbildes. Der Eindruck, daß sich hinter der Nosologie von MPD die Beschreibung des medialen Gemeinschaftskörpers verbirgt, verstärkt sich bei einer Betrachtung der MPD-*Therapie.*

»*Reparenting*« lautet das Schlagwort, unter dem die Behandlung vieler Multipler steht.[46] Nach der »Umerziehung«, dem großen pädagogischen Projekt der Aufklärung, steht jetzt das tiefergehende, die Emotionen und Bindungen betreffende, gleichsam die Ebene des Imaginären erreichende »Umeltern« an – nicht durch Zufall dem vergleichbar, was E. Ann Kaplan über das Kino schreibt. Das heißt, in der Therapie wird zunächst (und oft mit Hilfe der Hypnose, der Suggestion par excellence) etabliert, daß es einen Mißbrauch, eine »Täterschaft« und ein »Verbrechen« naher Verwandter gegeben hat. An den Berichten über MPD-Behandlungen ist tatsächlich bemerkens-

Christina von Braun

wert, wie oft es die Therapeuten sind, die ihre Patientinnen darüber aufklären, daß sie traumatische Sexualerfahrungen in ihrer Kindheit gemacht haben. Ist dann erst einmal festgehalten, daß die Eltern Unheil angerichtet haben, beginnt der Prozeß des »Reparenting«, durch den das erreicht werden soll, was in der Therapie wiederum die »Integration« des Individuums genannt wird. Mit »Integration« ist die Wiederzusammenführung der einzelnen Ichs gemeint. Aber das Wort ist nicht minder aufschlußreich als der Begriff des »Reparenting«. Der Begriff der »Integration« läßt sich auch als Integration eines Individuums in die Gemeinschaft lesen, als Versuch, das individuelle Ich mit dem kollektiven Ich verschmelzen zu lassen. Wenn man sich erinnert, daß der kollektive Leib gerade in der Analogie zur »Mutter« seinen Ausdruck findet – egal ob es sich dabei um den »Mutter Staat« oder die Rezeptionsmuster des Kinos handelt –, so erscheinen therapeutische Ziele wie die des »Reparenting« oder der »Integration« wie eine paradigmatische Umsetzung für diesen Prozeß.

Daß es sich sowohl beim sexuellen Mißbrauch als auch bei MPD um einen Diskurs handeln könnte, in denen der *kollektive* Leib verhandelt wird, zeigt auch die Tatsache, daß mit dem Begriff des sexuellen Mißbrauchs inzwischen nicht nur Übergriffe von Familienmitgliedern, sondern auch ganzer Sekten mit satanischen Riten bezeichnet werden. Dazu schreibt Ian Hacking:

> Es ist nicht erstaunlich, daß Satan, der Exilierte, sich nun am Kopf des multiplen Tisches befindet, denn wer wäre besser berufen, die Unschuld von Babies zu mißachten. Einige Opfer erinnern sich an satanische Attacken auf den Foetus – eine Tat, die wahrlich nur der Leibhaftige zu vollbringen vermag. [47]

Hacking schreibt aber auch, daß für ihn die Grundlage für die Multiple Persönlichkeitsstörung weniger im Inzest als in »jüdischen und christlichen Vorstellungen von Schuld, Sündenbock, Opfer, Beichte, Absolution, Beschuldigung und Unschuld« zu suchen sei. [48]

Diese Gleichsetzung von jüdisch und christlich erscheint jedoch etwas voreilig. Denn unter dem Blickwinkel des Gemeinschaftskörpers und seiner langen christlichen Tradition kommen ganz andere Aspekte im Diskurs über Mißbrauch und dem eng mit ihm verknüpften Krankheitsbild MPD zutage. Gerade was die Vorstellungen von Schuld und Opfer angeht, unterscheiden sich die jüdische und die christliche Religion zutiefst; das Konzept von Beichte und Absolution ist der jüdischen Religion ebenso fremd wie das der Erbsünde, das eng mit dem christlichen Konzept von »Unschuld« verbunden ist.[49] Ein Blick auf die Charakterisierung des Täters genügt, um zu begreifen, daß es sich hier um eine *christliche* Thematik handelt. Schon der Begriff des »Täters« (*perpetrator*) konnotiert im Englischen wie im Deutschen den Holocaust. Doch im Zusammenhang mit dem sexuellen Mißbrauch (der selbst auf merkwürdige Weise an antisemitische Vorurteile der Jahrhundertwende denken läßt) geschieht das in einer merkwürdigen Umkehrung der historischen Tatsachen: Dieser »Täter« ist in vielfacher Hinsicht der Asservatenkammer des Antijudaismus und Antisemitismus entnommen. Die »satanischen« Riten – Sexualverkehr mit Kindern, Kannibalismus, Inzest, Vergewaltigung – erscheinen wie Neuauflagen der Beschuldigungen gegen Juden aus dem Mittelalter und dem 19. Jahrhundert. Dahinter kommt das alte »Bündnis mit dem Teufel«, das die Antisemiten dem Juden unterstellten, zum Vorschein.[50] Wurden Juden früher des Ritualmordes beschuldigt, so wird nun der Vorwurf des Kannibalismus gegen die »Täter« erhoben. Auch das Verbrechen des Sexualverkehrs mit »unschuldigen Kindern« erinnert an das Paradigma der »Rassen«- oder »Blutschande«, durch die das »reine Blut« des Volkskörpers »vergiftet« wird.[51] Der typische »Täter« des sexuellen Mißbrauchs, so heißt es weiter, sei deshalb so gefährlich, weil er »unsichtbar ist und nicht von einer normalen Person unterschieden werden kann«.[52] Auch diese Charakterisierung entspricht der des Juden im Assimilationskontext: Er sei nicht identifizierbar[53] und eben deshalb gefährlicher als jeder andere »Krankheitsträger«, der sich in den »Volkskörper« einschleiche und diesen »vergifte«.[54] So erscheint der Diskurs über den sexuellen Mißbrauch weniger »jüdisch-christlichen« als nur christlichen Denktraditionen geschuldet zu sein.

Könnte es sein, so schreibt Hacking, daß wir es mit einem neuen Paradigma der Reinheit zu tun haben, das sich nun auf die Unschuld des Kindes verlagert? Er fügt hinzu, daß sich hier der christliche Opfergedanke zu wiederholen scheine.[55] In der Tat, der christliche Opfergedanke steht in enger Beziehung zur Geschichte des christlichen Antijudaismus. In der Verfolgung und Beschuldigung des Juden reproduzierte sich – in Umkehrung – das Kreuzigungsgeschehen.

Christina von Braun

Auch das christliche Konzept der Reinheit ist eng mit der Geschichte des Antisemitismus verbunden.[56] Im kollektiven Kontext, so hat Mary Douglas am Beispiel vieler Kulturen gezeigt, bedeutet »Reinheit« immer soziale Einheit. Die Gesetze, nach denen in einer Kultur darüber bestimmt wird, was als »rein« und was als »unrein« gilt, sind zugleich die Gesetze, nach denen sich die Gemeinschaft als Kollektivkörper definiert.[57] Gegenüber keiner anderen Religion oder Kultur hat das religiöse und säkulare Christentum aber ein solches Bedürfnis nach Abgrenzung durch »Reinheit« entwickelt wie gegenüber der jüdischen Religionsgemeinschaft. So könnte auch der Diskurs über den sexuellen Mißbrauch, als dessen »Beweis« MPD herangezogen wird, in diesem Sinne gelesen werden: als Medium, über das sich der Konsens und Zusammenhalt der modernen post-christlichen Industriegesellschaften bildet. Dabei scheinen auch die Gefühle von »Schuld«, die mit der Erbschaft des Holocaust einhergehen, eine wichtige Rolle zu spielen. Auf den »Täter« werden die antisemitischen Klischees vom »Juden« projiziert, während das Selbstbild die Gestalt des »unschuldigen Kindes« annimmt. So gesehen, verkehrt sich Auschwitz in einen der Gründungsmythen des medialen Gemeinschaftskörpers.

Anmerkungen

1 Als Paulus den Begriff auf die christliche Gemeinschaft der Gläubigen übertrug, sagte er damit auch deutlich, daß diese Gemeinschaft nicht nur eine Gemeinschaft in Gott, sondern auch eine weltliche Gemeinschaft darstellt. I. Korinther 11, 20 u. 12-14. Vgl. auch Richard Sennett, 1997, *Fleisch und Stein. Der Körper und die Stadt in der westlichen Zivilisation*, Aus dem Amerikanischen von Linda Meissner, (Frankfurt/M.: Suhrkamp) S. 173.

2 vgl. Christina von Braun, 1985, *Nicht ich. Logik Lüge Libido* (Frankfurt/Main: Neue Kritik)

3 vgl. Aristoteles, *Über die Zeugung der Geschöpfe*, Buch I, Bd. 14, S.71f; Buch 2, S. 87f und 81f, Buch 1, S. 66f.

4 Rudolf v. Virchow, *Das Weib und die Zelle*, zit. n. Rosa Mayreder, *Zur Kritik der Weiblichkeit*, 2. Auflage, Jena/Leipzig 1907, S. 17.

5 Ernst H. Kantorowicz, 1990, *Die zwei Körper des Königs. Eine Studie zur politischen Theologie des Mittelalters*, übers.v. Walter Theimer, (München: dtv) S. 222.

6 Wichtig ist freilich die Unterscheidung, daß Mann und Frau immer nur »ein Fleisch« werden können im Sinne von *sarx*, vergänglicher Körper. Die Vereinigung mit Gott

hingegen läßt den Gläubigen zum Teil eines unsterblichen, *geistigen* Leibes werden. (1.Kor. 6: 15-17).

7 vgl. ausführlicher dazu: Christina von Braun, 1997, »Das Behagen in der Schuld«, In: Lilli Gast, Jürgen Körner (Hg.) *Psychoanalytische Anthropologie I: Über die verborgenen anthropologischen Entwürfe der Psychoanalyse* (Tübingen: Diskord); dies. »Das ein-gebildete Geschlecht. Bilderverbot, Bilderverehrung und Geschlechterbilder«. In Dietmar Kamper et al. (Hg.) *Was ist ein Bild?* (München: Wilhelm Fink) ersch. 1999.

8 Wie ganz allgemein die Trennung von Reproduktion und Sexualität, hat auch diese Neuerung erheblich dazu beigetragen, daß sich die biologischen Definitionen der Geschlechterrollen in der Moderne in kulturelle verwandelt haben. Vgl. dazu Christina von Braun, »Warum Gender Studies?« Öffentliche Vorlesungen der Humboldt-Universität zu Berlin, Berlin 1998.

9 Von diesen Bildern leiten sich auch die antisemitischen Konzepte der »Rassenschande« ab, laut denen der »Volkskörper« durch den Geschlechtsverkehr mit dem »Fremden« »verseucht« wird. Vgl. Christina von Braun, 1992, »Der Jude« und »Das Weib«. Zwei Stereotypen des »Anderen« in der Moderne, In: *Metis. Zeitschrift f. Historische Frauenforschung* Nr. 2 (Reprint: Dortmund: Verlag Ebersbach).

10 Im »US-Handbuch der Diagnose und Statistik psychischer Störungen« (DSM-III) taucht MPD (Multiple Personality Disturbance) ab 1980 auf. Die Fassung des Handbuchs von 1994 (DSM IV) spricht nicht mehr von Multipler Persönlichkeitsstörung sondern von »Dissociative Identity Disorder«.

11 vgl. Christina von Braun, *Nicht ich* (s. Anm. 2), S. 57ff

12 Zit.n. Petr Skrabanek, 1983, »Notes towards the History of Anorexia Nervosa«; in: *Janus, Révue Internationale de l'Histoire des Sciences, de la Médecine, de la Pharmacie et de la Technique* (Amsterdam: Tome LXX) S.l5.

13 Zu einer Kritik dieses Erklärungsmusters vgl. Christina v. Braun, 1992, »Das Kloster im Kopf. Weibliches Fasten von mittelalterlicher Askese zu moderner Anorexie«. In: *Weiblichkeit und Adoleszenz*, hg. v. K. Flaake u. V. King (Frankfurt/M.); S.a. dies., »Weibliches Fasten und Christliche Tradition«. In: *Sie und Er. Frauenmacht und Männerherrschaft im Kulturvergleich*, Katalog zur Ausstellung d. Rautenstrauch-Joest Museums Köln 1997.

14 vgl. u.a. Ian Hacking, 1995, *Rewriting the Soul. Multiple Personality and the Sciences of Memory* (Princeton: Princeton University Press); S.a. den Aufsatz von Ian Hacking in diesem Band.

15 Vgl. u.a. den Dokumentarfilm von Ilan Flammer, »La mémoire abusée (Die mißbrauchte Erinnerung). Les Multiples Personnalités de Rachel Downing«, *Arte* 1994.

16 vgl. dazu Richard Ofshe u. E. Watters, 1996, *Die mißbrauchte Erinnerung. Von einer Therapie, die Väter zu Tätern macht* (Stuttgart: DTV).

17 Für den Christen des frühen Mittelalters galt das Gehör als der höchste der Sinne, weil, so Klaus Schreiner, Maria die »Botschaft des Engels mit ihren Ohren gläubig aufgenommen hatte«. vgl. Klaus Schreiner, »Si homo non pecasset ...«, in: Klaus Schreiner, Norbert Schnitzler (Hg.), 1992, *Gepeinigt, begehrt, vergessen. Symbolik und Sozialbezug des Körpers im späten Mittelalter und in der frühen Neuzeit* (München: Wilhelm Fink) S. 52.

18 vgl. Martin Burckhardt, 1994, *Metamorphosen von Raum und Zeit. Eine Geschichte der Wahrnehmung* (Frankfurt/New York: Campus) S. 138ff.

19 ARD, Brennpunkt v. 20.3.1995.

20 Christina von Braun, »Frauenkrankheiten als Spiegelbild der Geschichte«, in: Farideh

Christina von Braun

Akashe-Böhme (Hg.), 1995, *Von der Auffälligkeit des Leibes* (Frankfurt/M.: Suhr-kamp).

21 Sigmund Freud, GW I, S. 50f.

22 vgl. dazu ausführlicher *Nicht ich* (Anm. 2).

23 vgl. Christina von Braun *Die Angst der Satten. Zur Geschichte des Hungerstreiks als politischer Waffe*, Film (WDR) 1991.

24 Es liegt natürlich nahe, daß das Bild einer übermächtigen »mütterlichen« Gemeinschaft, die ihre Kinder nicht in die Autonomie zu entlassen vermag, auf die Wahrnehmung der individuellen Mutter Rückwirkungen hat. Tatsächlich ist es unbestreitbar, daß das moderne Bild der Mutter, das mit der Aufklärung aufkommt und geprägt ist von der mütterlichen Überfürsorglichkeit und Alleinzuständigkeit für das Wohl und Unheil des Kindes, zeitgleich mit der modernen medialen Gesellschaft entsteht. D.h. die reale Mutter wird befrachtet mit dem Bild des »Mutter Staates«. Insofern ist es durchaus naheliegend, daß bei einzelnen Patientinnen tatsächlich die eigene Mutter – die als dominant erfahren wird – gemeint ist.

25 Flora Rheta Schreiber, 1984, *Sybil. Persönlichkeitsspaltung einer Frau*, Aus dem Ameri-kanischen von Lieselotte Julius (Frankfurt/M.: Fischer).

26 vgl. Mikkel Borch-Jacobsen, »Sybil – the Making of a Disease. An Interview with Dr. Herbert Spiegel«, in: *New York Times Review*, 24. April 1997, S. 60ff.

27 vgl. Ian Hacking, »Multiple Personality Disorder and its Hosts«, in: *History of the Human Sciences*, Vol. 5/2, May 1992, S. 26.

28 Jean Comaroff, »Artistotle Remembered«, in: James Chandler et al. (Ed.), 1994, Que*stions of Evidence. Proof, Practice, and Persuasion across the Disciplines*, (Chicago and London: Chicago University Press) S. 466f.

29 »Indeed, the very fact that multiple personality was realized more in writing than in patients, standing at the intersection of case history, autobiography, and literary fiction, suggests its significance as archetype of modern self hood.« (Comaroff (s. Anm. 28) S. 468).

30 Friedrich Kittler, 1993, »Romantik – Psychoanalyse – Film: eine Doppelgängerge-schichte«, in: ders., *Draculas Vermächtnis. Technische Schriften* (Leipzig: Reclam).

31 vgl. Christina von Braun, *Das geteilte Ich. Gestalten des Selbst in der Moderne*, Film (WDR) 1996.

32 Alfred Polgar, »Das Drama im Kinematographen«, in: *Das Tagebuch*, zit. n. Annette Bauerhoch, »A Mother to Me«: auf den Spuren der Mutter – im Kino, in 1995, *Frauen und Film*, Heft 56/57 (Basel: Verlag Stroemfeld) S. 73.

33 Das deutlichste Zeichen dieser Entwicklung ist die Entstehung der Sexualwissenschaf-ten, durch die die Trennung von Sexualität und biologischem Geschlecht festgeschrie-ben wurde. Die Trennung von Reproduktion und Sexualität stellt die Gemeinsamkeit der ansonsten sehr unterschiedlichen Richtung in den Sexualwissenschaften dar: Karl Heinrich Ulrichs, *Forschungen über das Räthsel der mann-männlichen Liebe*, Berlin (Zwölf Schriften) 1864-1879; Johanna Elberskirchen, *Die Liebe des Dritten Geschlechts*, 1904, S. 18; Iwan Bloch, *Das Sexualleben unserer Zeit in seinen Beziehungen zur modernen Kultur*, Berlin 1909; Magnus Hirschfeld, *Die Homosexualität des Mannes und des Weibes*, Berlin 1914.

34 Raphael Schulte, 1994, »Zeit als Glaubenserlebnis«, in: Hans Michael Baumgartner (Hg.), *Zeitbegriffe und Zeiterfahrung* (Freiburg/München: Karl Alber) S.254f.

35 vgl. Christian Metz, »Foto Fetisch«, in: *Kairos*, Jg. 4, Nr. 1/2, 1989, S. 5; Roland Barthes,

Frauenkörper als Norm und Anomalie des Gemeinschaftskörpers   83

1985, *Die Helle Kammer. Bemerkungen zur Photographie*, übers. v. Dietrich Leube (Frankfurt/M.: Suhrkamp) S. 22f.

36 E. Ann Kaplan, 1992, *Motherhood and Representation. The Mother in Popular Culture and Melodrama* (London und New York).S. 28.

37 Gullichsen Walser, in: Howard Rheingold, 1992, *Virtuelle Welten. Reisen im Cyberspace* (Reinbek: Rowohlt) S. 288.

38 »Sex, Lies and Avatars«, in: *Wired*, April 1996, S. 164

39 So schreibt Otto Weininger: »Die Frau ist *nur* sexuell, der Mann ist *auch* sexuell: (...) Darum weiß der Mann um seine Sexualität, während die Frau sich ihrer Sexualität schon darum gar nicht bewußt werden und sie somit in gutem Glauben in Abrede stellen kann, *weil sie nichts ist als Sexualität, weil sie die Sexualität selbst ist.* (...) Grob ausgedrückt: der Mann hat den Penis, aber die Vagina hat die Frau.« Otto Weininger, *Geschlecht und Charakter*, Wien-Leipzig (16) 1917, S. 114ff. Fünzig Jahre später wird Jacques Lacan einen ähnlichen Gedanken ausdrücken, wenn er sagt, die Frau *hat* kein Begehren, sie *ist* das Begehren: Jacques Lacan, »Dieu et la Jouissance de (la) femme«, in: *Le Séminaire XX*, Paris 1975, S. 68.

40 »Rein ist, was nicht mit Unheilmacht geladen und daher verkehrsfähig ist.« Wilfried Paschen, *Rein und Unrein. Eine wortgeschichtliche Untersuchung der Vorstellungen im biblischen Hebräisch und ihres Fortlebens in Qumran und in der Rede Jesu*, Diss. Würzburg 1968, S. 83; s.a. Christina von Braun, »Zum Begriff der »Reinheit«. in: *Metis, Zeitschrift f. historische Frauenforschung* Nr. 11 (Dortmund: Edition Ebersbach) April 1997, S. 7-25.

41 vgl. John O. Beahrs, *Unity and Multiplicity. Multilevel Consciousness of Self in Hypnosis, Psychiatric Disorder and Mental Health* (New York: Brunner/Mazel Publ.), S. 109f, 117f; S.a. Ray Aldridge-Morris, 1989, *Multiple Personality. An Excercise in Deception*,(London und Hillsdale: Lawrence Erlbaum Associates) S. 73.

42 vgl. z.B. J.F. Casey, 1992, *Ich bin viele. Eine ungewöhnliche Heilungsgeschichte*, (Reinbek: Rowohlt) S. 270f u. 274f.

43 vgl. John O. Beahrs, *Unity and Multiplicity.* (s. Anm. 41) S. 16f, S. 54f.

44 Während die Patienten bei Freud durch die Sprache die Bilder (und mit ihnen die Symptome) abtragen, vgl. Sigmund Freud, GW I, S. 282f, benutzen einige »Therapeuten« von MPD-Patientinnen Videos als therapeutisches Instrument: Sie werden während der »Besessenheit« durch ein Alter-Ego gefilmt, und dieser Film wird ihnen dann vorgeführt, wenn sie von einem anderen Ich besetzt sind. Vgl. Frank W. Putnam, 1989, *Diagnosis and Treatment of Multiple Personality Disorder* (New York: The Guilford Press).

45 vgl. F.W. Putnam, »The Psychophysiologic Investigation of Multiple Personality Disorder: a Review«, In: *Psychiatric Clinics of North America*, 7, S. 31-39.

46 vgl. u.a. Frank W. Putnam, *Diagnosis and Treatment* (s. Anm. 44), S 153 u. 193; Beahrs (s. Anm. 41), S. 12 u. 137-140; Casey (s. Anm. 42), S. 317f.

47 Ian Hacking, 1991, »Aristotle Meets Incest – and Innocence«, in: James Chandler, Arnold Davidson, Harry Harootunian, *Questions on Evidence. Proof Practice, and the Persuasion Across the Disciplines* (Chicago: University of Chicago Press) S. 476.

48 »I see multiple personality founded less on incest than on Jewish and Christian visions of guilt, scapegoating, sacrifice, confesssion, absolution, accusation, and innocence. (....) Multiple pesonality is an essentially Christian complaint, a complaint in which both the Testaments play major roles, as in all fundamentalist Christianity. I'm not saying that

multiples necessarily have religious backgrounds but that multiplicity flourishes in certain essentially religious cultures.« Ebda.

49 vgl. dazu Christina von Braun (s. Anm. 7).

50 Für eine Charakterisierung des »typischen Täters« vgl. Michaela Huber, 1995, *Multiple Persönlichkeiten. Überlebende extremer Gewalt. Ein Handbuch* (Frankfurt/M.: Fischer).

51 vgl. Christina von Braun, »Der Ewige Judenhaß«, Dreiteilige Filmreihe, Köln (WDR) 1989.

52 Gabriele Dietze, »Child Abuse as a Metaphor. Andrew Vachss and Michael Jackson as a Flipside of One Coin«. in: L. Carlson (Hg.), *American Popular Culture. Home and Abroad* (Kalamazou West Michigan University Press). S.319.

53 In ihrer Untersuchung über die NS Ideologie schreiben Philippe Lacoue-Labarthe und Jean-Luc Nancy über das Bild des Juden in den Augen des Antisemiten: »In this respect, it's essential to point out that the Jew ist not simply a bad race, a defective type: he is the antitype, the bastard par excellence. (...) The Jew has no *Seelengestalt*, therefore no *Rassengestalt*: he is formless. He is the man of the universal abstract, as opposed to the man of singular, concrete identity. Thus Rosenberg takes care to point out that the Jew is not the »antipode« of the German, but his »contradiction«, by which he no doubt very clumsily means to say that the Jew ist not the opposite *type*, but the very absence of type.« Philippe Lacoue-Labarthe und Jean-Luc Nancy, »The Nazi Myth«, in: *Critical Inquiry* 16 (Winter 1990), S. 307.

54 Diese Vorstellungen werden besonders deutlich in Fritz Hipplers und Eberhard Taubers NS-Propaganda-Film »Der Ewige Jude« (1940). Dort werden Juden als »Pestherd, der die Gesundheit der arischen Völker bedroht,« bezeichnet. Die Gefahr gehe gerade von den assimilierten Juden aus, die von den Nicht-Juden nicht zu unterscheiden seien: »Hier liegt die große Gefahr: in dem Körper dieser assimilierten Juden lebt weiterhin der fremde Geist.«

55 »Now suppose the central metaphor is not incest but innocence. That invokes an entirely different vein of myths. It recalls the innocent Christ dying for our sins and the myth of Victorian Christianity about the innocence of the child.« Ian Hacking (s. Anm. 47) S. 475

56 vgl. Christina von Braun, »...Und das Wort ist Fleisch geworden«, in dies. u. Ludger Heid (Hg.), 1990, *Der Ewige Judenhaß. Christlicher Antijudaismus, Deutschnationale Judenfeindlichkeit, Rassistischer Antisemitismus* (Bonn/Stuttgart: Burg).

57 Mary Douglas, 1988, *Reinheit und Gefährdung. Eine Studie zu Vorstellungen von Verunreinigung und Tabu*. Übers. v. Brigitte Luchesi (Frankfurt/M.: Suhrkamp).

Computertechnologien und multiple Bilder des Selbst

Computer eignen sich hervorragend als Hilfsmittel, mit denen wir über das Selbst nachdenken können, sei es als Modelle für den Geist oder als Metaphern, als Denkfiguren (»objects to think with«). Es gibt verschiedene Herangehensweisen an dieses Thema. Als erstes wäre die Forschung der Künstlichen Intelligenz (KI) zu nennen – ein Unternehmen, das, wie Marvin Minsky einmal sagte, »versucht, Computer Dinge tun zu lassen, die intelligent genannt würden, wenn Menschen sie täten«. Mit diesem Ziel vor Augen arbeiten einige KI-Forscher nachdrücklich an Maschinen, die als Modelle des menschlichen Geistes dienen sollen. Als zweites gibt es die Welt von Computerobjekten in der Kultur – Spielzeug und Spiele, Simulationsboxen und die Computerwelten, zu denen das Internet Zugang verschafft. Diese Objekte sind phantasieanregend; der Umgang mit ihnen verführt zu Reflexionen über die Natur des Selbst, er stellt dem Denken neue Metaphern zur Verfügung.

Computer besaßen über viele Jahrzehnte hinweg eine eindeutige kulturelle Identität als lineare, logische und mechanistische Maschinen. Im folgenden erzähle ich die Geschichte von der Veränderung der kulturellen Identität des Computers und von der damit einhergehenden Veränderung des Spiegelbildes, das Computer für das Denken über das Selbst darstellen. Computertheorien über Intelligenz unterstützen heute dezentrale und neu auftauchende Vorstellungen über den menschlichen Geist; die Erfahrung mit gegenwärtigen Computerobjekten ermöglicht es, Identität neu als multipel und flexibel zu denken.

Künstliche Intelligenz etablierte sich Mitte der fünfziger Jahre erstmals als eigenständige Disziplin. Ihr Feld war von Anfang an in zwei

Lager aufgeteilt, von denen jedes auf sehr unterschiedlichen Wegen versuchte, Maschinen mit Intelligenz auszustatten. Die eine Gruppe verstand Intelligenz als gänzlich formal und logisch und knüpfte ihre Hoffnung an detaillierte Regeln, nach denen sich die Computer richten sollten. Die andere malte sich Maschinen aus, die durch zugrundeliegende mathematische Strukturen zum Lernen durch Erfahrung befähigt würden. Diese unterliegenden Strukturen waren nach den Verfechtern der »emergenten« KI unabhängige Agenten, die aus ihren Interaktionen und Verhandlungen Intelligenz entwickeln sollten. Aus der Sicht dieser zweiten Gruppe von Forschern bestand eine Regel nicht aus etwas, was man dem Computer *gab*, sondern aus einem Muster, das man aus der Beobachtung des Verhaltens der Maschine *ableitete*.

Mitte der sechziger Jahre war das zweite, emergente Modell genauso vielversprechend geworden wie der regelorientierte, informationsverarbeitende Ansatz. Am Ende des Jahrzehnts jedoch waren die emergenten Modelle vom Feld der professionellen KI größtenteils weggefegt. Daran sind mehrere Faktoren beteiligt. Zum einen brauchten die emergenten Modelle, um zu funktionieren, das simultane Interagieren multipler unabhängiger Agenten, doch die Computer konnten zu dieser Zeit nur einen Vorgang gleichzeitig bewerkstelligen. Daneben zeigten sich in den einfachen emergenten Systemen erhebliche theoretische Beschränkungen; anspruchsvollere mathematische Techniken zum Zusammenschalten paralleler Programme waren jedoch noch nicht entwickelt. Die Dominanz der informationsverarbeitenden Modelle hatte bedeutende Folgen für die allgemeine Psychologie, besonders da eine Untergruppe der KI-Forscher in Gehirn und Computer nun unterschiedliche Beispiele einer einzigen Gattung von informationsverarbeitenden Mitteln sah.

In den späten fünfziger Jahren schrieben zwei Pioniere der informationsverarbeitenden KI, Allen Newell und Herbert Simon, ein Programm namens General Problem Solver (GPS: allgemeiner Problemlöser), das versuchte, das menschliche Denken zu erfassen und als Computerregeln zu rekodieren. Mit zunehmendem Bekanntheitsgrad des GPS in akademischen Kreisen entstand bei manchen Psychologen die Frage, warum es nicht möglich sein sollte, die gleichen Überlegungen über das Lösen logischer Probleme beim *Menschen* anzustellen.

Dieser Gedankengang widersprach völlig dem intellektuellen Klima der frühen Sechziger. Behaviorismus dominierte die amerikanische akademische Psychologie zu dieser Zeit und versperrte sich rigide gegen eine Diskussion über interne mentale Zustände. Strenggläubige Behavioristen bestanden auf der Auffassung, daß sich der Geist nur über die Begriffe Reiz und Reaktion erklären ließe. Dazwischen befand sich eine Black Box, die nicht zu öffnen war. Behavioristen sprachen zum Beispiel nicht von Erinnerung, sondern nur von einem Erinnerungs*verhalten.*

Computerwissenschaftler dagegen hatten aus technischer Notwendigkeit heraus ein durchaus anderes Vokabular entwickelt, mit dem sie bezeichneten, was in ihren Maschinen passierte. KI-Forscher bedienten sich für die Beschreibung der internen Zustände ihrer Computersysteme ohne Bedenken einer alten Sprache über die Bewegung des Geistes – sie sprachen von den »Gedanken« eines Programms, seinen »Intentionen« und »Zielen«. Wenn aber die neuen Geistesmaschinen interne Zustände dieser Art hatten, legte der gesunde Menschenverstand ähnliche auch beim Menschen nahe. Computer unterstützten so ein intellektuelles Klima, das es erlaubte, über Aspekte des Geistes zu reden, die vom Behaviorismus verbannt worden waren. Am Ende der sechziger Jahre hatten die Maschinen somit in der Psychologie eine wichtige Rolle für die Legitimation der Erinnerungsforschung und der Erforschung interner Zustände gespielt.

Unter dem Namen kognitive Wissenschaft wurde eine neue computerbeeinflußte Psychologie der Beschreibung interner Zustände etabliert. Mitte der siebziger Jahre war die kognitive Wissenschaft in weiten Kreisen der akademischen Psychologie akzeptiert; aber wenn Menschen in persönlichen Kategorien über ihren eigenen Geist sprachen, zeigten sie erheblichen Widerstand gegen informationsverarbeitende Modelle des menschlichen Geistes. In meiner eigenen Untersuchung über populäre Reaktionen auf den Computer in den späten siebziger und frühen achtziger Jahren (Turkle 1984) habe ich herausgefunden, daß die meisten der Untersuchten die Prämisse, daß der menschliche Geist *irgendeine Art* von Computer war, akzeptieren, dann aber Möglichkeiten fanden, um den Mensch als etwas darüber Hinausgehendes zu begreifen. Sie sprachen dem regelorientierten Computer zwar eine gewisse Verstandeskompetenz zu, legten dann aber die Betonung auf die Seele und den Geist der Maschine Mensch; eine Position, die die folgende Bemerkung eines Collegestudenten zusammenfaßt: »Simuliertes Denken kann Denken sein, aber simulierte Liebe ist niemals Liebe.« Das war gewissermaßen die Zeit der »romantischen Reaktion« auf die von Computern geprägte Vorstellung vom Geist als informationsverarbeitendem Medium. Man richtete seine Vorstellung von persönlicher Identität danach, was man als »nicht Kognition« oder »jenseits der Information« definierte.

Mitte der achtziger Jahre sagte eine Forschergruppe, die als Konnektionisten bekannt wurde, der Hegemonie des informationsverarbeitenden Ansatzes in der Künstlichen Intelligenzforschung den Kampf an. Die Konnektionisten vertraten die These, daß intelligente Systeme am besten durch die möglichst genaue Simulation der natürlichen Prozesse des Hirns konstruiert werden sollten (Rumelhart 1990, 134). Ihr Argument war, daß ein nach dem Gehirn modelliertes Computersystem sich nicht mehr nach »top down« Regeln orientierte, die von oben nach unten organisiert sind. Vielmehr stellte es seine Verbindungen »bottom up«, von unten nach oben, her, so wie man sich die Arbeit der Neuronen des Gehirns vorstellte. Konnektionisten sprachen von künstlichen Neuronen und neuronalen Netzen. Die von ihnen beschriebenen künstlichen Systeme sollten durch die Entwicklung einer großen Anzahl verschiedener Netzwerk-Verbindungen lernen und in diesem Sinne unvorhersehbar und nicht-deterministisch sein. Wenn Konnektionisten von unvorhersehbarer und nicht-deterministischer KI sprachen, begegneten sie der romantischen Reaktion auf Künstliche Intelligenz mit ihrer eigenen Version von »romantischen Maschinen«.

Das Wiederaufleben der konnektionistischen Modelle fand im Zusammenhang mit einem neuen allgemeinen Enthusiasmus über die Möglichkeiten, Gehirnprozesse auf parallelen Rechnern nachzubilden, statt. Computer mit erheblichen Kapazitäten in der parallelen Verarbeitung wurden Mitte der achtziger Jahre ökonomisch und technisch möglich. Daneben wurde es möglich, parallel verarbeitende Computer auf immer gewaltigeren seriell arbeitenden Computern zu simulieren. In diesem technischen und intellektuellen Klima sahen Forscher der kognitiven Psychologie, Neurobiologie und konnektionistischer KI ihre Bestrebungen immer weniger als benachbarte Disziplinen an, sondern als Zweige einer einzigen Disziplin – vereint durch die Untersuchung emergenter, paralleler Phänomene in den Wissenschaften des Verstandes, getrennt einzig durch die Domänen, in denen nach ihnen gesucht wurde.

Die informationsverarbeitende KI hatte der experimentellen Psychologie einen Kontext bereitgestellt, in dem sie die inneren Prozesse wieder in Betracht ziehen konnte; Konnektionismus, mit seinem der Biologie nachgebildeten Jargon von neuronalen Pfaden, öffnete den Weg zu neuen Vorstellungen von der Natur als Computer und vom Computer als Teil der Natur. Er suggerierte somit eine Auflösung der traditionellen Unterscheidung zwischen dem Natürlichen und dem Künstlichen, dem Realen und dem Simulierten. Emergente Systeme, die lernten, wuchsen und sich durch Training und Erfahrung entwikkelten, schienen dem Leben tatsächlich ähnlich zu sein.

Die Anwendbarkeit emergenter KI
In den späten achtziger Jahren wurde deutlich, daß selbst die schärfsten Kritiker der informationsverarbeitenden KI vom Konnektionismus überzeugt werden konnten – besonders von seiner nicht-deterministischen Sprache und seiner Betonung des Lernens durch Erfahrung. Philosophen erklärten, daß neuronale Netze »zeigen können, daß Heidegger und später Wittgenstein und Rosenblatt [ein früher Theoretiker neuronaler Netze] zu Recht annahmen, daß wir uns intelligent in der Welt verhalten können, ohne sie theoretisch zu begreifen« (Dreyfus/Dreyfus 1980, 35). Allgemein erhielt Konnektionismus eine gute Presse als die »humanistischere« Seite des KI-Unternehmens. Die emergente Theorie ermöglichte der Künstlichen Intelligenz, intellektuelle Allianzen zu bilden, die dem theoretischen Ansatz der Informationsverarbeitung verschlossen geblieben waren.

Unter diesen neuen Allianzen erstaunte diejenige zwischen KI und psychoanalytischer Theorie am meisten. Freud hatte seine ursprüngliche Theorie um den Trieb herum aufgebaut, den zentralisierten, vom Körper generierten Befehl, der Energie und Ziele aller geistigen Aktivitäten liefert. Als Freud später sein Interesse auf die Beziehungen des Ich zur Außenwelt verlagerte, beschrieb er den Prozeß, durch den wir wichtige Menschen unseres Lebens internalisieren und sie zu inneren »Objekten« umwandeln. Das Über-Ich, eines dieser inneren

Objekte, wird zum Beispiel durch die Internalisierung des idealen Elternteils gebildet.

Das Konzept der inneren Objekte hing in Freuds Arbeit mit der Triebtheorie zusammen; wir internalisieren Objekte, weil uns unsere Instinkte dazu zwingen. Spätere Psychoanalytiker waren weniger Freuds Vorstellung vom Trieb verpflichtet als der Idee, daß der Geist aus inneren Objekten, jedes mit seiner eigenen Geschichte, aufgebaut ist. Diese »Objektrelations«-Theoretiker beschrieben nun Gruppen innerer mentaler Agenten – »unbewußte Unterorganisationen des Ichs, die fähig zur Erzeugung von Bedeutung und Erfahrung, d.h. fähig zum Denken, Fühlen und Wahrnehmen sind« (Ogden 1983, 227). Melanie Klein sah liebende, hassende, gierige und eifersüchtige innere Agenten; bei W.R.D. Fairbairn konnten die inneren Agenten denken, wünschen und aus ihren Verhandlungen und Interaktionen unsere Vorstellung vom »Selbst« erzeugen.

In den Jahren der Hegemonie der informationsverarbeitenden KI standen Psychoanalytiker diesem Unternehmen feindlich gegenüber (wenn sie es überhaupt wahrnahmen). In ihren Augen reduzierte die Prämisse der informationsverarbeitenden KI die freudianische Suche nach Bedeutung zu einer Suche nach Mechanismus, wie zum Beispiel bei der von KI-Forschern angestellten Reinterpretation der Freudschen Fehlleistungen als »Informationsverarbeitungsfehler«. Die Schule der emergenten KI schlug eine andere Saite an. Marvin Minskys (1987) Rede vom Geist als einer »Gesellschaft« schien die inneren Agenten der Objektrelations-Schule hervorzurufen; und für manche hallte im konnektionistischen Jargon von dezentralisierten Assoziationen die psychoanalytische Theorie aus Frankreich nach, die gegen die Existenz eines zentralisierten, »wissenden« Ich argumentiert.

Die Familienähnlichkeit zwischen Psychoanalyse und emergenter KI wird in einem Aufsatz des Psychoanalytikers David Olds (1994) erörtert. Olds geht sogar so weit zu behaupten, daß heutige Psychoanalytiker den Konnektionismus *bräuchten*. Zum einen liefert Konnektionismus den Analytikern eine Methode, das Ich mit den Begriffen des Gehirns zu beschreiben und damit neue Verbindungen zur Biologie einzugehen. Zum anderen kann Konnektionismus, wenn er das Ich als emergentes und verteiltes System neu besetzt, Analytikern dabei behilflich sein, altmodische Perspektiven auf das Ich als zentra-

listisch und einheitlich zu untergraben. Olds gibt zu, daß Psychoanalytiker bei der Aneignung konnektionistischer Modelle Schwierigkeiten haben können, weil »mathematische Fertigkeiten« zum Verständnis der Theorie erforderlich seien, die die meisten Analytiker nicht
hätten. »Die wenigsten Leute, inklusive der meisten Psychoanalytiker,
haben auch nur eine flüchtige Vorstellung« davon, was die Theorie
tatsächlich aussagt. Aber er betont, daß sich die Psychologie noch nie
durch Unkenntnis technischer Details davon hat abhalten lassen, auf
den Feldern der Naturwissenschaft nach Metaphern zu schürfen.
Freud entlieh sich den Jargon der Hydraulik; heute könnten Analytiker den Jargon der parallelen, emergenten Computerintelligenz bor-
gen.

> Die wenigsten Libidotheoretiker hatten wohl eine spezielle Kenntnis von
> Dampfmaschinen; sie machten konzeptionellen Gebrauch von den Eigenschaf-
> ten, die sie interessierten. Für das frühe Computermodell gilt diese Technik
> noch mehr; nur wenige der Analogienschmiede konnten ein Motherboard von
> einer RAM unterscheiden, und das war ihnen auch egal. Wichtig ist unsere
> Vorstellung davon, wie die Maschine mit Information umgeht.
> Es geht darum, daß das, was von einem Bereich in den anderen übertragen wird,
> ein Satz von Eigenschaften ist, die wir beiden Bereichen zuschreiben (Olds
> 1994, 590).

In der Blütezeit der informationsverarbeitenden KI rechtfertigte Marvin Minsky das KI-Unternehmen mit dem Spruch »The mind is a meat
machine«. Der Ausspruch wurde in den späten Siebzigern und frühen
Achtzigern häufig als Beispiel für die Probleme der Künstlichen Intelligenz zitiert. Er provozierte vielerorts Irritation und Abscheu. Aber
was an Minskys Worten inakzeptabel schien, hatte mit den herrschen-
den Vorstellungen der Art von Maschine aus Fleisch zu tun, die der
Geist sein sollte. Diese Vorstellungen waren mechanistisch und deter-
ministisch. Die Breitenwirkung der Konnektionisten sowie ihre Wirkung auf Psychoanalytiker bestand darin, daß sie eine künstliche
»meat machine« aus biologisch resonanten Komponenten vorschlug.
Mit einem veränderten Bild von Maschinen wurde die Vorstellung,
daß der Geist eine solche sein könnte, weitaus weniger problematisch.
    Als das Bild der Informationsverarbeitung das vorherrschende Bild
von künstlicher Intelligenz war, befürchteten viele, die den Computer
als Modell für den Geist ablehnten, daß Menschen sich durch ihn als

Sherry Turkle

kalte Mechanismen begreifen würden. Der Anblick des Computers reizte sie zu einer »Nicht ich«-Reaktion. Emergente KI provoziert eine andere Reaktion. Beim Anblick emergenter Computermodelle werden Menschen mit der Vorstellung konfrontiert, daß das »Ich« ein Haufen miteinander kommunizierender neuronengleicher Agenten sein könnte. Emergente KI öffnet einen Blick auf den Computer, mit dem man leichter die Maschine als menschenverwandt und den Menschen als maschinenverwandt sehen kann. Aus der »Nicht ich«-Reaktion wird eine »Wie ich«-Reaktion.

Erfahrungen mit Computerobjekten
Ich habe vorausgeschickt, daß die von künstlicher Intelligenz bereitgestellten expliziten Modelle nur eine der Arten ist, auf die Computer unser Denken über den Geist beeinflussen. Eine andere sind Erfahrungen mit Computerobjekten. Vor zehn Jahren hatten die meisten Menschen, die viel mit Computern arbeiteten, mit Programmen zu tun, deren Struktur ein lineares und logisches Verständnis des Selbst förderten. Heute können wir uns in eine viel breitere Vielfalt von Computerlandschaften projizieren. Wir haben es mit Programmen, Spielen und Simulationen zu tun, die als evolutionsangetrieben auftreten. Und wir erschaffen multiple Repräsentationen unseres Selbst, indem wir in den virtuellen Räumen des Internets Persönlichkeiten entwickeln. Solche Erfahrungen evozieren fließende und multiple Bilder des Selbst, wo die Trennung zwischen dem Natürlichen und dem Künstlichen durchlässiger ist als früher.

Im Fall des Internet gibt es die Möglichkeit, Online-Gemeinschaften beizutreten, die einzig durch computervermittelte Kommunikation existieren. Ein Typus von virtueller Gemeinschaft wird MUD genannt (kurz für »*multi-user dungeons*« oder »*multi-user domains*«, Räume, in denen sich viele Benutzer gleichzeitig aufhalten). Wer einem MUD beitritt, kreiert eine oder mehrere Figuren und bestimmt deren Geschlecht und andere physische und psychologische Eigenschaften. In den traditionellen Rollenspielen, in denen man physisch anwesend ist, kann man Rollen annehmen und wieder ablegen; im Gegensatz dazu bieten MUDs ein paralleles Leben. Die meisten Menschen, die sich lange in virtuellen Gemeinschaften wie MUDs aufhalten, arbeiten in ihrem »normalen« Beruf den ganzen Tag am Computer. Sie müssen ihre Figuren gelegentlich einschlafen lassen, damit sie im virtuellen Raum gegenwärtig bleiben, während sie ihren »wirklichen« Geschäften nachgehen. Auf diese Weise teilen sie ihren Tag auf und »rotieren« zwischen der physischen und einer Serie von virtuellen Welten. MUDs klingen vielleicht exotisch, aber sie illustrieren die soziale und psychologische Dynamik der häufigsten Online-Geselligkeit sehr gut. Die Schlüsselelemente des »MUDdens«, die Kreation und Projektion von Figuren in virtuelle Räume und die Möglichkeit, diese Räume betreten und verlassen zu können, charakterisieren auch die »banalere« Form von Online-Gemeinschaften wie die »chat rooms«.

In MUDs und anderen virtuellen Räumen zu »rotieren«, ist durch die sogenannten »Fenster« (windows) der modernen Computerwelt möglich geworden. Durch die Fenster kann man bei der Arbeit am Computer in mehreren Kontexten gleichzeitig anwesend sein. Der Benutzer kümmert sich jeweils nur um eines der Fenster auf dem Bildschirm, ist aber gewissermaßen in allen präsent. So ist man zum Beispiel beim Schreiben eines Aufsatzes über Bakteriologie »präsent« in einem Wortverarbeitungsprogramm, in dem man sich Notizen macht und Ideen sammelt, »präsent« in einer Kommunikationssoftware, die zum Sammeln von Sekundärliteratur mit einem entfernten Computer verbunden ist, und »präsent« in einem Simulationsprogramm, das das Wachstum von Bakterienkolonien, in die ein neuer Organismus dringt, aufzeichnet. Jede dieser Tätigkeiten findet in einem anderen Fenster statt, und die eigene Identität am Computer ist die Summe der verteilten Präsenzen. In der Praxis sind Fenster eine erfolgreiche Metapher für das Wahrnehmen des Selbst als eines multiplen, verteilten Systems geworden. Nach dieser Metapher spielt das Selbst nicht mehr nur in verschiedenen Umgebungen verschiedene Rollen, wie es beispielsweise einer Frau geht, die als Geliebte aufwacht, als Mutter Frühstück macht und als Anwältin zur Arbeit fährt. Die Lebenspraxis von Fenstern ist die eines verteilten Selbst, das zur gleichen Zeit in vielen Welten existiert und gleichzeitig viele Rollen spielt.

Diese Vorstellung vom Selbst als verteilt und durch einen »Rotations«-prozeß konstituiert untergräbt traditionelle Vorstellungen vom Selbst. Identität, von lateinisch idem, verweist schließlich wörtlich auf die Gleichheit zwischen zwei Eigenschaften. Im Internet kann man jedoch viele werden und nimmt diese Möglichkeit meistens auch

Sherry Turkle

wahr. Wenn traditionelle Identität Gleichheit impliziert, impliziert das Leben auf dem Computerbildschirm von heute Multiplizität und Heterogenität.

Eine Fallstudie: Zustände und Manifestationen des Selbst
Case ist ein 34jähriger Graphikdesigner, der in MUDs eine Reihe von weiblichen Figuren spielt, die er als »Katherine Hepburn-Typen« beschreibt – »starke, dynamische Frauen voller Elan«. Er sagt, sie erinnern ihn an seine Mutter. »Das ist eine Frau, die genau sagt, was sie denkt, und keine Kompromisse eingeht.« Case beschreibt seinen Vater ganz anders, als »Typ Jimmy Stewart«. Der Stil seiner Eltern hat sein Erbe hinterlassen: bestimmende Männer sind für ihn Tyrannen, aber bestimmende Frauen gefallen ihm. Case sagt, er nehme in den MUDs gerne eine weibliche Identität an, weil es ihm damit leichter falle, mit Willensstärke umzugehen, sowohl online als auch offline.

> Es gibt Aspekte meiner Persönlichkeit – die stärker bestimmenden, bürokratischen, organisatorischen – an denen ich in den MUDs arbeiten kann. Ich habe mich mit bürokratischen Dingen immer schwer getan, aber seit ich in den MUDs übe und Frauen in Machtpositionen spiele, werde ich besser darin. Weil ich Katherine Hepburn-Figuren gespielt habe, kann ich jetzt – im wirklichen Leben – Dinge tun, die ich vorher nicht tun konnte.

Das Leben am Bildschirm stattet Case mit dem sogenannten »psychosozialen Moratorium« aus, wie der Psychoanalytiker Erik Erikson ein zentrales Element seiner Theorie zur Identitätsentwicklung in der Adoleszenz nannte (1963). Obwohl der Begriff Moratorium eine Pause impliziert, hatte Erikson keinen Rückzug im Sinn. Das adoleszente Moratorium ist im Gegenteil eine Zeit intensiver Auseinandersetzung mit Menschen und Ideen. Es ist eine Zeit leidenschaftlicher Freundschaften und Experimentierfreude. Das Moratorium ist nicht auf signifikante Erfahrungen bezogen, sondern auf deren Konsequenzen. Es ist eine Zeit, in der die eigenen Handlungen nicht so streng wie später beurteilt werden. In diesem Kontext ist Experimentierfreude eher die Norm als ein mutiges Abweichen und erleichtert das Herausbilden eines »Kern-Selbst«, des persönlichen Gefühls davon, was dem Leben Bedeutung gibt – Erikson nennt das »Identität«.

Erikson beschrieb ausführlich den Lebenszyklus in der Terminologie von Entwicklungsstadien, nie jedoch in dem Sinne, daß die Stadien streng getrennt aufeinander folgen würden. Ihm war sehr wohl bewußt, daß Menschen mit unabgeschlossenen Stadien einfach weiterschreiten und versuchen, das Beste aus der Situation zu machen. Sie nehmen alles, was sich ihnen bietet, um so viel wie möglich aus dem, was sie verpaßt haben, herauszuholen. Cases Fähigkeit, das Leben online dazu zu benutzen, Probleme mit Willensstärke und Geschlechtsidentität zu verarbeiten, illustriert die signifikante Rolle, die der Cyberspace inzwischen in den Lebenszyklusdramen der Selbstheilung spielt. Die Zeit im Cyberspace gestaltet die Idee des Moratoriums um, denn dieses kann nun in einem ständig verfügbaren Computerfenster existieren.

Case erzählt, daß seine Katherine Hepburn-Figuren »Veräußerlichungen von Teilen meines Selbst« seien. In einem Interview benutze ich den Ausdruck »Aspekte des Selbst«, den er begierig aufgreift, denn MUDden erinnert ihn an die verschiedenen Aspekte oder Unterpersönlichkeiten von Hindu-Göttern, die ihr ganzes Selbst dabei nie verlieren. Durch den Geschlechterwechsel finden Cases innere Aspekte einen eigenen Ausdruck, ohne jedoch, wie er sagt, die Werte zu kompromittieren, die er mit seiner »ganzen Person« assoziiert. Auf meine Frage »Können Sie sich im wirklichen Leben an ihre Figuren wenden?« antwortet er:

> Ja, ein Aspekt räuspert sich sozusagen und sagt, »Ich kann das. Du hast da ein Riesenproblem mit dieser Aufgabe, aber ich weiß genau, was zu tun ist. Warum läßt du mich das nicht machen?« MUDs geben mir ein Gleichgewicht. Im wirklichen Leben bin ich gerne extrem diplomatisch, ich gehe Konfrontationen aus dem Weg. Ich zwinge Leuten nicht gerne meine Ideen auf. Im MUD kann ich kompromißlos auftreten. Alle meine Katherine Hepburn-Figuren tun das. Deswegen spiele ich sie wohl. Denn sie haben Haare auf den Zähnen, sie sagen, was sie meinen.

Cases Beschreibung seiner inneren Welten von Akteuren, die ihn anreden und Verhandlungen führen können, erinnert an die Sprache von Leuten mit multipler Persönlichkeitsstörung (MPD). Der Unterschied ist allerdings signifikant: Cases innere Schauspieler sind nicht abgespalten voneinander oder von seinem Gefühl von »Selbst«. Sie haben kein geheimes Wissen; sie müssen nicht isoliert werden. Case erfährt sich im Gegenteil durchaus als kollektives Selbst, ohne zu meinen, er müsse den einen oder anderen Aspekt seiner Selbst zur

Sherry Turkle

Konformität antreiben. In den Worten von Marvin Minsky (1987) fühlt sich Case in seiner »society of mind« sehr wohl.

Denkfiguren (Objects-to-Think-With)
Anwendbare Theorien, Ideen, die die allgemeine Vorstellungskraft einer Kultur für sich einnehmen, sind meistens solche, an denen sich die Menschen aktiv beteiligen können. Oft sind es Theorien, mit denen man »spielen« kann. Eine mögliche Frage nach der gesellschaftlichen Anwendbarkeit einer bestimmten Theorie könnte also sein, ob die Theorie von eigenen Denkfiguren begleitet wird, die über die Intellektuellenkreise hinausreichen.

Die populäre Anwendung freudianischer Ideen hat beispielsweise wenig damit zu tun, ob sie wissenschaftlich gültig sind. Freuds Ideen gelangten in die Populärkultur, weil sie kraftvolle Denkfiguren ins Spiel brachten. Das sind keine materiellen, aber durchaus greifbare Ideen, wie Träume und Versprecher. Mit solchen freudianischen »Objekten« kann man spielen. Man sucht und findet sie inzwischen überall und geht sowohl ernsthaft als auch ironisch mit ihnen um. Und durch diese Praxis ist die Idee, daß Versprecher und Träume das Unbewußte signalisieren, allmählich selbstverständlich geworden.

Träume und Versprecher transportierten bei Freud die Theorie. Heute transportiert das Leben auf dem Computerbildschirm Theorie. Im Online-Leben werden Identitäten konstruiert und sprachlich umgewandelt; die Vorstellung einer dezentrierten Identität mit multiplen Aspekten wird in der virtuellen Erfahrung konkretisiert. Wenn ich das behaupte, rede ich nicht davon, daß Online-Leben für den dramatischen Anstieg der Zahl von Menschen mit Symptomen multipler Persönlichkeitsstörung verantwortlich gemacht wird, oder daß Leute in MUDs MPD haben, oder daß MUDden (oder *online chats* unter einer Reihe verschiedener Benutzerpersönlichkeiten) wie eine MPD ist. Was ich sage ist, daß die vielen Manifestationen von Multiplizität in unserer Kultur, inklusive der Annahme multipler Online-Persönlichkeiten, zu einem allgemeinen Überdenken traditioneller, einheitlicher Vorstellungen von Identität beitragen. Online-Erfahrungen mit »Parallelleben« sind Teil des kulturellen Kontexts, der neue Theorien über multiple Identitäten unterstützt.

Im Beschreiben von Identität ist *Multiplizität* ein Begriff, der einige

Jahrhunderte negativer Assoziationen mit sich trägt. Heutige Gesellschaftstheoretiker tendieren dazu, ein *flexibles* Selbst zu beschreiben. Mit diesem Begriff als intellektuellem trojanischen Pferd schmuggeln sie eine akzeptable Vorstellung von Multiplizität in die Diskussion von Normalität ein (Gergen 1991; Martin 1994; Lifton 1993). Ihr flexibles Selbst ist weder einheitlich, noch sind seine Bestandteile feste Einheiten. Eine Person rotiert durch ihre Aspekte, die sich ihrerseits ständig verändern und in ständiger Kommunikation miteinander sind. Daniel Dennett (1991) benutzt das flexible Selbst in seiner »multiple drafts«-Theorie des Bewußtseins. Diese zeigt sich wie verschiedene Versionen eines Dokuments, die auf dem Bildschirm geöffnet sind, und zwischen denen der Benutzer sich hin- und herbewegen kann. Das Wissen um diese »drafts« fördert einen Respekt vor den verschiedenen Versionen und ermöglicht eine gewisse Distanz zu ihnen. Auch Donna Haraway (1991a) betont die begrüßenswerte Seite des gespaltenen Selbst. Ein »gespaltenes und widersprüchliches Selbst« ist für Haraway das »wissende Selbst«. Sie ist optimistisch über dessen Möglichkeiten: »Das wissende Selbst ist in all seinen Erscheinungen immer partiell, nie vollendet, ganz, einfach da und ursprünglich; es ist immer konstruiert und unvollkommen zusammengeflickt; und *deswegen* kann es sich mit einem anderen Teil verbinden, kann es gemeinsam sehen, ohne zu beanspruchen, der andere zu sein«. Sowohl Dennett als auch Haraway beschreiben gespaltene Persönlichkeiten, deren Kommunikationslinien zwischen den Aspekten des Selbst offen sind (im Gegensatz zu der Fragmentierung der multiplen Persönlichkeit). Die offene Kommunikation fördert Respekt für die Vielen in uns und die Vielen in anderen.

Auch in der psychoanalytischen Tradition bemüht man sich, über die Trope der »Flexibilität« eine nichtpathologische Multiplizität einzuführen. Analytiker versuchen, sich gesunde Identitäten vorzustellen, deren Stärke von ihrer Zugriffsmöglichkeit auf ihre vielen Aspekte abhängt. Der in dieser Tradition schreibende Analytiker Philip Bromberg (1994) behauptet, daß unsere Vorstellung von »guter Elternschaft« als dem Bemühen, das Kind in einem »Kern-Selbst« zu bestätigen, sich dahingehend verändern muß, dem Kind bei der Entwicklung einer Kapazität zu helfen, zwischen Zuständen des Selbst fließende Übergänge zu verhandeln. Bromberg zufolge kann das gesunde Individuum *viele* sein, aber es kann auch die Momente des Übergangs glätten. Er sagt: »Gesundheit ist die Fähigkeit, in den Räumen zwischen den Realitäten zu stehen, ohne eine von ihnen zu verlieren – die Fähigkeit, sich wie ein Selbst zu fühlen, während man Viele ist« (Bromberg 1993, 166).

Cyborg-Duplikanten und Cybockplasma
Online-Leben ist nicht die einzige Manifestation der Computerkultur, die Identitätskonzepte der Multiplizität und des »Rotierens« begünstigt. Computerobjekte wie Spielzeug und Simulationsspiele unterstützen ebenfalls dieses Konzept. Ihren Einfluß kann man zum Beispiel daran erkennen, wie Kinder mit ihnen neue Vorstellungen des Begriffes »lebendig« konstruieren.

In Jean Piagets klassischer Untersuchung der kindlichen Vorstellungen von »lebendig« aus den zwanziger Jahren war Bewegung die zentrale Variable. Kinder gingen, vereinfacht gesagt, die Frage nach der »Lebendigkeit« eines Objekts über die Frage an, ob es sich aus eigenem Antrieb bewegen konnte. Als ich in den späten siebziger und frühen achtziger Jahren die Reaktionen von Kindern auf die erste Generation von Computerobjekten erforschte, die physisch ortsfest waren, aber dennoch eindrucksvolle Kognitionsleistungen vollbrachten (reden, schreiben, rechnen, Go spielen), stellte ich fest, daß der Schwerpunkt sich auf die psychologischen Eigenschaften des Objektes verlagert hatte, dessen »Lebendigkeit« die Kinder einschätzten (Turkle 1984). Die Existenz von Computerobjekten sprengte den klassischen Diskurs Piagets über Lebendigkeit, aber was die Kinder in den frühen Achtzigern über Computerobjekte erzählten, hatte seine eigene Kohärenz. Mit intelligentem Spielzeug konfrontiert, gaben die Kinder einer neuen Welt von Objekten eine neue Weltordnung, die anstatt auf Physik auf Psychologie basierte.

Mitte der neunziger Jahre war diese Ordnung bis zum Zerreißen strapaziert. Kinder reden heute über Computer als »normale Maschinen«, aber sie beschreiben sie als empfindungsfähig und intentional. Im Gespräch über die Lebendigkeit von Computerobjekten rotieren Kinder durch einen Diskurs sowohl über Evolution als auch Psychologie und Physik. Alte Ideen über die Beziehung zwischen Leben und physischer Bewegung tauchen bei ihnen in der Gestalt der über ein

Netzwerk stattfindenden Kommunikation von Bits wieder auf. Konfrontiert mit immer komplexeren Computerobjekten werden die Kinder von heute zu theoretischen Eklektizisten. Sie bedienen sich an allen zur Verfügung stehenden Materialien, an jeder Theorie, die auf den vorliegenden Umstand paßt.

Zu meiner Sammlung von Kommentaren über »was lebendig ist« von Kindern, die mit kleinen, beweglichen Robotern und evolutionssimulierenden Computerprogrammen (wie den Spielen der »Sim«-Serie und einer als »Tierra« bekannten Computersimulation) gespielt haben, gehören die folgenden: Die Roboter wissen, was sie tun, sind aber nicht lebendig; wären lebendig, wenn sie Körper hätten; sind lebendig, weil sie Körper haben; wären lebendig, wenn sie Gefühle hätten; sind lebendig, so wie Insekten lebendig sind, aber nicht so, wie Menschen lebendig sind; die digitalen Wesen von Tierra sind nicht lebendig, weil sie nur im Computer sind; könnten lebendig sein, wenn sie den Computer verließen und zu America Online wechselten; sind lebendig, bis der Computer ausgeschaltet wird, dann sind sie tot; sind nicht lebendig, weil nichts im Computer real ist; die digitalen Wesen der »Sim«-Spiele sind nicht lebendig, aber beinahe; sie wären lebendig, wenn sie sprechen könnten; sie wären lebendig, wenn sie reisen könnten; sie sind lebendig, aber nicht »real«; sie sind nicht lebendig, weil sie keine Körper haben; sie sind lebendig, weil sie Babys kriegen können, und schließlich, in den Worten eines elfjährigen Kindes, das relativ neu in »Sim-Life« ist, sind sie nicht lebendig, weil diese Babys keine Eltern haben: »Man sieht sie, und das Spiel sagt einem, daß sie Mütter und Väter haben, aber das glaube ich nicht. Es sind nur Zahlen, nicht wirklich Mutter und Vater.«

In der kurzen Geschichte des Einflusses der Computer auf unser Denken waren häufig Kinder die Vorkämpfer. In den frühen Achtzigern zum Beispiel lösten Kinder – veranlaßt durch sprechende, rechnende, Go-spielende Computerspiele – die Verbindung zwischen den Vorstellungen von Bewußtsein und Leben auf, was historisch neu war. Diese Kinder konnten sich empfindungsfähige Computer, die nicht lebendig waren, vorstellen, – eine Position, mit der sich Erwachsene erst allmählich anfreunden. Die Kinder von heute gehen noch weiter; sie weisen in die Richtung einer radikalen theoretischen Heterogenität angesichts von Computerobjekten, die »Leben« evo-

Sherry Turkle

zieren. Verschiedene Kinder haben keine Probleme damit, verschiedene Theorien zu vertreten, und einzelne Kinder können verschiedene Theorien gleichzeitig vertreten.

Dazu kommt, daß Kinder von heute mit Leichtigkeit über Faktoren sprechen, mit denen sie den »Stoff«, aus dem Computer sind, als denselben »Stoff« begreifen können, aus dem das Leben kommt. Ein Neunjähriger bewies bei der Beschreibung von Gestaltwandel die Sensibilität eines Alchemisten: »Mit der richtigen Formel kann sich im Universum alles in alles verwandeln. Du kannst also in einem Moment ein Mensch sein und im nächsten eine Maschine.« Vom jüngsten Alter an spielen Kinder mit »Transformers«, die als Maschinen, Roboter oder Tiere (manchmal auch Menschen) zusammengesetzt werden können. Im Spiel mit diesen Plastik- und Metallobjekten lernen Kinder die fließenden Grenzen zwischen Mechanismus und Fleisch kennen.

Ich habe eine Gruppe Siebenjähriger beobachtet, die mit einer Reihe von Transformern spielten, die die Form von Panzern, Robotern oder Menschen annehmen konnten. Die Transformer können auch in Zwischenstadien versetzt werden, so daß »Roboter«-Arme aus menschlichen Körpern herausragen oder ein menschliches Bein aus einem mechanischen Panzer. Zwei der Kinder spielten mit den Figuren in diesen Zwischenstadien (das heißt, in ihren Zwischenstadien zwischen Mensch, Maschine und Roboter). Ein dritter Junge insistierte, daß das nicht richtig wäre. Er sagte, die Figuren sollten nicht in hybride Stadien gesetzt werden. »Man muß mit ihnen ganz als Panzer oder ganz als Mensch spielen«. Er regte sich auf, weil die beiden anderen ihn absichtlich ignorierten. Ein achtjähriges Mädchen tröstete das empörte Kind: »Das geht schon, wenn sie beides sind. Das ist doch egal«, sagte sie, »es ist doch bloß ekliges Computer-›Cybockplasma‹«. Dieser Kommentar ist der Ausdruck eines Cyborg-Bewußtseins, wie es sich bei den heutigen Kindern zeigt: eine Tendenz, Computersysteme als »irgendwie« lebendig zu sehen, zwischen verschiedenen Erklärungskonzepten fließend zu »rotieren« und bewußt die Grenzen zwischen dem Natürlichen und dem Künstlichen zu überschreiten.

Steven Levy (1992, 6-7) schlägt in seinem Abriß des künstlichen Lebens eine Betrachtungsweise des künstlichen Lebens in bezug auf das traditionelle Konzept vor, die ein Kontinuum darstellt. In diesem Kontinuum wäre eine Computersimulation mit evolutionären Eigenschaften lebendiger als ein Auto, aber weniger lebendig als ein Bakterium. Meine Beobachtung über den Umgang von Kindern mit ihren neuen Computer-Denkfiguren legt nahe, daß sie keine Hierarchien aufstellen, sondern auf Paralleldefinitionen zusteuern, die sie durch schnelles Rotieren alternieren. Paralleldefinitionen wie das Verständnis der eigenen Identität als Parallelleben werden allmählich zur Denkgewohnheit.

Auch Erwachsene benutzen die Strategien von Paralleldefinitionen und Rotieren für das Denken über signifikante Aspekte ihres Selbst, wenn auch weitaus weniger leichtfertig. Der Psychiater Peter Kramer beschreibt in *Listening to Prozac* (1993) einen Vorfall, bei dem er dieses Unwohlsein erlebte. Sein Patient, ein College-Student, erschien nach der Verabreichung eines Antidepressivum in der nächsten Therapiesitzung mit Symptomen von Angstzuständen. Kramer war nicht beunruhigt, weil Patienten manchmal auf die frühen Stadien einer Antidepressiva-Behandlung mit Nervosität reagieren. Manchmal geht die Unruhe von selbst zurück, manchmal wird das Antidepressivum gewechselt oder ein zweites, beruhigendes Mittel für die Nächte verschrieben. Als Kramer das seinem Patienten erklärte, korrigierte dieser ihn. Der Patient »hatte das Antidepressivum gar nicht genommen. Er hatte Angst, weil er sich vor meiner Reaktion auf seinen ›Ungehorsam‹ fürchtete« (Kramer 1993, xii).

> Während mein Patient sprach, fiel mir die plötzliche Veränderung meiner Erfahrung mit seiner Angst auf. Zuerst war die Angst eine Ansammlung von bedeutungslosen physischen Symptomen, die mich nur deswegen interessieren mußten, weil ich sie mit anderen biologischen Mitteln unterdrücken mußte, um die Behandlung fortzusetzen. Im nächsten Moment war seine Angst reich an Zwischentönen ... Gefühle, die ein Psychoanalytiker ödipal nennen würde, die Angst vor der väterlichen Strafe. Die zwei Angstzustände waren völlig unterschiedlich: der eine ein reiner Erguß von Gehirnchemikalien, auf den wissenschaftlich zu reagieren war, wie diplomatisch auch immer; der andere erforderte eine empathische Untersuchung der delikatesten Art (ebd.).

Das Rotieren durch verschiedene und manchmal einander widersprechende Theorien ist unsere Methode geworden, den Geist zu verstehen, genau wie das Rotieren durch verschiedene Aspekte des Selbst

Sherry Turkle

zum Lebensstil geworden ist, wenn Menschen verschiedene Persönlichkeiten durchschreiten oder wenn sie auf ihren Bildschirmen von Fenster zu Fenster springen.

Die Erwachsenen von heute sind in einer psychologischen Kultur aufgewachsen, die mit psychologischer Gesundheit die Vorstellung eines einheitlichen Selbst gleichsetzte, und in einer Wissenschaftskultur, die lehrte, daß eine Disziplin eine einheitliche Theorie hat, wenn sie ausgereift ist. Wenn Erwachsene also feststellen, daß sie gerade durch verschiedene Perspektiven von sich selbst rotieren (von »Ich bin meine Chemikalien« zu »ich bin meine Geschichte« zu »ich bin meine Gene«), ist ihnen wie Kramer dabei oft unwohl zumute. Aber die Kinder von heute lernen von ihren Computerobjekten und Online-Erfahrungen eine andere Lektion. Donna Haraway charakterisiert Ironie als Folge von »Widersprüchen, die sich nicht in ein größeres Ganzes auflösen lassen, ... von der Spannung des Zusammenhaltens inkompatibler Dinge, weil beide oder alle notwendig und wahr sind« (1991b, 148). Insoweit werden die in dieser Ironie aufwachsenden Kinder von heute fähig, inkompatible Dinge zusammenzuhalten. Sie rotieren durch Cyberspace und Cybockplasma in fließende und emergente Konzepte von Identität und vom Leben.

Aus dem Amerikanischen von Dorothea Löbbermann

(Quelle: Social Research, Heft 3, Band 64, 1997)

Literatur

Bromberg, Philip, 1993, »Shadow and Substance: A Relational Perspective on Clinical Process«, *Psychoanalytic Psychology* 10: 147-68.
– 1994, »Speak That I May See You: Some Reflections on Dissociation, Reality, and Psychoanalytic Listening«, *Psychoanalytic Dialogues* 4.4: 517-47.
Dennett, Daniel, 1991, *Consciousness Explained* (Boston: Little Brown and Company); dt.: *Philosophie des menschlichen Bewußtseins*, 1994 (Hamburg: Hoffmann und Campe).
Dreyfus, Herbert und S. Dreyfus, 1998, »Making a Mind Versus Modeling the Brain«, in Stephen Graubard (Hg.), 1988, *The Artificial Intelligence Debates: False Starts, Real Foundations* (Cambridge: MIT Press); dt.: »Einen Geist bauen gegen ein Gehirn modellieren: Künstliche Intelligenz wieder an der

Abzweigung«, in Graubard (Hg.), *Probleme der Künstlichen Intelligenz,* 1996, üs. v. Rike Felka (Wien/New York: Springer).

Erikson, Erik, 1963 (1950), *Childhood and Society* (New York: Norton); dt.: *Kindheit und Gesellschaft,* 1992, üs. v. Marianne v. Eckard-Jaffé (Stuttgart: Klett-Cotta).

Gergen, Kenneth, 1991, *The Saturated Self: Dilemmas of Identity in Contemporary Life* (New York: Basic Books, 1991); dt.: *Das übersättigte Selbst. Identitätsprobleme im heutigen Leben,* 1996 (Heidelberg: Carl-Auer-Systeme).

Haraway, Donna, 1991a, »The Actors Are Cyborg, Nature Is Coyote, and the Geography Is Elsewhere: ›Postscripts to Cyborgs at Large‹«, in Constance Penley und A. Ross (Hg.), *Technoculture* (Minneapolis: University of Minnesota Press).

– 1991b, »A Cyborg Manifesto: Science, Technology, and Socialist-Feminism in the Late Twentieth Century«, in Donna Haraway (Hg.), *Simians, Cyborgs, and Women: The Reinvention of Nature* (New York: Routledge); dt.: *Die Neuerfindung der Natur. Primaten, Cyborgs und Frauen,* 1995. Hg. u. Einl. Carmen Hammer, Immanuel Stiess, üs. v. Barbara Ege, Dagmar Fink u.a. (Frankfurt: Campus).

Kramer, Peter, 1993, *Listening to Prosac: A Psychiatrist Explores Antidepressant Drugs and the Remaking of the Self* (New York: Viking); dt. *Glück auf Rezept. Der unheimliche Erfolg der Glückspille Fluctin,* 1995 (München: Kösel).

Levy, Steven, 1992, *Artificial Life: The Quest for the New Frontier* (New York: Pantheon); dt. *Künstliches Leben aus dem Computer,* 1993, üs. v. Hans W. Kothe (München: Droemer-Knaur).

Lifton, Robert J., 1993, *The Protean Self: Human Resilience in an Age of Fragmentation* (New York: Basic Books).

Martin, Emily, 1994, *Flexible Bodies: Tracking Immunity in American Culture from the Days of Polio to the Age of AIDS* (Boston: Beacon Press).

Minsky, Marvin, 1987, *The Society of Mind* (New York: Simon and Schuster); dt. *Mentopolis,* 1994, üs. v. Malte Heim (Stuttgart: Klett-Cotta).

Ogden, Thomas H., 1983, »The Concept of Internal Object Relations«. *The International Journal of Psycho-Analysis* 64: 227-41.

Olds, David, 1994, »Connectionism and Psychoanalysis«, *Journal of the American Psychoanalytic Association* 42: 581-612.

Piaget, Jean, 1960, *The Child's Conception of the World,* (Towota, N.J.: Littlefield, Adams); dt. *Aufbau der Wirklichkeit beim Kinde,* 1974, üs. v. Franz v. Sandberger, U. Johann. C. Thirion (Stuttgart: Klett-Cotta).

Rumelhart, D., 1990, »The Architecture of Mind: A Connectionist Approach«, in Michael I. Posner (Hg.), *Foundations of Cognitive Science* (Cambridge: MIT Press).

Turkle, Sherry, 1984, *The Second Self: Computers and the Human Spirit* (New York: Simon and Schuster).

– 1995, *Life on the Screen: Identity in the Age of the Internet* (New York: Simon and Schuster); dt. *Leben im Netz. Identität in Zeiten des Internet,* 1998, üs. v. Thorsten Schmidt (Reinbek: Rowohlt).

Reinhard Isensee

Multiplizität und Identität im Internet

»Der Mensch im Netz«, »Der Digitale Mensch« oder »Lockvogel Onlinespaß« so oder ähnlich spektakulär lauten die Titel von Publikationen, in denen einer breiten Öffentlichkeit hierzulande in jüngster Zeit das Phänomen Internet zur Diskussion dargeboten wird. Überwiegend polemisch angelegt, beschreiben diese Darstellungen das Computernetz als »Cyber-Sintflut«, »Zauberreich aus Bits und Bytes« und »Große Verführung« oder als »Elektronisches Kasperle« und leiten daraus die fast schon drohend anmutende Feststellung ab, daß die digitale Revolution die Welt radikal verändern werde und damit Unbekanntes und Ungeübtes auf das Individuum zukämen. Deshalb – so wird angemahnt – sei die Zeit überreif, sich mit diesem neuen Medium auseinanderzusetzen, seine Funktionen und Konsequenzen für die gesellschaftliche Kulturentwicklung generell und für das individuelle Leben im besonderen zu hinterfragen. Es überrascht nicht, daß diese Diskussion hochgradig emotionsgeladen ist auf einer Palette von überschwänglicher Euphorie bis hin zu tiefgründiger Skepsis, sich konträre Positionen – wie etwa die von Nicholas Negroponte, John Perry Barlow und Sherry Turkle einerseits und Neil Postman, Uwe Jean Heuser, Wolfgang Frühwald andererseits – mit kategorischer Unvereinbarkeit gegenüberstehen wie nur selten geschehen bei Debatten um Fragen von Technologisierung und Kulturentwicklung. Ebensowenig überraschend sind auch die Begründungszusammenhänge, aus denen sich die diametralen Positionen zum Internet oder einer computervernetzten Welt speisen.

Was hier nämlich im Grunde genommen stattfindet, stellt sich im wesentlichen als eine Neuauflage der Debatten um die Leistungen und Grenzen der visuellen Medien und ihren Einfluß auf Konstitution von

Kultur, insbesondere natürlich des Fernsehens, seit den fünfziger und sechziger Jahren dar. Hinter der vorgetragenen Argumentation lassen sich die bekannten Lager ausmachen hinsichtlich jener kulturkritischen Fragestellungen, wie sie sich in den Auseinandersetzungen etwa um Massenkultur, Populärkultur, Kanon in Kunst und Kultur in den letzten Dekaden formiert haben. Andererseits, und das macht m.E. die gegenwärtige Diskussion so spannend, ist das Phänomen des Internets zu einem der fruchtbarsten Felder der Kontroverse in der Postmoderne-Diskussion geworden.[1] Allerdings ist zu fragen, ob und welche dieser Positionen noch greifen angesichts einer rasant voranschreitenden Entwicklung der globalen Computervernetzung, die in ihren Folgen für das Verhältnis von gesellschaftlicher Produktion, Distribution und Rezeption von Kultur auf der einen und individueller Partizipation an dieser Kultur auf der anderen Seite qualitativ von den Übermittlungsträgern des »ersten Medienzeitalters« wie Printmedien, Telefon, Radio, Fernsehen verschieden ist.[2] Für eine kulturkritische Annäherung an das Internet, die über eine pauschalisierende Distanz hinauskommen will, ist deshalb abzuleiten, daß insbesondere die Inhalte und Funktionen der Konstituierung von kulturellen Verhältnissen im Medium Internet (the Culture of the Internet) zu befragen sind hinsichtlich ihres qualitativen Unterschieds zu herkömmlichen Medien.

Von zentralem Erkenntnisinteresse scheint hierbei – das bestätigen neben den eingangs angeführten Beispielen der deutschen Diskussion vor allem auch der in den USA seit Anfang der neunziger Jahre geführte öffentliche wie akademische Diskurs – die Frage nach der Konstituierung von Identität zu sein. Als im Dezember 1993 *The Village Voice* einen Beitrag von Julian Dibbell mit dem spektakulären Titel »A Rape in Cyberspace« (»Eine Vergewaltigung im Cyberspace«) veröffentlichte[3], wurde zum ersten Mal eine breitere amerikanische Öffentlichkeit mit Vorgängen in einem Medium konfrontiert, das bis dahin mehr oder weniger als Spielplatz für adoleszente Computerfreaks wahrgenommen wurde, als eine Art Computerspiel à la Nintendo. Die von diesem Beitrag ausgelöste Debatte jedoch machte die grundlegenden Fragestellungen hinsichtlich der Formation von Identität in diesem Medium überaus deutlich. Worum geht es in diesem Fall, der uns hier als Ausgangspunkt für die Problematisierung

Reinhard Isensee

von Multiplizität und Identität im Internet dienen soll? Die Akteure dieses Ereignisses waren Studenten, die an einer Party in einem virtuellen Raum von LambdaMOO teilnahmen. Allerdings waren sie bei dieser Party nicht physisch präsent, sondern saßen vor ihren Computern in New York und Sydney, von wo aus sie sich in das Geschehen per keyboard einbrachten. Was ist dann ein LambdaMOO, und wie muß man sich die Aktion darin vorstellen? Zunächst einmal ist LambdaMoo eine MUD – eine Multi-User-Dungeon – oder verständlicher gesagt ein interaktives Rollenspiel. Die ersten Varianten von MUDs wurden bereits 1979 an der Universität Essex entwickelt und boten zum ersten Mal die Möglichkeit, daß mehrere Users (Spieler) über dasselbe Computernetz in Kontakt treten konnten. Dieser Kontakt verlief ausschließlich über Texteingaben, die relativ versierte Computerkenntnisse voraussetzten. Ende der 1980er Jahre wurde dann mit der Einführung von MOOs (Object-Oriented MUDs) der Programmieraufwand derart verringert, so daß nun auch der ungeübte Benutzer einen leichten Zugang erlangen konnte.

LambdaMOO ist somit als eine Datenbank (database) zu begreifen, die den Benutzern den durchaus lebendigen Eindruck vermittelt, sie würde sich in einem physischen Raum mit anderen Figuren und Gegenständen bewegen, der tatsächlich jedoch nur in Form von Dateien auf einer hard-drive existiert. Entwickelt wurde LambdaMOO von Pavel Curtis, einem Computerspezialisten der Xerox Company in Palo Alto, USA.

Wie und nach welchen Regeln wird nun Kommunikation in diesen Räumen hergestellt? Die LambdaMOOers entwerfen per Texteingabe entsprechend ihren Vorstellungen mehr oder weniger fiktive Figuren und Objekte oder kreieren ganze Räume, die von den Mitspielern, die gerade LambdaMOO »besuchen«, als schlichte Texte bzw. Symbole sowie als Instruktionen auf dem Computerbildschirm wahrgenommen werden. Durch Kommentare, Gesprächsangebote und eigene Aktivitäten in den jeweiligen Räumen bringen sich die Mitspieler ein und etablieren so eine Gemeinschaft, die ohne zuvor festgelegte soziale Hierarchien und Normen vor allem durch permanente Interaktion auf Kommunikation basiert.

Doch zurück zu unserem konkreten Fall. Eine Figur namens »Mr. Bungle«, die an der Party in einem der virtuellen Räume von Lambda-

MOO teilnahm, nutzte die Gelegenheit, seine sadistischen Phantasien auszuleben, indem er das Konstrukt einer »Voodoo Puppe« so »agieren« ließ, daß sie anderen Mitspielern Aussagen und Handlungen zuschrieb, die diese jedoch nicht in ihren Figuren angelegt hatten. So wurde u.a. – und sichtbar für alle anderen Mitspieler, die sich im Raum (sprich eingeloggt vor ihrem Computer) befanden – einer weiblichen Figur mit dem Namen »Starsinger« zugeschrieben, daß sie immense Freude dabei empfand, sich ein Steakmesser in ihren Anus zu stecken. Oder daß Legba, eine weitere weibliche Figur, sich lustvoll von Mr. Bungle vergewaltigen ließ. Diese Vorgänge lösten bei den Lambda-MOO-Teilnehmern Reaktionen aus, deren Ernsthaftigkeit und Betroffenheit sie selbst bislang für das Medium einer virtuellen Spielwelt nicht für möglich gehalten hatten. Nachdem sich nämlich die »Opfer« »öffentlich« in einer prominenten, von einer großen Anzahl von Internetnutzern gelesenen »mailing list« mit dem Namen »Soziale Probleme – ein Diskussionsforum für Fragen die breite Öffentlichkeit betreffend« zu Wort gemeldet hatten und die Verurteilung der Gewaltakte forderten, entstand eine heftige Kontroverse um den Charakter und die Funktion von LambdaMoo, an der eine große Mehrheit der ca. 1000 »Bewohner« der MOO teilnahmen. Gegenstand dieser Kontroverse war insbesondere die Frage der Etablierung eines sozialen Kodex, der das Zusammenleben im virtuellen Raum bestimmen sollte. Damit verbunden waren Vorstellungen zur Einführung einer administrativen Struktur und Überlegungen zu Formen einer sozialen Organisation der LambdaMOO-Kommune, um zukünftig das individuelle Verhalten und die sozialen Verhältnisse zu regeln.

So wurde also der Fall des Mr. Bungle (der Vergewaltigung ohne Körperkontakt) im virtuellen Raum zum Anlaß, über die politische und im weitesten Sinne sozio-kulturelle Konstitution der virtuellen Welt nachzudenken und dabei die vorhandenen Konzepte und Strukturen der realen Welt nach ihrer Nützlichkeit dafür zu überprüfen. In Gang gekommen war somit überraschenderweise eine Diskussion über die Verfaßtheit kontemporärer gesellschaftlicher Realität und der eigenen Positionierung darin sowie deren Evaluierung aus der Sicht von Individuen, die dieser Realität aus unterschiedlichen Motivationen heraus ursprünglich den Rücken gekehrt hatten.

Was das Beispiel LambdaMOO verdeutlicht, ist ein grundlegender

Reinhard Isensee

Paradigmawechsel in der Art und Weise menschlicher Kommunikation, der so nur von den technologischen Neuerungen des Internets getragen werden kann. Das-Sich-Einlassen auf dieses Medium – über den bloßen Informationsabruf hinaus – bringt zwingend Fragen zum Vorschein, die sich in ihrem Kern immer wieder auf die Problematik der Konstituierung von Identität zurückführen lassen. Eine markante Charakteristik und Voraussetzung der MUDs – und sicherlich auch maßgeblich für ihren Erfolg (inzwischen existieren über 600 solcher Multi-User-Domains mit Hunderttausenden von Spielern) – ist ihre Anonymität. Die Teilnahme an ihnen verlangt in der Regel lediglich die Angabe des Geschlechts, die interessanterweise drei Möglichkeiten zuläßt, nämlich weiblich, männlich und neutrum. Alle weiteren Angaben sind freiwillig und gänzlich der Phantasie der SpielerInnen überlassen. Weit verbreitet ist die Konstruktion mehrerer Figuren, die Träger unterschiedlichster Identitätsmerkmale sein können und beispielsweise in Gestalt von Fabelwesen, Robotern, Tieren oder menschlichen Wesen daherkommen. Entscheidend für die Figurenmerkmale ist somit die jeweilige Intention, die die SpielerInnen aus ihrer eigenen Identitätssituation heraus in das Konstrukt projizieren. Dabei können mehrere Figuren, entworfen von einem einzigen Teilnehmer, gleichzeitig in ein und demselben virtuellen Raum »agieren« oder aber in unterschiedlichen MUDs »wohnen«. Der Reiz des Spiels erwächst vornehmlich aus der Kommunikation und dem Agieren in einem Raum, in dem unterschiedlichste Wesen – sprich Figuren – aufeinandertreffen. Durch diese soziale Interaktion entsteht eine Form der Kommunikation, die die SpielerInnen zugleich und immerfort zu Produzenten und Rezipienten von Text macht und sie veranlaßt, (eigene) Identität(en) ständig neu zu konstruieren. So wird es potentiell möglich, daß die TeilnehmerInnen im virtuellen Leben (VL) Rollenspiele inszenieren, in denen die eigene Identität des realen Lebens (RL) teilweise manipuliert oder gänzlich rekonstruiert wird. Damit bietet das Medium Internet die Möglichkeit, daß MUDders multiple Identitäten ihres Selbst nicht nur konstruieren, sondern mit ihrer Identität spielerisch umgehen und neue Aspekte ihrer Identität »erfahren« können.

Symptomatisch dafür sind insbesondere Praktiken im Internet, die als »gender-swapping« und »virtual cross-dressing«[4] bezeichnet werden. Dabei geben Teilnehmer an einer MUD bewußt ihre Identität als die des anderen Geschlechts an. Auf den ersten Blick scheint dieser Geschlechtertausch nur als aufregendes Spiel zur Befriedigung von Neugier oder auch sexuellen Ambitionen zu dienen, lassen sich doch somit die »intimen« Befindlichkeiten des anderen Geschlechts in Erfahrung bringen bzw. Abenteuer erleben. Wie sich aber zeigt, löst »gender-swapping« – über einen längeren Zeitraum durchgehalten – Prozesse des Nachdenkens über die soziale Konstruktion von »gender« aus. Denn die Aufrechterhaltung des fiktiven Geschlechterstatus zwingt sehr bald zu einer Auseinandersetzung mit solchen Fragen wie etwa den Zusammenhang von Geschlecht und Sprache, der Spezifik kommunikativer Strategien, der Konfliktdarstellung und -bewältigung oder der Interpretation geschlechtsspezifischer Erfahrungen. Insbesondere ist dies der Fall, wenn sich auf der Basis von »gender-swapping« länger anhaltende Beziehungen entwickeln.

Garrett zum Beispiel, ein 28jähriger Computerprogrammierer, stellt die Motivation für seine Teilnahme an einer MUD als weibliche Figur und seine Schlußfolgerungen wie folgt dar:

> Ich wollte mehr wissen über die Erfahrungen von Frauen, nicht nur, indem ich darüber las... Ich wollte erfahren, was diesen Unterschied ausmacht. Ich wollte das Experiment mit der anderen Seite... Ich wollte kooperativ und hilfreich sein und dachte, es sei einfacher als Frau. Als Mann war ich erzogen worden, mein Territorium zu verteidigen und konkurrenzfähig zu sein. Ich wollte etwas Neues ausprobieren. In gewisser Hinsicht fühlte ich wirklich, daß die typisch weibliche Art der Kommunikation produktiver ist als die männliche, bei der immer die Konkurrenz eine Rolle spielt.[5]

Ausgenommen vom Geschlechtertausch bleibt natürlich auch nicht »virtueller Sex«, der sich im Internet selbstredend körperlos vollzieht, nämlich als Beschreibungen physischer Handlungen und als verbale Emotionsäußerungen. Termini wie »electronic lover«, »online affair« oder »virtuelle Untreue« verweisen einerseits auf die Tatsache, wie sehr gerade hierbei die moralischen Maßstäbe mit denen des realen Lebens (RL) korrespondieren. Andererseits unterminiert aber das Phänomen Sexualität im Internet (wohlgemerkt ist hier nicht die Rede von pornographischem Material, das über das Internet vertrieben wird) traditionelle Vorstellungen, indem es u.a. die Frage nach dem Verhältnis von Physis und Psyche und Sexualität aufwirft. »Gender-

Reinhard Isensee

swapping« in der virtuellen Welt des Internets bezieht seine Attraktivität für die TeilnehmerInnen zunächst aus dem Umstand, daß individuelle Probleme hinsichtlich der Akzeptanz von Femininem und Maskulinem in der eigenen Persönlichkeit dargestellt und »erlebt« werden können; zugleich befördern diese Praktiken aber auch ein Poblembewußtsein über die Bedeutung von »gender« für soziale Interaktion.

Es stellt sich in diesem Kontext natürlich die Frage, inwiefern sich diese Rollenspiele im Internet von denen in der realen Welt unterscheiden. In beiden Fällen scheint das Ziel sich zu gleichen, nämlich – grob formuliert – der (bewußte) zielgerichtete Einsatz von Kommunikationsstrategien zur Durchsetzung individueller Interessen im weitesten Sinne. Des weiteren scheint ebenso eine Analogie zwischen MUDs und psychotherapeutischen Milieus unbestritten.[6] Im Unterschied zu den Rollen der realen Welt, die entsprechend ihrer Funktion für die Durchsetzung individueller Bedürfnisse und Interessen ständig wechseln können, sukzessive und zeitlich eher begrenzt eingenommen werden, zeichnen sich die in der virtuellen Welt durch die folgenden Merkmale aus: Kontinuität, Anonymität und Multiplizität. Im Internet kann eben die einmal angenommene Rolle zeitlich unbegrenzt gespielt werden, solange andere Teilnehmer sich im virtuellen Raum »befinden«. Zweitens entwerfen die Spieler der »virtuellen community« »Identitäten«, die oft gänzlich verschieden von ihrer tatsächlichen Persönlichkeit sind, und sie bleiben damit anonym, können also auch nicht wie im realen Leben – verantwortlich für ihr »Handeln« gemacht werden. Schließlich verlieren auch äußere Persönlichkeitsmerkmale der TeilnehmerInnen selbst ihre Bedeutung für das Rollenspiel im Internet, sie sind in diesem Sinne unsichtbar und können sich »traditionellen« Rollenmustern entziehen. Drittens ermöglicht virtuelles Rollenspiel, daß multiple Figuren kreiert werden, die verschiedene Seiten der eigenen Identität nicht nur darstellen, sondern diese in der Interaktion mit den Figuren anderer SpielerInnen »durchspielen«. Multiplizität wird durch das Internet konkreter und »erfahrbarer« als im Rollenspiel außerhalb der Computernetze.

Insofern also können MUDs betrachtet werden als Kontexte für die Konstruktion und Rekonstruktion von Identität, indem traditionelle Konzepte nicht nur in Frage gestellt, sondern neue Modelle

»getestet« werden. In diesem Zusammenhang bezeichnet etwa Sherry Turkle, Soziologin am Massachusetts Institut of Technology, MUDs als »identity workshops«[7], die Anthropologin Emily Martin beschreibt in ihrem Buch *Flexible Bodies* (1994) derartige Erfahrungsfelder als »flexibility practicums«.[8]

Die lebhaften Diskussionen, die derzeit um das Internet und seine kulturellen Funktionen geführt werden, thematisieren zu Recht die Frage, warum eine wachsende Zahl von Menschen sich diesem Medium zuwenden und sich von den vorhandenen Strukturen und Institutionen gesellschaftlicher wie individueller Kommunikation abwenden. Gefragt wird nach den Defiziten dieser traditionellen Strukturen, nach ihrem Verlust an Attraktiviät und Leistungspotential. Der Verlauf dieser Diskussion hat gezeigt, daß die Auseinandersetzung um Erklärungsmodelle für die sogenannte Digitalisierung westlicher Gesellschaften am Ende des 20. Jahrhunderts besonders von der Postmoderne-Debatte aufgegriffen bzw. getragen wird. Im Rückgriff auf die Theorien des Poststrukturalismus und Postmodernismus von Jacques Lacan, Michel Foucault, Gilles Deleuze und Felix Guattari, die bereits in den sechziger und siebziger Jahren die Beziehung zwischen Körper und Verstand/Geist mit besonderem Blick auf die Rolle von Sprache bzw. Zeichen thematisierten, wird argumentiert, daß das Zeitalter des Internet und die in ihm wirkenden qualitativ neuen Bedingungen der Subjektkonstituierung die gesellschaftliche Praxis gewordene Bestätigung der Axiome dieser Theorien darstelle. Das Subjekt erweist sich in der virtuellen Welt der MUDs als multiple, fragmentierte und durch permanente Interaktion konstruierte Identitäten, die durch sprachliche Zeichen formiert und transformiert werden. Im Gegensatz zu den zentralen Konzepten des Modernismus wie Hierarchie, Homogenität, Universalität und Stabilität wird die digitalisierte Gesellschaft als postmoderne Situation begriffen, die sich eben durch das Fehlen von universellen Wahrheiten und die Instabilität von Bedeutungen auszeichne. In eben diesem Argumentationszusammenhang erlangt die Problematik von (postmoderner) Identität als Multiplizität besondere Relevanz für die Erkundung und Interpretation des Phänomens Internet.

Ausgehend von der These, daß unitaristische und homogene Konzeptionen zur adäquaten Beschreibung des Individuums im Zeitalter

Reinhard Isensee

der postmodernen oder postindustriellen Gesellschaft nicht mehr greifen, thematisiert z. B. Sherry Turkle wie Identität denn sinnvoll als zugleich multipel und kohärent erklärt werden könne.

Denn, so ihre Argumentation, ohne jegliche Kohärenz erweise sich Multiplizität als kontraproduktiv, weil sie durch Konfusion letztendlich zur Immobilität des Individuums führe.[9] In Beantwortung ihrer Frage schlägt sie als Erklärungsmodell das Internet vor, insbesondere das Element der Homepage.

Homepages werden gleichermaßen als persönliche elektronische Visitenkarten von Netzteilnehmern im World Wide Web mit dem Ziel erstellt, sich gewissermaßen ein Domizil in der virtuellen Welt zu schaffen, indem entsprechend den individuellen Interessen Wörter, Symbole, Bilder und auch Klänge mit einem bestimmten Design konstruiert werden. Indem nun diese Informationen mit weiteren, schon auf dem Netz vorhandenen Seiten, verbunden, also »links« hergestellt werden, entsteht im Ergebnis ein Konstrukt, das Identität in seiner Konstruiertheit oder »Vernetzung« mit den unterschiedlichsten Homepages anderer Individuen oder Gruppen, Organisationen, mit vielfältigen kulturellen Bedürfnissen (in Form von »links« zu Fotos, Musik, Literatur oder Sport, Mode, anderen Städten, Ländern etc.) für die »Besucher« (visitors) sinnfällig macht. Demnach können Homepages als markante Manifestation für das Austragen des Spannungsverhältnisses von Multiplizität und Kohärenz postmoderner Identität gelesen werden.

Von einem anderen Blickwinkel nähert sich Mark Poster der Frage von Identität und Postmoderne. Wenn er etwa in seinem Buch *The Second Media Age* (1996) argumentiert, daß das postmoderne Subjekt durch den Mechanismus der Interaktivität konstituiert werde[10], so leitet er dies aus den grundlegenden Veränderungen der Kommunikationsbedingungen im »zweiten Medienzeitalter« (der elektronischen Kultur) her. Während die sogenannte Printkultur das Individuum (Leser und Autor) als ein Subjekt konstituiert, das charakterisiert ist durch eine relativ stabile Identität, befördert elektronische Kultur dagegen die Formation eines Individuums, das sich durch eine instabile und multiple Identität auszeichnet. Nicht nur ist nunmehr die Kluft zwischen Autor und Leser aufgehoben und verlieren die Konzepte von Autorität und Legitimation an Bedeutung, sondern der Text selbst gewinnt für den Benutzer den Status eines Experimentierfeldes, auf dem die Zeichen neu und nach eigenem Ermessen zugeordnet werden. Auf diesem Wege entstehen neue Formen des Dialogs sowie von Beziehungen, die – wie am Beispiel der MUDs zu sehen – eine große Anzahl von Menschen in sogenannten virtuellen Kommunen verbindet. Im Ergebnis übernimmt das Internet so die Funktion der Multiplikation von »Realitäten«, die das Subjekt in der existierenden Gesellschaft erfährt.

Diese neuen Beziehungen, die Menschen freiwillig und ohne soziale Zwänge in der virtuellen Welt des Netzes eingehen, scheinen m.E. für die Identitätsproblematik von besonderem Interesse zu sein, weil sie der weitverbreiteten Skepsis begegnen, daß das Internet Tendenzen der Atomisierung der Gesellschaft und der Isolierung des Einzelnen forciere. Ohne Zweifel ist die Vorstellung von Kommunikation, die ausschließlich via Computer stattfindet, beängstigend. Ich denke aber, daß sich die Frage so nicht stellt, sondern daß es vielmehr darum geht, die Chancen des neuen Mediums für das Knüpfen neuer Arten von Gemeinschaften zu beleuchten und seine Kompensationsfunktion für verlorengegangene soziale Bindungen zu erklären.

In seinem Buch *The Virtual Community* (1993) hat Howard Rheingold ausführlich diese virtuellen Gemeinschaften beschrieben und herausgestellt, daß deren Mitglieder trotz des technischen Werkzeugs Computer und trotz realer räumlicher Distanz emotionale Bindungen entwickeln, die vergleichbar mit denen der realen Welt sind. Im Gegensatz zu den Skeptikern des Medienzeitalters betrachtet er das weltweite Computernetz eher als eine Brücke, um Individuen zu verbinden.[11] Die Attraktivität von virtuellen Gemeinden wird vornehmlich aus dem Bedürfnis der Beteiligten nach sinnvollen Beziehungen erklärt, die sie in ihren Lebenswirklichkeiten nicht oder nur schwer herzustellen vermögen. Für die amerikanische Gesellschaft leitet Rheingold diese Defizite sozialer Kommunikation zum einen aus dem quantitativen Rückgang der öffentlichen Begegnungsräume zugunsten von suburbanen und kommerzialisierten Einkaufs- und Unterhaltungskomplexen der *Malls* ab. Zum anderen führt er sie zurück auf den weitgehenden Zusammenbruch eines »intelligenten öffentlichen Diskurses«, der zurückgedrängt wurde durch die Dominanz von Fernsehen, Werbung und Kommerz.[12] Dagegen erweisen

Reinhard Isensee

sich die MUDs, MOOs und die »discussion groups« im Internet als Alternative, können sie sich doch dem ökonomischen Verwertungsdiktat (noch) entziehen. In diesem Sinne schlußfolgert z. B. Dale Daugherty, selbst Verleger einer elektronischen Zeitschrift (»Global Network Navigator«), über den alternativen Charakter des Computernetzes, wenn er sagt:

> Das Netz ist wie ein boomender Ort im alten Westen... Die Regeln sind noch nicht festgelegt. Mit dem Fernsehen ist es so, daß Dich da Menschen kontrollieren. Hier [im Netz] bist Du auf Dich selbst gestellt.[13]

Ausschlaggebend für die Entstehung von Gemeinschaften und Beziehungen im virtuellen Raum ist also nicht mehr der Wohnort, sondern sind in erster Linie die Interessen und Bedürfnisse der partizipierenden Individuen. Damit werden zugleich die Muster traditioneller urbaner Strukturen durchbrochen, denn in der online-Kommune wohnt der beste Freund oder die beste Freundin nicht mehr nebenan oder in der nächsten Straße, sondern in einer anderen Stadt, einem anderen Land oder womöglich auf einem anderen Kontinent. Jedoch sind physische Begegnungen von Mitgliedern einer virtuellen Gemeinschaft nicht ausgeschlossen. Im Gegenteil, es existieren eine Reihe von sogenannten »Konferenzen« im Netz (wie z.B. WIRED oder WELL), die zu gegenseitigen Treffen in der realen Welt ermuntern.[14] Dieser Rückbezug auf den öffentlichen Raum der realen Gesellschaft und damit die Kopplung von realer und virtueller Gemeinschaft wird im übrigen auch in umgekehrter Richtung praktiziert, zum Beipiel im Modell der Internet-Cafés, in denen zugleich traditionelle und elektronische Beziehungen zwischen Individuen oder Gruppen hergestellt werden können.

Wenn eingangs skizzenhaft die Positionen der gegenwärtigen Internet-Kritik dargestellt wurden, so sollte damit zugleich darauf verwiesen werden, daß das elektronische Medium eine höchst produktive Debatte über nationale Grenzen hinweg in Gang gesetzt hat über die Konstitution kontemporärer Gesellschaften. Die Auseinandersetzung mit dem Phänomen des Netzes und dem Platz des Individuums darin (Konnotationen von »Netz«) wirft so Licht auf brisante Fragenkomplexe, die prononciert die möglichen und unterschiedlichen Richtungen gesellschaftlicher Entwicklung am Ende des 20. Jahrhunderts thematisieren. Angesprochen sind dabei nicht zuletzt Konzeptionen von Demokratie (beispielsweise »electronic democracy«) und Partizipationsspielräume für das Individuum als Bedingung für Identitätsentfaltung. Sie betreffen Fragen der materiellen und ideellen Bildungsvoraussetzungen und der (Internet-)Ethik ebenso wie die Problematik des Zugangs. Dabei spielt z.b. eine besondere Rolle, daß die englische Sprache das Internet dominiert.

Und schließlich – und darauf hat Marshall McLuhan bereits vor mehr als dreißig Jahren mit seiner Vision vom »global village« aufmerksam gemacht – unterminiert die »virtuelle Welt« des Netzes auf radikale Weise die Konzepte vom Nationalstaat und von Nationalkultur. Die Antworten auf diese Fragen hängen letztlich davon ab, ob und in welchem Maße wir uns auf den Computer und die digitalen Räume der bits und bytes einlassen und sie als Vehikel der Projektion und Reflexion unserer eigenen realen Welt begreifen.

Anmerkungen

1 insbesondere sind hier zu nennen: Poster, Mark, 1996, *The Second Media Age* (Cambridge: Polity Press) und Turkle, Sherry, 1995, *Life on the Screen: Identity in the Age of the Internet* (New York: Simon and Schuster); dt. *Leben im Netz. Identität in Zeiten des Internet*, 1998, üs. v. Thorsten Schmidt (Reinbek: Rowohlt).
2 Poster 1996.
3 Dibbel, Julian, 1993, »A Rape in Cyberspace«, in *Village Voice*, 21. 12.: 36-42.
4 Turkle 1995, 212f.
5 ebd., 216 (üb. v. Verf.).
6 Turkle, Sherry XX, »Constructions and Reconstructions of the Self in Virtual Reality«, *Internet-Manuskript*, 7.
7 ebda, 3.
8 Martin, Emily, 1994, *Flexible Bodies* (Boston: Beacon Press), 161f.
9 Turkle 1995, 258.
10 Poster 1996, 32.
11 Rheingold, Howard, 1993, The Virtual Community (Readind: Addison Wesley), 1.
12 Schwartz, Evan, 1996, »Looking for Community on the Internet«, in *American Studies Journal* 39:12.
13 ebd.
14 Belson, David, 1994, *The Network Nation Revisited* (Stevens Institute of Technology, BA-Thesis), 26.

Ian Hacking

Kindesmißbrauch –
Geschichte eines Diskurses

Viele böse Taten geschehen in der Öffentlichkeit. Von ihnen ist Völkermord sicher die schrecklichste. Andere böse Taten sind privat: ein Mensch mißhandelt einen anderen oder fügt sich selbst Verletzungen zu. Die schlimmste aller privaten Untaten ist nach unserem heutigen Urteil der Kindesmißbrauch. Ihm wollen wir Einhalt gebieten und wissen doch, daß uns das nicht völlig gelingen kann. Das Schlechte im Menschen (oder die Krankheit, je nachdem, wie man Mißbrauch versteht) verschwindet nicht einfach. Trotzdem müssen wir so viele Kinder wie möglich schützen. Und die, die bereits verletzt worden sind, wollen wir finden, heilen und betreuen. Wer heute nicht so denkt, ist beinahe schon ein Monster.

Dieser moralischen Wahrheit sind wir uns so sicher, daß wir uns selten fragen, was Kindesmißbrauch eigentlich ist. Wir wissen, daß wir ihn nicht begreifen. Wir können uns nicht vorstellen, was Menschen dazu bringt, Kinder zu quälen. Aber wir haben ein eindeutiges Gespür für das, was wir unter Kindesmißbrauch verstehen. Deswegen wird es überraschen zu erfahren, daß allein schon die Definition von Kindesmißbrauch seit den letzten dreißig Jahren ständig in Fluß ist. Unser heutiges Konzept vom Mißbrauch eines Kindes hat früher nicht einmal existiert. Sicherlich erleiden Kinder heute viele derselben schrecklichen Dinge wie vor einem Jahrhundert. Aber wir haben, beinahe ohne es zu merken, unsere Definitionen von Mißbrauch geändert und dementsprechend unsere Werte und Moral revidiert.

Das ist nicht weiter schlimm. Daß wir unsere Wertvorstellungen immer wieder verfeinern und uns neue Probleme nachhaltig bewußt machen, ist eine der attraktiveren Eigenschaften der westlichen Zivilisation. Optimistisch gesehen ist es das, was Norbert Elias den »Zivilisationsprozeß« nennt. Wir haben viel neues über Kindesmißbrauch gelernt, nicht nur durch das Aufdecken der grauenhaften Tatbestände, sondern auch durch eine Klärung unserer Vorstellungen und das Schärfen unserer moralischen Sensibilität. Dieser Fortschritt ist anders als das Erlangen von besseren Konzepten zu Multipler Sklerose oder dem Gen, denn er ist keine einfache Annäherung an die ewige Wahrheit des Gegenstandes. Der Unterschied liegt darin, daß sich, während wir Theorien über sie entwickeln, die Menschen und ihr Verhalten ändern. Kinder erfahren ihren Schmerz anders. Sie entwickeln mehr Bewußtsein davon, wann und wie emotionaler und sexueller Mißbrauch schmerzhaft ist; sie erkennen Ereignisse als Mißbrauch an, die sie früher ignoriert oder verdrängt hätten. Das Leiden wird vielleicht durch seine Beachtung vergrößert, oder vielleicht sorgt die Beachtung am Ende für weniger Leid. Wie dem auch sei, die Erfahrung von Mißbrauch hat sich geändert. Ebenso ist das eigene Gefühl der Täter über das Was und Wie ihrer Taten nicht mehr das, was es vor dreißig Jahren war. Neue Arten von Menschen tauchen auf, auf die unser frisch erworbenes Wissen nicht paßt, weniger, weil unser letztes Wissen falsch wäre, sondern wegen des Feedback-Effekts: Es gibt keine Wahrheit über den Gegenstand, die bei ihrer Entdeckung Wahrheit bleibt; denn sobald sie als wahr anerkannt und zum Allgemeinwissen wird, verändert sie genau die Individuen – Kinder und Mißbraucher – über die sie die Wahrheit aussagen soll.

In der letzten Zeit hat es eine Reihe von Stellungnahmen zur sozialen Konstruktion von Ideen gegeben, von denen manche die Idee des Kindesmißbrauchs betreffen.[1] Ich interessiere mich weniger für die Konstruktion der Idee des Kindesmißbrauchs als dafür, wie wir, wie ich an anderer Stelle schrieb, unkritisch und spontan »Menschen erfinden« (»make up people«).[2] Die Anspielung auf die Label-Theorie ist durchaus beabsichtigt: Menschen werden davon beeinflußt, wie sie genannt werden, und was noch wichtiger ist, von der verfügbaren Klassifizierung, innerhalb derer sie ihre eigenen Taten beschreiben und ihre eigenen beschränkten Entscheidungen treffen können. Menschen handeln und entscheiden abhängig davon, wie sie und ihre Handlungen beschrieben werden, deswegen führt das Aufkommen

Ian Hacking

neuer Möglichkeiten der Beschreibung neue Handlungen mit sich. Dies beeinflußt nicht nur die Handlungen, sondern wiederum auch deren Klassifikation. Weil Menschen sich je nach ihrer Klassifikation anders verhalten – weil wir uns, je nachdem, wie wir uns unsere Handlungen vorstellen, anders verhalten –, müssen die Beschreibungen und Klassifikationen ihrerseits modifiziert werden.

Kindesmißbrauch ist ein gutes Beispiel für dieses Thema, aber seine Aktualität ist gefährlich. Kindesmißbrauch löst heftige Gefühle aus. Seine Geschichte entwickelt sich von Tag zu Tag weiter. Oft wird über lange Zeitspannen hinweg wöchentlich ein neues Fernsehereignis zum Thema präsentiert. Als ich dies hier zu schreiben begann, gab es eine Sendung über eine frisch geschaltete britische Hotline für mißbrauchte Kinder, die dermaßen mit Anrufen überflutet wurde, daß man glauben mochte, jedes zehnte britische Kind würde mißbraucht. Direkt darauf folgte auf dem US-amerikanischen Sender ABC der Bericht der Woche, »Mißhandelte Kinder«, der auf die moralischen Probleme von Ärzten aufmerksam machte, die »als erste die Zeichen des Mißbrauchs zu sehen bekommen«. Kindesmißbrauch war gerade zum Thema von Comics geworden. In *Spiderman*, *Rex Morgan* und *Gasoline Alley* gab es Folgen dazu, und *Mary Worth* spielte mit dem Thema. Von *Spiderman* kam dann ein Sonderheft heraus, das an Millionen von Schulkindern verteilt wurde. Noch wichtiger ist vielleicht, daß jede Gemeinde auf dem amerikanischen Kontinent ihre eigene kleine Folge lokaler Horrorgeschichten hat.

In einer früheren Version dieses Aufsatzes von vor vier Jahren schrieb ich angesichts des öffentlichen Interesses von Kindesmißbrauch: »Und nächste Woche? Ich weiß es nicht, aber ich kann mit Sicherheit voraussagen, daß es eine Menge mehr darüber zu sagen geben wird«. Das war unangebracht bescheiden. Man konnte genauere Voraussagen anstellen, oder jedenfalls richtig erraten. Hier einige Beispiele für Sachen, die man vorhersehen konnte: das anhaltend gewaltige Befreiungsgefühl, das Frauen erfahren und artikulieren können, seit sie endlich die Möglichkeit haben, Einzelheiten des sexuellen Mißbrauchs durch ihre Eltern freizulegen. Ebenso war leicht zu erraten gewesen, daß Anschuldigungen rituellen Mißbrauchs und satanischer Riten sich wie ein erfolgreicher Geheimtip von Stadt zu Stadt verbreiten würden.

Genauere Vorhersagen betreffend war ich sicher, daß das teuerste und in vielen Aspekten schrecklichste Gerichtsverfahren über Kindesmißbrauch, das der McMartins in Manhattan Beach (Los Angeles), mit einem Freispruch enden würde.[3] In Neufundland ist eine ganze Priestergruppe des sexuellen Mißbrauchs, vor allem an Jungen, schuldig befunden worden, und es wurde festgestellt, daß Jahrzehnte lang ein von den Christian Brothers in Mount Cashel geleitetes Heim für Jungen der Schauplatz blutiger Prügel und sexueller Unzucht durch die Betreuer war. Der Erzbischof der Diözese war davon seit langem unterrichtet gewesen (er bot im Juli 1990 dem Papst seinen Rücktritt an). Nichts hiervon war wirklich überraschend. Jedem, der nur ein bißchen Bescheid wußte, war klar, daß beim Klerus von Neufundland katastrophale Dinge geschahen, die bald an den Tag kommen würden. Nach einem Treffen des ad hoc zusammengesetzten Komitees zum Kindesmißbrauch der kanadischen katholischen Bischofskonferenz erfahren wir gelangweilt, daß »es keinen Grund gibt, von einer Verbindung zwischen Mißbrauch und Zölibat auszugehen.« Was mich empört, ist die Stellungnahme eines anderen Mitglieds des Ad-hoc-Komitees, das anstelle der schuldigen Priester die »Gewalt in der Gesellschaft« verantwortlich macht: »Die Situation ist dermaßen schlimm, daß sogar Geistliche zum Mißbrauch greifen«.[4] Diese Art von Entschuldigung hatte ich nicht erwartet.

Viele Ereignisse waren jedoch völlig unvorhergesehen: zum Beispiel die spezielle Art von Skandal, die Großbritannien erschütterte. Die öffentliche Reaktion auf den McMartin-Fall in Amerika wirkt verglichen mit England auf dem Gipfel der »Cleveland-Affaire« geradezu zurückhaltend. Anders als alle früheren Mißbrauchs-»Ereignisse« außerhalb der Vereinigten Staaten hatte dieses ein ganz eigenes Gesicht, das nicht nach amerikanischem Muster gestrickt war. Ein 1986 in *Lancet* erschienener Artikel empfahl als gerichtsmedizinische Technik, die mögliche Unzucht an Säuglingen und Kindern anhand von Aftererweiterungen festzustellen. Zwei Kinderärzte in einer Arbeiterregion in Nordostengland bauten ihre Begründung zum Teil auf erweiterte After auf, als sie in 121 Fällen erreichten, daß Eltern das Sorgerecht für ihre Kinder entzogen wurde. Boulevardpresse und Politiker entrüsteten sich lautstark über diese Experten, die die britische Familie zerstörten und das Gesetz willkürlich an sich

Ian Hacking

rissen. In Amerika provoziert ein Mißbrauchsskandal unermeßliche Wut auf den Angeklagten; in Britannien waren es die Kinderärzte und Sozialarbeiter, die bitter gehaßt wurden. Allein wegen dieses einen Falls verdoppelte sich die Anzahl der Wörter, die im Vereinigten Königreich über Kindesmißbrauch gedruckt wurden.⁵ Auch diese Ereignisse in England, sagte man, waren Katastrophen, die »passieren mußten«, aber niemand hätte vorhersehen können, daß Aftererweiterung im Zentrum der öffentlichen Empörung stehen würde, niemand hätte die Intensität der hervorgerufenen Wut vorhersagen können.

In den USA konnte man 1986 verschiedene Formen des Backlash und der Ausgabenkürzungen eindeutig vorhersagen. Trotzdem hatte ich gedacht, daß Erziehungsprogramme für kleine Kinder, in denen sie Mißbrauchssituationen früh erkennen lernen sollten, nach wie vor gefragt wären. Ich hatte nicht im geringsten vermutet, daß Kalifornien 1990 all diese Programme abschaffen würde – mit der angeblich »Piagetschen« Begründung, daß kleine Kinder noch nicht das Entwicklungsstadium erreicht hätten, in dem sie den Inhalt der Programme verstehen könnten.⁶

Ich erwähne diese sensationellen oder medienbeeinflußten Episoden als Erinnerung daran, daß man den Debatten um Kindesmißbrauch nicht entrinnen kann. Was geschieht hier? Geht es darum, daß uns unablässig das objektive Übel in unserer Mitte bewußtgemacht wird, das wir so gut und lange ignoriert haben? Es gibt viele gründliche Sozialkonstruktivisten – Denker, die sich der Idee verpflichtet haben, daß Kategorien und Klassifikationen soziale Konstruktionen sind –, die dennoch dagegen rebellieren, Kindesmißbrauch unter dem Ansatz von »Menschen erfinden« (»make up people«) zu betrachten. Diese sonst so kompromißlosen Nominalisten machen geltend, daß Kindesmißbrauch *wirklicher* Mißbrauch sei, der endlich nach jahrelangem Verdunkeln enthüllt würde. Dem widerspreche ich ja gar nicht. Meiner Meinung nach hat die Kindesmißbrauchsbewegung die wertvollste, aber auch entmutigendste Bewußtseinsschärfung erwirkt, die in meiner Lebenszeit stattfand und weiterhin stattfindet. Sie hat die Scheinwerfer eingeschaltet und die Spiegel auf uns gerichtet. Und die Verzerrung ist gar nicht so groß.

Trotzdem stimmt es, daß 1960 niemand auch nur eine Ahnung davon haben konnte, was 1990 als Kindesmißbrauch gelten würde. Es ist nicht so, daß wir mit einer klaren Vorstellung von dem Übel, das wir aufspüren wollten, losgegangen wären und weitaus mehr gefunden hätten als vermutet. Inzwischen haben wir eher zu viel Vertrauen in unsere Litanei der Grausamkeiten, die in die Kategorie »Kindesmißbrauch« fallen, dennoch sollten wir nicht vergessen, daß manche dieser Taten vor drei Jahrzehnten noch nicht einmal als besonders schlimm angesehen wurden. Im folgenden bin ich gelegentlich etwas skeptisch oder ironisch – nicht über die Versuche, den Kindern zu helfen, sondern über den blinden Glauben an die Wahrheit des Gegenstands, an eine objektive Wahrheit, die zu finden und anzuwenden unsere Aufgabe sein soll. Ich bin in keinster Weise daran interessiert, einen allgemeinen Skeptizismus zu nähren. Aber in diesem Fall kann er ratsam sein.

Was Kindesmißbrauch am meisten auszeichnet, wenn man sich nach vier Jahren wieder mit ihm beschäftigt, ist das durchdringende Gefühl von Depression.

> Washington, 27. Juni – Ein von der Regierung eingesetzter Ausschuß von Experten der Jugendfürsorge ist zu dem Schluß gekommen, daß »Kindesmißbrauch und -vernachlässigung in den USA heute einen nationalen Notstand darstellen« und kritisierten »das Fehlen einer effektiven Reaktion der Nation«.[7]

1990 ist diese Aussage eher seltsam. Das Gefühl von Notstand gab es bereits vor fünfzehn Jahren – nach vorangegangenen fünfzehn Jahren unermüdlicher Agitation durch anfänglich kleine Interessengruppen. Und das Gefühl von Notstand war sehr fruchtbar. Neue Methoden, neue Behörden, neue Gesetze, eine neue Kindererziehung, neue Informationen für die Eltern, neue Therapien und vor allem neues und zunehmendes Wissen sollten die Welt verändern. Als 1981 1,1 Millionen gemeldeter Fälle von Kindesmißbrauch und -vernachlässigung bekannt wurden, war das ein Schock. Um so wichtiger wurde es, aktiv zu werden. Aber 1989 wurden 2,4 Millionen Fälle gemeldet, und selbst wenn diese Verdoppelung ausschließlich auf eine bessere Meldepraxis zurückzuführen wäre, so kommt sicher niemand auf den Gedanken, daß das Auftreten von Kindesmißbrauch seit 1975 abgenommen hätte. Diese Depression spüren nicht nur die hochdotierten Ausschüsse.

Ian Hacking

Man spürt sie auch in der Praxis, wo müde, überarbeitete und unzureichend ausgebildete Sozialarbeiter am liebsten aufgeben würden. Wenn wir nur mehr Leute hätten, mehr Zeit!

Aber was hätten wir von mehr Leuten und mehr Zeit, wenn nicht mehr Fälle von Kindesmißbrauch? Wissen ersetzt Wissen auf recht launische Art. Wie ich schon erwähnte, schaffte Kalifornien sein Präventionstraining gegen Angriffe auf Kinder ab. Es war eingeführt worden, weil man recht gut wußte, wie man Kindern Wachsamkeit beibringen konnte. Jetzt behauptet ein anderes Wissen, das auf einer anderen Psychologie basiert, daß Kinder noch nicht die Konzepte haben, mit denen sie die nötigen Unterscheidungen treffen können; das Programm war pädagogisch unsolide. Und kann nicht die nächste Studie, eine schöne, breit angelegte Studie, festsetzen, wie wir das Problem in den Griff bekommen? Wir ertrinken in inkonsequenten Studien. Als 1976 die Zeitschrift *Child Abuse and Neglect* gegründet wurde, war sie zwar voller schrecklicher Meldungen, aber selbstsicheren Wissens. Heute klingen die Artikel ganz anders. Die Kindesmißbrauch-Bewegung ist heute in vielen Dingen deprimierter als sie es in den letzten dreißig Jahren war.

Es ist nicht meine Absicht, das Übel Kindesmißbrauch zu verstehen. Es geht mir nicht darum, ihn zu erklären oder zu begründen, obwohl ich hier für einen Schritt des Abstands plädiere, ein skeptisches Hinterfragen, ob wir die richtigen Vorstellungen von Erklärung, Ursache und Wissen haben. Ich fühle mich nicht als Sozialhistoriker, der das plötzliche Interesse an Kindesmißbrauch in den USA der sechziger Jahre und seine anschließende Entwicklung erforschen will. Einen Teil dieser Geschichte werde ich vielleicht wiedergeben, weil sie zumindest die Oberfläche des Erfindens und Gestaltens von Kindesmißbrauch ist und wir sie deshalb als Quelle brauchen. Meine Absicht ist nicht die eines Politikwissenschaftlers oder Erforschers moralischer Bewegungen, der die Mechanismen nachweisen will, nach denen Themen Form annehmen, blühen und welken.[8] Ursprünglich wollte ich menschliches Verhalten untersuchen, das radikalen Veränderungen ausgesetzt ist, so daß wir erkennen können, wie Menschen geformt und gestaltet werden. Die menschliche Gattung unterscheidet sich meiner Ansicht nach von den natürlichen Gattungen der Philosophie, weil sie mit genau den Wesen, auf die sie sich bezieht, gleichzeitig interagiert.[9]

Wissen beginnt mit Klassifizieren, Zuordnen, Verknüpfen, mit Spekulationen über Ursache und Wirkung. Das deprimierende Unbehagen an der Arbeit über Kindesmißbrauch ist zum Teil die Folge falscher Erwartungen und falscher Konzeptionen des Wissens, das die Basis für Handlung darstellen soll. Was also als eher abstrakter Versuch über menschliche Gattungen begann, ist momentan viel stärker in die Richtung der Praxis gewandert. Denn ich glaube, die Depression kommt zum Teil von Bemühungen her, die auf falschen Vorstellungen von Wissen und von der Kausalität menschlicher Verhältnisse beruhen.

Vor allem möchte ich die Dehnbarkeit der Vorstellung von Kindesmißbrauch hervorheben. Wie ich detailliert zeigen werde, ist Kindesmißbrauch kein feststehendes Konzept. Was wir heute unter Kindesmißbrauch verstehen, gibt es erst seit dreißig Jahren, während derer es, besonders in den USA, im Zentrum intensiven Interesses stand. Davor hat es eine Reihe voneinander getrennter Vorstellungen gegeben, die sich zwischen Gewalt gegen Kinder und Belästigung von Kindern bewegten. Trotzdem war, von gelegentlichen skandalösen Gerichtsfällen abgesehen, das öffentliche Interesse an diesen Dingen in den Jahren von 1912 bis 1962 gering. Seit 1962 verändert sich die Kategorie der Taten, die unter die Rubrik »Kindesmißbrauch« fallen, im Rhythmus von zwei Jahren. Wer sich nicht auf dem laufenden gehalten hat, ist heute erstaunt, daß die wichtigste Konnotation von Kindesmißbrauch die des sexuellen Mißbrauchs ist. Andererseits sind diejenigen, die frisch dazugekommen sind, erstaunt, wenn sie erfahren, daß Kindesmißbrauch früher mit Röntgenaufnahmen heilender Knochen von Dreijährigen begann.

Verbindungen

Vor der Wiedergabe dieser Konzeptgeschichte sollte an einige der Verbindungen erinnert werden, die zwischen Kindesmißbrauch und anderen aufwühlenden Themen bestehen. Die Verzweigungen sind endlos. Ich stelle meine kleine Auswahl in keiner bestimmten Reihenfolge vor. Sie wird zeigen, daß die Vorstellung von Kindesmißbrauch gegenwärtig einfach überallhin führen kann.

Ian Hacking

1. *Moral.* Kindesmißbrauch ist ein immanent moralisches Thema. Der Mißbrauch an einem Kind wird inzwischen als das entsetzlichste aller Verbrechen angesehen. In der britischen empirischen Philosophie gibt es eine lange Tradition der Unterscheidung zwischen »ist« und »soll«, um Hume verkürzt zu zitieren. Man sagt, eine reine Beschreibung impliziere selbst nie eine Wertung. Aber in unseren Zeiten ist es unmöglich, jemanden als Kindesmißbraucher zu bezeichnen, ohne ihn dabei moralisch zu verurteilen. Das Label ist in seiner Wertung zum Teil deswegen so wirksam, weil verschiedene Arten von Schädigungen zusammengeworfen werden. Früher war unsere moralische Abscheu gegen Eltern, die ihr Kind absichtlich vernachlässigten, eine andere als die Abscheu gegen jemanden, der brutal einen Unschuldigen schlug, oder als die gegen einen Fremden, der ein Kind belästigte, und als die gegen Inzest. Aber wenn alle diese Taten unter Kindesmißbrauch fallen, wenn Kindesmißbrauch so häufig als sexuelles Vergehen beschworen wird, und wenn das Opfer ein unschuldiges Kind ist, ist es kein Wunder, daß unsere primitivsten und am tiefsten verankerten moralischen Empfindungen zu voller Kraft auflaufen. Unser gesamtes Wertesystem ist in den letzten dreißig Jahren von der dynamischen Entwicklung betroffen, mit der unwiderstehlichen neuen Konstellation eines absoluten moralischen Übels: dem Kindesmißbrauch. Relativisten mögen anmerken, daß das, was wir Kindesmißbrauch nennen, nur in einer Kultur wie der unseren als solcher verstanden werden kann. Aber bis jetzt hat noch niemand den Mut besessen zu behaupten, daß unsere Antipathie gegen Kindesmißbrauch »nur relativ zu unserer Kultur« sei. Und trotzdem, trotzdem … ist die Diskussion so moralgeschwängert, so selbstgerecht, daß man schon eine heimliche Pseudomoral sich einschleichen sieht.

2. *Feminismus.* Kindesmißbrauch verdankt seine Prominenz zum Teil der Frauenbewegung, obwohl hier manche Verbindungen unerwartet sind. Zum Beispiel gehe ich davon aus, daß der Ausdruck »Geschlagene Frauen« (»battered women«) nach dem »Gewalt-gegen-Kinder-Syndrom« (»battered child syndrome«) modelliert wurde und nicht umgekehrt. »Battered child« wurde in England um 1961 herum von männlichen Kinderärzten als Begriff eingeführt. »Geschlagene Frauen« ist überraschend jünger und wurde möglicherweise mit der Eröffnung des ersten expliziten Frauenhauses eingeführt. Das

geschah 1970, durch Erin Pizzey, Autorin des berühmten Buches *Scream Quietly or the Neighbours Will Hear.*[10] Es ist unwahrscheinlich, daß die Vorstellung von Kindesmißbrauch ohne den Feminismus so schnell die Bedeutung von sexuellem Mißbrauch angenommen hätte. Gewalt gegen Frauen und gegen Kinder wurden einander angeglichen, und das ganze Phänomen des Kindesmißbrauchs als ein weiterer Aspekt patriarchaler Herrschaft definiert.

3. Rechte. Rechte für Kinder sind in der Geschichte neu, nicht im moraltheoretischen Sinne, aber in der Form von Rechtsprechung und Gesetzesalltag. Was ist das Verhältnis zwischen den Rechten der Eltern, denen der Familie, und denen der Kinder? Wäre Kindesmißbrauch in den sechziger Jahren nicht ins Zentrum der Öffentlichkeit gerückt, wäre das Thema Kinderrechte so gut wie unbekannt. Dies führt zu weiteren Reflexionen. Angenommen es wäre so, daß Männer in unserer Gesellschaft Probleme in den Kategorien von Recht und Pflicht lösten, und Frauen in den Kategorien von Bedürfnis und Fürsorge. Hier könnte deutlich werden, wie ein Thema von Frauen eingeführt und von Männern mit ihrem Enthusiasmus für Recht mit Beschlag belegt wurde. Kinder brauchen keine »Rechte«, die geniale Rechtsgelehrte für sie erfinden. Sie brauchen Fürsorge.

4. Geschworene. Natürlich gibt es eine Reihe von speziellen rechtlichen Problemen, beispielsweise zur Zeugenaussage von Kindern. Sollen die des Kindesmißbrauchs Angeklagten den Kindern, die sie anklagen, entgegentreten dürfen? Der Oberste Gerichtshof der USA hat in einer 5:4-Entscheidung bestimmt, daß Zeugenaussagen per Kabelübertragung erlaubt seien. Das Recht auf eine direkte Gegenüberstellung ist also nicht unverzichtbar. Trotz dieser schwerwiegenden Gesetzsprechung sollten wir aber die alltägliche Praxis nicht vergessen. Eine Jury spricht selten schuldig, wenn sie glaubt, die Strafen seien zu hart. Ein klassischer Fall ist hier die lange Geschichte englischer Geschworenengerichte, die bei Kindstötung Schuldsprüche verweigerten. In einem viel jüngeren Fall in Quebec, der angeblichen Bastion des Katholizismus, sprachen drei unterschiedliche Geschworenengerichte einen Arzt vom Vorwurf der Abtreibung frei, obwohl er vor Gericht zugegeben hatte, einen Fötus abgetrieben zu haben, ohne daß er die medizinischen Gutachter von der Notwendigkeit dazu überzeugt hatte. Seinerzeit war dies ein eindeutiger Geset-

Ian Hacking

zesbruch. Die folgenden Geschworenengerichte setzten das Gesetz
außer Kraft. Im heutigen Klima jedoch werden trotz extrem hoher
Strafen Schuldsprüche gefällt. In New Jersey kann man für die »falsche Berührung« eines Kindes (»bad touch«) zehn Jahre Gefängnis
und eine Strafe von 100 000 Dollar bekommen. Trotzdem sprechen die
Geschworenen dort in Fällen sexuellen Mißbrauchs schuldig, die mit
keiner Art von Gewalt oder geschlechtlicher Befriedigung verbunden
sind.[11]

    5. *Ursache.* Eine abstraktere Verbindung, die traditionelle und eher
positivistische Bedeutung von Konzepten sieht folgendermaßen aus
– sie ist eine traditionelle eher positivistische Interpretation von Konzepten: wir bilden ein Konzept und suchen uns damit eine Klasse von
Dingen oder Ereignissen heraus, die in dieses Konzept fallen. Wenn
uns etwas wichtig ist, fragen wir uns, was diese Ereignisse verursacht
und ebenfalls, wie wir sie kontrollieren oder beseitigen können. Erst
wird klassifiziert und dann nach Kausalverbindungen gesucht, denn
wie sollte man Kausalverbindungen finden, wenn man keine klar
definierte Klassen hätte? Dies wäre den meisten Philosophen zu vereinfacht, aber nirgendwo fällt das Versagen dieses Modells mehr auf
als im Falle des Kindesmißbrauchs. Die Vorstellungen von Ursachen
gehen, übertrieben formuliert, den Vorstellungen dessen voraus, wo-
von sie die Ursachen sind. Es gibt viele verschiedene Ansichten über
die Ursachen von Kindesmißbrauch, einige betonen Armut, andere
Krankheit, andere die in der Gesellschaft vorherrschende Gewalt,
andere patriarchale Grausamkeit. Die Ansichten über Ursachen und
Prävention von Kindesmißbrauch bestimmen in großem Maße die
Klasse von Ereignissen, die mit dem Label »Mißbrauch« versehen
werden.

    6. *Multiple Persönlichkeit.* Zu den »Ursachen« von Kindesmiß-
brauch gibt es keine einheitliche Theorie, aber es gibt eine überraschend hohe Übereinstimmung darüber, daß Mißbrauch die Ursache
von etwas anderem sein kann: von multipler Persönlichkeitsstörung.
Multiple Persönlichkeiten, die zwischen 1875 und 1926 in der französischen und teils auch amerikanischen Psychologie eine faszinierende
Rolle gespielt haben, waren bis zu ihrem machtvollen Auftauchen in
den siebziger Jahren praktisch verschwunden. Heute stellt eine reso-
lute Schule der Psychotherapie fest, daß multiple Persönlichkeitsstö-

rungen in keinster Weise selten sind, und daß ein Individuum bis zu einhundert verschiedener »alters« haben kann. Die Bewegung der multiplen Persönlichkeit konnte auf der Welle des Kindesmißbrauchs mitreiten – dank dieses einen Stückes neuen Wissens: multiple Persönlichkeitsstörung wird durch Kindesmißbrauch verursacht, besonders sexuellen Kindesmißbrauch. Es gibt »in den Ursachen eine überwältigende Verbindung mit kindlichen Traumata, besonders mit schwerem Kindesmißbrauch.«[12]

7. *Psychohistorie*. Ein noch erstaunlicherer kausaler Anspruch ist historischer Art. Die menschliche Geschichte ist die Geschichte von Kindesmißbrauch und seinen Folgen. Jede Generation mißbraucht ihre Kinder und formt so die Psyche der nächsten Generation. Man kann die Geschichte der Welt nur verstehen, wenn man die Geschichte der Kindheit studiert, und diese stellt sich dann als Geschichte des Kindesmißbrauchs heraus. Dies ist die bemerkenswerte These von Lloyd deMause und seiner Schule.[13]

8. *Der Staat*. Wenden wir uns einem etwas kleineren historischen Entwurf zu und erinnern uns, daß die Rechte von Kindern meistens als Folie für die Rechte der Eltern oder der Familie präsentiert werden. Aber vielleicht versteckt sich dahinter eine ganz andere Konfrontation, nämlich nicht die »Kind gegen Eltern«, sondern die »Familien gegen den Staat«. Jacques Donzelots *Die Ordnung der Familie* ist die bekannteste von vielen Untersuchungen über die staatliche Kontrolle der Familie, die während des neunzehnten Jahrhunderts durch den entstehenden Wohlfahrtsstaat und sein soziales Netz radikal anwuchs. Man kann mit Recht behaupten, daß der größte Anstieg staatlicher Interventionen in den letzten dreißig Jahren durch Rechtsprechung, Verordnungen und Behörden im Zusammenhang mit Kindesmißbrauch veranlaßt wurde. Ein Zyniker wird darauf drängen, daß die wirkliche »Funktion« von Gesetzgebung und Behörden nicht der Schutz von Kindern, sondern die Zunahme staatlicher Macht sei.[14]

9. *Geld*. Diese zynische Perspektive kann man mit der Tatsache verbinden, daß in den achtziger Jahren in den USA der Betrag von staatlichen Geldern für Kinder und einkommensschwache alleinerziehende Eltern radikal gekürzt wurde. Der Wohlfahrtsstaat zog eine Art der Intervention allmählich zurück und ersetzte sie durch eine andere.

Ian Hacking

Eine milde Version dieser Bemerkung wäre, daß die Kindesmißbrauchsbewegung dazu dient, den Rückgang der sozialen Unterstützung für Kinder zu verschleiern. Die harte Version sagt, daß die
Rechtsprechung zu Kindesmißbrauch eine billigere und weitaus ef-
fektivere Kontrolle über deviante Familien ist als Fürsorge.

10. *Ausbreitung.* War die mächtige Gesetzgebung zu Kindesmißbrauch erst einmal eingesetzt, konnte sie dort angewandt werden, wo
das Gesetz schwieg. Ein evidentes Beispiel ist Fötenmißbrauch. Dro-
gen- oder alkoholsüchtige Mütter schädigen ihre Babys schwer. Seit
1985 hat eine bestimmte Gruppe von Vollstreckungsbeamten mit
Erfolg Mütter des Kindesmißbrauchs angeklagt, wobei Fötenmißbrauch als eine Variante des Kindesmißbrauchs verstanden wurde.
(Weil die Rechtsgrundlage umstritten ist, gibt es die alternative Taktik,
Mütter direkt nach der Geburt der Weitergabe von Drogen an andere
– durch die Nabelschnur – anzuklagen.) Ich muß nicht dazu sagen,
daß diese Fälle von Abtreibungsgegnern sehr genau beobachtet werden. Die Fälle, die die größte Aufmerksamkeit erlangt haben, haben
mit Crack zu tun und passen wunderbar in das Schema von Crack als
gesellschaftlichem Problem. Was hier passiert, ist sehr anrüchig. Ein
positiver Effekt davon ist allerdings ein gesteigertes öffentliches Bewußtsein von Schwangerschafts-Alkoholismus und dem Fötus-Alko-
hol-Syndrom. Das Syndrom war seit langem bekannt, aber vielleicht
wurde erst durch die Kindesmißbrauchsbewegung klar, wie viel davon mit der Zerstörung der indianischen Bevölkerung zu tun hat, die
in diesem Moment besonders im äußersten Norden aktuell ist. Das
heißt allerdings keineswegs, daß sinnvolle Methoden der Abhilfe bekannt wären.

11. *Backlash.* Davon gibt es jede Menge. Offensichtlich sprechen
die zweifelhafte Rechtslage (Fötenmißbrauch), fragwürdigen Verur-
teilungen und abstrakteren Überlegungen über die Rolle des Staates
viele Intellektuelle an. Viel wichtiger ist allerdings der Widerwille
gegenüber dem Argument des Kindesmißbrauchs in Sorgerechtsfäl-
len. Viele Eltern lassen sich scheiden, wenn ihre Kinder klein sind;
viele Eltern kämpfen bei der Scheidung um ihre Kinder. Eine Weile
lang schien kein Mittel ausschlaggebender zu sein als die Anschuldigung, daß ein Elternteil, meistens der Vater, das Kind mißbraucht
habe. Der Abscheu vor scheinbarem Unrecht und vor Übertreibung

führte zu einem weitverbreiteten Widerwillen gegen die Kindesmiß-
brauchsgesetzgebung im allgemeinen. Für die besonders Schlauen be-
schwört die Rhetorik sofort die Hexenverfolgungen von Salem herauf:
Die Kindesmißbrauchsbewegung ist auf Hexenjagd.[15] Meiner Meinung nach ist dieser Vergleich idiotisch, aber deswegen ist er nicht
weniger effektiv.

12. *Widerruf.* Für den Fall, daß das folgende als Teil des Backlash
ausgelegt werden sollte, möchte ich mich davon klar distanzieren.
Natürlich hat es Mißbrauch mit dem Mißbrauch gegeben. Die Leidenschaften, die im Versuch, den Unschuldigen beizustehen, entfesselt
wurden, haben auch einige Unschuldige getroffen. Aber in einem rein
praktischen Gleichgewicht muß man sagen, daß die Bewegung weitaus mehr Nutzen als Schaden gebracht hat. Die Existenz des Backlash-
Effektes selbst ist mit seiner eigenen Exzessivität schon genug Korrek-
tiv für übertriebenen Eifer. Sie erinnert uns allerdings daran, daß die
Kindesmißbrauchsbewegung offenkundig moralisch und politisch ist.
Niemand sollte erwarten, daß sie mit der oberflächlichen Integrität
einer auf Daten beruhenden exakten Wissenschaft auftritt.

Gewalt gegen Kinder
Kindesmißbrauch war am Ende des Viktorianischen Zeitalters schon
einmal ein weitverbreiteter Diskussionsgegenstand gewesen. Er kri-
stallisierte sich um einen Vorfall in New York, der Wellen bis nach
Liverpool und London schlug. Einige der Geschehnisse scheinen uns
heute ganz natürlich: die Gründungen philanthropischer Gesellschaften zur Verhütung von Gewalt gegen Kinder, dauerhafter Druck auf
die Gesetzeshüter, Einrichtungen für mißhandelte Kinder, und ein
steiler Anstieg von Verfahren gegen Eltern, die ihre Kinder schädig-
ten. Andere Aspekte sind in Vergessenheit geraten, zum Beispiel, daß
die Kampagne gegen Gewalt gegen Kinder zuerst von Tierschutzge-
sellschaften finanziell unterstützt wurde und von der eng verwandten
Stadtbrunnen-Bewegung (die die Gemeinden aufforderte, dreistöcki-
ge Stadtbrunnen zu errichten mit einer Etage für Menschen, einer für
Pferde und einer für Hunde). Besser können wir die Bewegung für
Obdachlosenasyle und die großen Kampagnen zum Schutz der Zei-
tungsjungen verstehen, selbst wenn wir uns heute nicht mehr an sie
erinnern. Reformen waren weit verbreitet, wie die vielen Abstinenz-,

　　　　　　　　Ian Hacking

Antivivisektions-, Abtreibungs- und Frauenrechtskampagnen zeigen. Die Bewegungen unterstützten einander meistens in ihren Zielen. Einige Aspekte davon, wie man sich damals um Kinder kümmerte, scheinen uns allerdings heute sehr fremd: zum Beispiel Leute wie Dr. Bernardo aus dem East End Londons, der, mit der tatkräftigen Hilfe von athletischen Männern wie Ringern und Sprintern, Jungen in Wagen verfrachtete und sie in »Heime« steckte, wo ihnen Obdach und eine protestantische Erziehung gegeben wurden – trotz der Proteste der katholischen Kirche (die Mehrzahl der betroffenen Familien war katholisch). 140 000 solcher Kinder wurden nach Toronto exportiert, manche nach einer regelrechten Entführung.[16] Diese Philanthropie war nicht frei von Eigeninteresse. »Die Aufgabe, eine Quelle der Schwäche aus England in einen wertvollen Faktor des Wohlstands in Kanada zu verwandeln, ist eine Aufgabe imperialer Größe und Dringlichkeit.«[17]

Die Gründer der ersten *Children's Aid Society* in New York hatten 1853 ähnliche Vorstellungen. Die Hälfte der Kleinkriminellen in den Stadtgefängnissen war jünger als einundzwanzig. Die Kinder mußten geschützt werden, sonst »werden sie die Wahlen beeinflussen; werden sie die Regierung der Stadt ändern; werden sie mit Sicherheit die ganze Gesellschaft in ihrer Nähe vergiften. Sie werden die Mehrheit aller Räuber, Diebe und Landstreicher ausmachen.«[18] In der nächsten Generation, 1874, wurde die New Yorker Society for the Prevention of Cruelty to Children gegründet. Diese gab sich weniger politisch motiviert. Sie entstand vielmehr aus einem Skandalfall, in dem ein Mädchen regelmäßig von seiner Stiefmutter geschlagen worden war. Das Kind wurde durch eine phantasievolle Auslegung des englischen *common law* gerettet; die Gesellschaft setzte sich daraufhin für neue Gesetze ein. Solche Gesellschaften entstanden in allen Bundesstaaten. Im Vereinigten Königreich konnte die *National Society for the Prevention of Cruelty to Children* fünfzig Jahre lang zu recht behaupten, der größte einzelne Wohlfahrtsdienst der Welt zu sein.

Wenn wir uns unserer modernen Vorstellung von Kindesmißbrauch zuwenden, stellen wir fest, daß sie stark unter dem Einfluß der Medizin steht. Sie wurde von Ärzten eingeführt, und Ärzte erheben immer noch Anspruch auf sie. Auch in der alten Gewalt-gegen-Kinder-Bewegung hatten Ärzte im Vordergrund gestanden, aber nur in ihrer Funktion als herausragende Mitglieder der Gesellschaft. Dr.

Bernardo selbst hatte vorgehabt, Missionsarzt zu werden, seine Berufung aber zu Hause gefunden. Zu keiner Zeit verstand er seine philanthropische Arbeit als Teil der Medizin. Natürlich behandelte ein Arzt Kinder, die von ihren Eltern oder Pflegern mißhandelt worden waren – so wie der Arzt Wunden, die von einer Brandstiftung herrühren, behandeln muß. Die Brandstiftung jedoch ist Sache der Polizei und der Feuerwehr. Ebenso war Gewalt gegen Kinder Sache der Polizei, der Gerichte und der philanthropischen Gesellschaften, nicht der Medizin. Kindesmißbrauch ist ein medizinisches Konzept; Gewalt gegen Kinder war das nicht. Das ist ein fundamentaler Unterschied.

Trotz des Feuers der achtziger Jahre des letzten Jahrhunderts verblaßte die Agitation gegen Gewalt. An Gründen für diesen Rückgang fehlt es nicht. Bis zu einem gewissen Grad waren die Ziele der Bewegung erreicht worden. Außerdem verlagerte sich das Interesse. Eine neue Charakterisierung des problematischen Kindes tauchte auf: der jugendliche Straftäter. Kinderfürsorge begann nun mit der Trennung der Kinder von ihren Erziehern oder mit dem Einsammeln von Ausreißern, wie wir sie heute nennen würden. Sie wandte sich dann einem neuen Typ von Kind zu, dem »Delinquenten«. Neue Typen von Jugendgerichten – Chicago war das Weltmodell – und Besserungsanstalten entstanden.[19] Das Kind mußte nicht vor seinen Eltern geschützt werden, sondern vor sich selbst.

Am Ende des Buches *Child Abuse and Moral Reform in England, 1870-1908* [20] ist der Rückgang der Agitation gegen Gewalt in Großbritannien gut dokumentiert. Die Daten sind präzise. In Amerika spielte der neu entstehende Beruf des Sozialarbeiters dabei eine wichtige Rolle. Die Massachusetts *Society for Prevention of Cruelty to Children* war hier bahnbrechend, indem sie 1909 den Punkt auf der Ersten Konferenz des Weißen Hauses zum Wohl unversorgter Kinder stark machte. Sie drängte darauf, daß es besser sei, wenn professionelle Sozialarbeiter Kinder in individuellen Familien unterbrächten anstatt in Heimen – aber damit war das Thema noch lange nicht begraben. New York und Kalifornien beharrten noch lange darauf, Kinder in staatlichen Institutionen statt in Adoptivfamilien unterzubringen, wohingegen Michigan, Minnesota, Rhode Island und Wisconsin seit langem der ersten Praxis anhingen. In jedem Fall wurde jedoch die alte Tradition des wohltätigen Amateurs demontiert.[21]

Ian Hacking

Es ist wichtig, sich vor Augen zu halten, daß der Begriff »Sozialarbeit« vor 1900 unbekannt war. 1910 allerdings gab es in zahlreichen Ländern Schulen für Sozialarbeit (die Niederlande waren hier führend). 1912 hatte in den USA der National Social Workers Exchange (die Sozialarbeiterbörse) eine Stellenvermittlung mit einer umfangreichen Zahl von Kategorien möglicher Beschäftigungen. Ein neuer Expertentyp war geboren, und wenn irgend jemand Verantwortung für Gewalt gegen Kinder haben sollte, sollte das, dank der Ersten Konferenz des Weißen Hauses, der Sozialarbeiter sein.

Für diejenigen, die mit Kindern arbeiteten, gab es auch neue Handlungsanleitungen. Nach neunjähriger Vorbereitung wurde 1912 das Children's Bureau (Kinderhilfe) als Bundesbehörde gegründet. Theodore Roosevelt erklärte, daß die Nation sich im selben Maße um ihre Kindersaat kümmern sollte wie um ihre Saat auf den Feldern. Das Children's Bureau sah seine erste Aufgabe in der Senkung von Kindersterblichkeit, erst in den späten fünfziger Jahren wandte es sich dem Kindesmißbrauch zu.

1962

Gewalt gegen Kinder war als »gesellschaftliches Problem« unsichtbar geworden. Es hatte individuelle Fälle von Gewalt gegen einzelne Kinder gegeben, und die waren gelegentlich auch verfolgt worden. Aber dann veröffentlichte 1962 eine Gruppe von Ärzten in Denver unter der Führung von Henry Kempe »The Battered-Child Syndrome.«[22] Das Erscheinen des Aufsatzes im *Journal of the American Medical Association* wurde von einem gestrengen Leitartikel über das lange Schweigen der Gesellschaft begleitet, die viele Verletzungen hätte erkennen müssen. Die Herausgeber spekulierten, daß mehr Kinder an Körperverletzung starben als an Leukämie, Zystenfibrose oder Muskeldystrophie.[23] Die Medien verstanden schnell, und *Newsweek* sahnte den Rest ab. Kempes Aufsatz war noch nicht einmal veröffentlicht, aber er hatte im November des vorangegangenen Jahres bereits vor der Amerikanischen Akademie der Kinderärzte zum »battered-child syndrome« gesprochen. Der Artikel in der *Times* vom 20. Juli folgte der offiziellen Veröffentlichung in der *JAMA* (7. Juli) und der Presseveröffentlichung der AMA vor der Publikation.[24]

Die *Saturday Evening Post* meldete sich mit einem langen Artikel:

»Eltern, die ihre Kinder schlagen: Tragischer Anstieg an Fällen von Kindesmißhandlung ruft zur Jagd auf zur Früherkennung der kranken Verbrecher«.[25] Es ist ein besonders bombastischer Artikel voller Genuß an den grausigen Einzelheiten, die Eltern und Erzieher Kindern angetan hatten. Schon der Titel verrät einige der wiederauftauchenden und vielleicht durcheinandergebrachten Themen. Als erstes haben wir den »tragischen Anstieg«. Da es vorher keine Daten über mißhandelte Kinder gab, haben wir bis jetzt keinen Grund, von »Anstieg« zu reden. Zweitens sind die Verbecher »krank«. Alle populären Artikel schreiben von der neuen »Krankheit«. Und gleichzeitig ist Kindesmißbrauch verwirrenderweise ein »Verbrechen«. Gesetzlich gesehen ist er zwar ein Verbrechen, aber kann er denn ein Verbrechen sein, wenn er eine Krankheit ist? Zuletzt wird der Begriff »Kindesmißbrauch« von Anfang an im öffentlichen Bewußtsein etabliert.

Die in Denver stationierte Gruppe von Kinderärzten um Kempe war die Quelle dieser Kampagne. Damit meine ich natürlich nicht, daß sie nur den Bergen Colorados entsprang. Stillere Diskussionen waren ihr an verschiedenen Stellen vorausgegangen. Im besonderen hatte die Kinderabteilung der American Humane Association (AHA) 1954 einen neuen Direktor bekommen. Die AHA, die eher als Tierschutzgruppe bekannt war, hatte schon seit 1885 – der »Blütezeit« der Gewalt gegen Kinder – eine Abteilung für Kinder. Diese welkte seit dem Nachlassen des Interesses an Gewalt vor sich hin, aber der neue, agile Direktor brachte eine landesweite Erhebung über verwahrloste Kinder in Gang. Gewalt war noch kein Thema, aber Vernachlässigung war es immerhin. Das Children's Bureau of Health, Education and Welfare (Amt für Kinder, Gesundheit, Erziehung und Wohlfahrt), das in einem großen Reorganisationsakt vieler seiner Aufgaben beraubt worden war, folgte der AHA. Hier war eine Bürokratie auf der Suche nach Arbeit. Und sie fand welche, und zwar mit Macht. Komitees wurden eingerichtet. Modellvorschriften zur Meldung von Kindesmißbrauch und Vernachlässigung wurden beantragt. Dies passierte genau zu der Zeit, als Kempes Leute ihre Forschung abschlossen und die Publikation vorbereiteten. An Kempes Aufsatz war vor allem seine Quelle bemerkenswert, ein Mittel, das das Children's Bureau nicht vorhersehen konnte: Röntgenstrahlen.

Bereits im Jahre 1945 war im *American Journal of Roentgenology* ein Artikel über ein »neues Syndrom« erschienen, dem man versuchsweise den latinisierten Namen »infantile cortikale Hyperostose« gab.[26] Die Autoren, Experten im schrumpfenden Feld der Kinderröntgenologie, hatten beobachtet, daß Kinder, die unter vergrößerter Blutansammlung unter dem Schädel litten, unter dem Röntgengerät oft geheilte oder heilende Brüche an Armen oder Beinen aufwiesen – ohne daß es eine dokumentierte Geschichte von Verletzungen gab. Schlüsse wurden keine gezogen oder zumindest nicht veröffentlicht. Es handelte sich nur um ein Phänomen (obwohl man heute annimmt, daß alle, die den Aufsatz kannten, seine wirkliche Bedeutung verstanden, aber opportunistisch schwiegen). Auf jeden Fall wurde der »naheliegende« Schluß allmählich gezogen und diskutiert. Kempes Aufsatz war wichtig, weil er deutlich aussprach, worüber man bislang nur geflüstert hatte. Eltern schlugen ihre Kinder bis zum Knochenbruch. Das parallele Übel: Ärzte hatten in ihrer Verantwortung versagt. Jetzt aber sollte sich das Blatt wenden, und der Arzt würde nicht nur das Symptom behandeln, sondern die Ursache mit dazu: die Eltern, die die Körperverletzung begingen. Diese Eltern waren krank und brauchten die Hilfe der Medizin.

Weiterhin gelang es dem Artikel, eine der am weitesten verbreiteten Überzeugungen über Kindesmißbrauch zu etablieren: Prügelnde Eltern waren geprügelte Kinder, oder, allgemeiner ausgedrückt, Kinderschänder sind als Kinder mißbraucht worden. Zunächst hieß es nur: »oft kommt es vor, daß Eltern die Behandlung wiederholen, die sie als Kinder erfahren haben.«[27] Diese Aussage, die an sich recht vorsichtig ist, wurde immer mehr verallgemeinert.

Eine ähnliche Bedeutung hat die Behauptung, daß Kindesmißbrauch in allen gesellschaftlichen Klassen verbreitet sei. Mißbrauch war kein Armutsproblem mehr und keine Aufgabe der Wohlfahrtsbehörden. Ärzte erklärten es eifrig zu *ihrem* Problem:

> Körperlicher, ernährungsmäßiger und emotionaler Mißbrauch ist eine der am weitesten verbreiteten Beschwerden des jungen Kindes... Bis vor kurzem hat die Medizin keinerlei Interesse für dieses Problem aufbringen wollen... Es liegt in der Verantwortung der Medizin, in diesem Feld die führende Rolle zu ergreifen.[28]

Obwohl die meisten Verletzungen ambulant zu behandeln sind, empfahlen die Ärzte Einweisungen in Krankenhäuser, um so die Kinder von den Eltern zu trennen. »Der Arzt darf sich nicht damit begnügen, das Kind in eine Umgebung zurückzugeben, in der auch nur das kleinste Risiko einer Wiederholung besteht.«[29]

Nur ein führender Autor verurteilte diese Einstellung öffentlich. Das war natürlich Thomas Szasz, der unverblümte Kritiker der meisten medizinischen Ansprüche an die Psychiatrie.[30] Selbstverständlich bräuchten mißhandelte Kinder medizinische Hilfe, denn sie seien ja verletzt, begann sein Beitrag. Aber Kempes Plan war umfassender, auch Eltern oder Erzieher seien krank und müßten ärztlich behandelt werden. Szasz machte sich mit scharfem Witz darüber lustig, daß »hilfesuchende« Eltern freiwillig zwischen ambulanter oder stationärer Behandlung wählen würden, wenn sie die Möglichkeit hätten. Für Szasz ist der Ort für Verhandlungen von Gesetzesverstößen das Gericht, und die sich als Helfer aufspielenden Psychiater sind für ihn größtenteils Blender. Sein Artikel amüsierte vielleicht die Leser des *Atlantic*, hatte aber keinerlei weiteren Effekt.

Die Explosion der Literatur über Kindesmißbrauch ist ebenfalls bemerkenswert. 1965 wurde »Kindesmißbrauch« als neue medizinische Kategorie in den *Index Medicus* aufgenommen. In den siebziger Jahren wurden dort etwa vierzig Aufsätze jährlich verzeichnet. Und neue Zeitschriften wurden gegründet, zum Beispiel *Child Abuse and Neglect* und *The International Journal*, beide 1976. Ein Essay von 1975 über den erstaunlichen Interessenanstieg stellt fest, daß es 1965 keine Bücher zum Thema gab, 1975 aber bereits neun. Eine Bibliographie für die Jahre 1975-1980 verzeichnet 105 lieferbare Bücher. An Aufsätzen wurden nur die gesammelt, die als *abstracts* (Inhaltsangaben) erschienen (in Zeitschriften wie *Criminal and Penology Abstracts, Social Abstracts* und so weiter); hier ergab sich eine Liste von 1706 (sich leicht überschneidenden) Einträgen. Im Englischen gibt es heute über 600 Bücher über Kindesmißbrauch.

Daneben gibt es unzählige Sondergebiete, die jeweils ihre eigene Bibliographie auswerfen. In der medizinischen Literatur stoßen wir auf eine Unmenge von Syndromen. John Caffey führte 1974 das »Whiplash Shaken Infant Syndrome« ein. Ein Literaturüberblick zu diesem Syndrom von 1986 führt dreiundsechzig anschließende Untersuchungen auf.[31] Sogar das »Stellvertreter-Münchhausensyn-

Ian Hacking

drom«, 1977 eingeführt, bringt seine eigene Spezialliteratur mit sich.[32]

Akademische und wissenschaftliche Arbeit ist nur ein Aspekt der Interessenexplosion in den USA und der englischsprachigen Welt im allgemeinen. Gesetzeshüter, Publizisten und die Medien auf der einen, besorgte Experten aus Polizei und Sozialarbeit auf der anderen Seite nehmen sich ebenfalls des Kindesmißbrauchs an. Trotzdem besteht kein Zweifel, daß das medizinische Modell im Zentrum der Frühzeit des Kindesmißbrauchs stand. In den USA ist beispielsweise die Gesetzgebung der Staaten zur Meldung von Fällen nach dem Muster der Meldepflicht für ansteckende Krankheiten gestaltet. Das gleiche gilt für Großbritannien, wo Meldepflicht zwar nicht gesetzlich vorgeschrieben, aber ebenfalls den Regeln zur Meldung von Krankheiten nachgebildet ist.

Definitionen

Ich habe hier zwei Begriffe benutzt, »Kindesmißhandlung« und »Kindesmißbrauch«. Auf der Basis von Interviews wird berichtet, daß Kempe in seiner Rede vor der Amerikanischen Kinderärztevereinigung 1961 bewußt die Bezeichnung »battered-child syndrome« den Worten »körperliche Mißhandlung« (physical abuse) vorzog, um sich der Aufmerksamkeit seines Publikums, das typischerweise aus vielen konservativen Kinderärzten bestand, zu vergewissern. Er wollte den Anklang legaler oder sozialer Devianzprobleme vermeiden. Das Wort *Syndrom* machte aus dem Problem ein hübsch medizinisches, wie Kempe es wollte.

Das Wort »battered« (geprügelt) suggeriert zweifelsfrei Schläge. Kempes Röntgenaufnahmen geheilter oder heilender Knochen setzen diesen Akzent fort und schließen Kinder, die an die Wand oder die Treppe hinunter geschmissen werden, genauso ein wie geschlagene Kinder. Im allgemeinen Recht ist »Mißhandlung« (»battery«) tatsächlich eine größere Kategorie und beinhaltet das Verbrennen mit Zigaretten (typischerweise auf Rücken oder Hintern), Verbrühen und ähnliches. Wie ich gehört habe, schließt es auch den Fall ein, das Kind mit nassen Windeln auf eine glühende Heizung zu setzen, bis seine Genitalien sich vom erhitzten Urin schwarz färben. Aber Gesetz und Praxis sind nicht eindeutig, weil es noch ein anderes verbürgtes Recht gibt, das Recht der Familie, ihre eigenen Angelegenheiten selbst zu regeln. Natürlich gibt es noch viele andere Arten als Prügel, ein Kind zu mißhandeln: sie führen von Vernachlässigung, Unterernährung, Überhitzen auf der einen Seite, über langes, gar lebenslanges Einsperren im Keller zu Inzest auf der anderen Seite. Der Begriff »Kindesmißbrauch« (child abuse) läßt natürlich einen viel größeren Anwendungsbereich zu als »Kindesmißhandlung« (child battery). Mein Interesse gilt mehr den Kategorien als der Geschichte oder den sozialen Problemen – nicht daß man Kategoriebildung ohne die anderen begreifen könnte –, deswegen liegt es nahe, Definitionen zu untersuchen. Hier sind zwei, beide von derselben Person im Verlauf von weniger als zehn Jahren verfaßt. In der ersten Definition ist *Kindesmißbrauch*

> nicht-zufälliger körperlicher Übergriff oder Körperverletzung mit kleinen oder schwerwiegenden Verletzungen, die Kindern von ihren Erziehern zugefügt wurden.

Die zweite Definition sieht

> Kindesmißbrauch als zugefügter Mangel oder als Defizite zwischen den Lebensumständen, die die optimale Kindesentwicklung, auf die Kinder ein Recht haben sollten, ermöglichen, und den tatsächlichen Umständen – ungeachtet der Quellen oder Verursacher des Defizits.[33]

Beide sind das Werk von David C. Gil. Die erste Definition wurde 1967-68 für den ersten USA-weiten Bericht über mißbrauchte Kinder und ihre Täter verfaßt. Die zweite wurde 1973 in Gils Aussage vor dem U.S. Senats-Unterausschuß für Kinder und Jugend (Subcommitee on Children and Youth) abgegeben. Fangen wir mit der ersten an, einer Definition von körperlichem Mißbrauch.

Gil und Kollegen aus der Brandeis Universität hatten einen standardisierten Fragebogen hergestellt und an alle bundesstaatlichen (und einige lokale) Meldestellen für Kindesmißbrauch geschickt. Im ersten Jahr bekam er etwa sechstausend Meldungen zurück, im zweiten vielleicht siebentausend. Dazu ließ er eine Umfrage durchführen, in der er danach fragte, wieviel Menschen wenigstens ein Kind kannten, das nach den staatlichen Definitionen mißbraucht worden war. Daneben gab es eine Medienerhebung von Gerichtsverfahren, Verhaftungen und so weiter.

Das Ergebnis wurde 1970 als *Violence against Children* veröffentlicht und endete mit der Folgerung, daß »der Umfang von körperlichem Kindesmißbrauch mit schweren Verletzungen kein größeres gesellschaftliches Problem darstellt«[34], denn so viele Fälle gab es gar nicht, und von denen wiederum wurden nur 40% für schwerwiegend gehalten. Nur 3,4% gingen tödlich aus, und nur 4,6% führten zu einem dauerhaften (körperlichen) Schaden des Kindes. So schrecklich die individuellen Fälle auch sein mögen, im Vergleich mit den Millionen amerikanischer Kindern, die anderweitig benachteiligt sind, ist Körpermißbrauch nach der Brandeis-Definition ein eher kleines Problem.

Bevor wir zu Gils zweiter Definition kommen, sollte festgehalten werden, daß man ihn sofort der radikalen Untertreibung beschuldigte. Der Gedanke liegt gar nicht so fern. In seinem Bericht gab es 1967 7000 Fälle, zuzüglich der nicht gemeldeten. Das National Center on Child Abuse meldete, daß 1982 – fünfzehn Jahre später – 1,1 Millionen Kinder mißbraucht worden waren (eine Zahl, die, wie wir gesehen haben, 1989 auf 2,4 Millionen anstieg). Das sieht nach einer ziemlichen Diskrepanz aus! Offensichtlich geht es nicht nur um ein kleines Schwanken der Definitionen. Von den 1,1 Millionen fielen tatsächlich nur 69 739 unter die Kategorie Körpermißbrauch/Vernachlässigung. Diese Zahl ist nicht weiter unterteilt, abgesehen von dem Hinweis, daß Vernachlässigung den größeren Teil der 70 000 bildet.

Die erste Definition aus Brandeis ist meines Erachtens für ihre fünfundzwanzig Worte optimal. Die Begriffe sind eindeutig, völlig untechnisch, und haben klar etablierte Bedeutungen im juristischen Jargon und Präzedenzwesen: »nicht-zufällig«, »körperlicher Übergriff«, »körperliche Verletzungen«, »Erzieher«. Dagegen ist Gils zweite Definition ein grammatikalisches Ungetüm. Die Position ist ungeschickt ausgedrückt, aber trotzdem sagt er hier etwas immens Wichtiges. Es ist ein Versuch, in der Öffentlichkeit nicht als Radikaler dazustehen. Für Gil ist Kindesmißhandlung kein allzu großes Problem. Außerdem ist er der Ansicht, daß in der amerikanischen Gesellschaft die meisten Kinder schlechte Karten haben. Wenn er sich von der schützenden Färbung seines Jargons entfernt, wird klar, was er mit seiner zweiten Definition bezweckt. Er sieht drei Ebenen von Kindesmißbrauch: die Familie, die Institution und die Gesellschaft überhaupt. Institutioneller Mißbrauch beinhaltet die Schäden, die von

Schulen, Kindertagesstätten, der Polizei, dem Gerichtswesen, Heimen, Kliniken, Wohlfahrtsorganisationen und ähnlichen Institutionen verübt werden. Auf der sozialen Ebene scheint er die gesamte Gesellschaft einzubeziehen.

Gil stellt mit Bedauern fest, daß wir anscheinend kein Interesse haben, zu den kausalen Wurzeln der drei Ebenen vorzustoßen, und daß wir uns deshalb mit einfachen Verbesserungen im kleinen zufrieden geben müssen. Aber wenn ich seine Definition streng auslege, scheint mir, daß jede erfaßte Familie mit Kindern, jede Institution, die sich um Kinder kümmert und jede Gesellschaft Kindesmißbrauch ausübt.

Es ist lehrreich, daß die Zahlen, die über Kindesmißbrauch in Umlauf sind, von 7000 bis zu 1,1 Millionen variieren. Es ist ebenso lehrreich, daß ein sorgfältiger Autor in fünf Jahren von einer präzisen Definition zu einer emotiven wechselt. Denn die beiden Phänomene hängen eng zusammen. Allein die Definitionsveränderungen machen den Zahlenwandel möglich. Veränderte Meldesysteme können einen Anstieg von 7000 auf vielleicht 30 000 verursachen, aber nur eine Definitionsveränderung kann uns von 7000 zu 1,1 Millionen katapultieren. Und in meiner strengen Lektüre von Gils zweiter Definition wären 1,1 Millionen viel zu wenig. Meine Schätzung der Anzahl von 1982 in Amerika mißbrauchten Kindern unter fünfzehn beträgt um die 50 Millionen.

Das war wahrscheinlich Gils Intention. Zumindest in seinen Veröffentlichungen wird er zunehmend »radikal«. Interessanterweise verfolgen diejenigen, die das Konzept von Kindesmißbrauch erweitern wollen, zwei Strategien. Die eine ist die Betonung des katastrophalen Charakters von Körpermißhandlung:

> Jedes Jahr werden in den USA mindestens sechs Millionen Männer, Frauen und Kinder Opfer schwerer körperlicher Übergriffe durch ihre Ehepartner oder Eltern – das sind doppelt so viele wie die Einwohnerzahl von Los Angeles... Man stelle sich eine Katastrophe vor, die die gesamte Schülerschaft einer großen Highschool – 2000 Schüler – plötzlich tötet. 2000 Kinder werden jährlich von ihren Erziehern umgebracht (diese Zahl ist aus Materialien des National Center on Child Abuse and Neglect zitiert).[35]

Den anderen Weg geht Gil, der es nicht für nötig hält, seine alten Zahlen zu revidieren (wobei er aber inzwischen zugibt, daß sie Untertreibungen sind). Dafür sieht er Gewalt als Teil unserer Gesellschaft

Ian Hacking

an und vermutet, daß man abgesehen von kleinen »Verbesserungen« ohne radikale Veränderungen nichts tun kann. Sein Traum ist eine »paradigmatische Revolution hin zu gewaltfreien Gesellschaften«. Sein Ideal sind »egalitäre, libertäre, demokratische und gewaltfreie Gesellschaften«. Diese »sind nicht jenseits von Verstand und Möglichkeiten und nicht 'unrealistisch' und 'utopisch', wie oft behauptet wird.« Solche »Gesellschaften haben während der ganzen Menschheitsgeschichte existiert,« schreibt er und verweist uns zur Unterstützung seiner Forderung in einer Fußnote an Ruth Benedict, Martin Buber und Piotr Kropotkin.[36]

Als praktischer Politiker hat er natürlich eine andere Haltung. Gil war der erste Zeuge bei den Anhörungen des Unterausschusses für Kinder und Jugend. Vorsitzender war Senator Walter Mondale. Dieser wollte einen Gesetzesentwurf. Nach dem Verfahren, das Kempe 1962 in Bewegung gesetzt hatte, sollte dies kein Gesetzesentwurf für Arme sein, der niemals Zustimmung gewinnen würde. Es sollte vielmehr bekannt werden, daß Kindesmißbrauch jede Schicht der amerikanischen Gesellschaft betrifft. Gil stimmte dem natürlich zu; er versuchte jedoch, die Geschichte mit der Bemerkung anzureichern, daß die Einkommensschwachen all den Umständen ausgesetzt seien, die die Mittelklasse zum Kindesmißbrauch treibe, und dann noch vielen mehr. »Das ist natürlich richtig,« antwortete Mondale, »aber das ist kein Armutsproblem, das ist ein nationales Problem.« Und Mondale setzte seine Linie durch. Nach den Anhörungen kam der Child Abuse Prevention and Treatment Act (Gesetz zur Prävention und Behandlung von Kindesmißbrauch) vor den Senat. Die Worte »and Treatment« (»und Behandlung«) waren eine Reaktion auf Gil – das war sein Haupteinfluß auf das Gesetz. Außer Senator Jesse Helms sprach sich niemand gegen das Gesetz aus. Das Repräsentantenhaus war glücklich und fügte nur ein paar Klarstellungen hinzu, darunter eine Definition von Kindesmißbrauch. Diese Feinheit hatte der Senat übersehen. Inhaltlich ist die Definition Gils erste Definition von Körpermißhandlung. Präsident Richard Nixon verabschiedete den Entwurf am 31. Januar 1974. Die Legislative hatte erstaunlich schnell gehandelt. Schon 1968 hatte nach einigem staatlichen Drängen jedes Bundesland ein Meldesystem für Kindesmißbrauch; 1962 hatte es noch kein einziges gegeben. Außerhalb des amerikanischen Kontinents scheint interessanterweise keine Nation eine spezielle Rechtsprechung zu Kindesmißbrauch zu haben. Die Briten beschäftigen sich ausführlich mit Mißbrauch, versuchen aber, die bestehende Rechtsprechung anzuwenden und Anweisungen von verschiedenen Ministerien zu beachten.

Inzest

Früher wurden sexuelle Verstöße und Gewalt gegen Kinder getrennt voneinander behandelt. Daß sie jetzt zusammengedacht werden, ist die eindrucksvollste Illustration der Biegsamkeit der Idee von »Kindesmißbrauch«. Heute verstehen die meisten unter Kindesmißbrauch primär sexuellen Mißbrauch. Es gibt drei Arten sexuellen Mißbrauchs. Die eine spielt für die Kindesmißbrauchsbewegung kaum eine Rolle: Exhibitionismus, Belästigung in Parks, das Mitnehmen und Mißbrauchen von Kindern in Autos. Es gibt keinen Anhaltspunkt dafür, daß sich dieses Verhalten seit hundert Jahren verändert haben sollte, oder daß öffentliche Wahrnehmung und elterliche Warnungen sich sehr gewandelt hätten: »Geh mit keinem Fremden mit.« Zwei andere Arten sind jetzt in den Vordergrund gerückt. Die eine ist sexueller Mißbrauch in Kindertagesstätten, Heimen, Schulen, Kirchen und ähnlichen Institutionen außerhalb der natürlichen Familie des Kindes. Die andere ist sexueller Mißbrauch innerhalb der Familie, also Inzest.

Anthropologen und Psychologen sind seit langem wissenschaftlich an Inzest interessiert. Von Zeit zu Zeit, in Verbindung mit dem geistigen und physischen Verfall der Bewohner abgelegener Dörfer, zog »Inzucht« die Aufmerksamkeit von Eugenikern auf sich. Und mit Sicherheit ist das Inzesttabu außergewöhnlich stark, obwohl das, was als »Verwandter« gilt, mit dem die Heirat verboten ist, von Gesellschaft zu Gesellschaft variiert. Schon England und Frankreich unterscheiden sich hier. Und trotzdem gibt es über Inzest viele Mißverständnisse. Inzest wurde erst durch den Punishment of Incest Act von 1908 Teil des englischen allgemeinen Rechts. Nach bürgerlichem Recht war Inzest in Europa allgemein kein Verbrechen – nur im Kirchenrecht. In den Strafgesetzbüchern von Frankreich, Holland oder Belgien ist es heute noch kein Verbrechen. Für die Bekämpfer von sexuellem Mißbrauch von Kindern war dies keineswegs eine willkommene Entdeckung. Eine historische Studie stellt empört fest,

Ian Hacking

daß »im Talmudischen Gesetz Sex mit einem Mädchen unter drei kein Verbrechen war.«[37]

Unabhängig von den rechtlichen Fragen wurde Inzest nicht als Problem der Gesellschaft betrachtet. Es war schlimmer als Bigamie, aber so etwas ähnliches, ein Laster seltsamer Menschen, das uns nichts angeht. Zweifelsohne wußten es die Beichtväter besser, sie blieben jedoch still. In den sechziger und frühen siebziger Jahren wurden Kindesmißbrauch und Inzest getrennt behandelt. Die Sozialarbeiter und Psychologen, die sich über Inzest Sorgen machten, wandten sich an ein anderes Publikum als die, die über Kindesmißbrauch sprachen, was damals Kindesmißhandlung bedeutete. Erst in einem Essay von 1975 wurden die beiden Phänomene öffentlich in Zusammenhang gebracht: »Sexual Molestation of Children: The Last Frontier of Child Abuse«[38]. Mit einem Artikel in *Ms.*, »Incest: Sexual Abuse Begins at Home«, von April 1977 wurde er zu einem öffentlichen Thema. Das heißt nicht, daß vor dieser Zeit niemand die Verbindung zwischen »Kindesmißbrauch« und »Inzest« gesehen hätte. Grace Metalious' Roman *Peyton Place* (1956) ist eines der wertvollsten – und am weitesten voraussagenden – Dokumente der fünfziger Jahre. In der Auflösung der Geschichte ist Lucas, der Vater von Selena, »ein Trunkenbold, ein Frauenschläger und ein Kinderschänder. Und wenn ich Kinderschänder sage, meine ich die denkbar schlimmste Sorte. Lucas begann, Selena sexuell zu mißbrauchen, als sie vierzehn war, und versicherte sich ihres Schweigens durch die Drohung, sie und ihren kleinen Bruder umzubringen, wenn sie sich an die Polizei wenden würde.«[39]

Ungeheure Leidenschaften tun sich hier auf. Dabei wird das Wort »Inzest« nicht immer genannt. Es lauert wie ein Gift, wie ein Horror hinter den Wörtern »sexueller Mißbrauch« im Familienkontext. Wenn das Wort erwähnt wird, nimmt der Horror eine Form an, wie in den folgenden Anfangsworten von *Incest as Child Abuse*:

> Inzest zwischen Erwachsenen und Kindern trifft mitten ins Herz der Zivilisation. Es ist primär in der Familie, daß Gesellschaft und Persönlichkeit, wie Charles Horton Cooley (1964) sagte, »Zwillingsgeburten« sind. Inzest zwischen Erwachsenen und Kindern zerrüttet den Reifeprozeß und stört sowohl das Sozialgefüge als auch die Entwicklung des Kindes.[40]

Dies ist eine Rationalisierung des Horrors vor Inzest, die man durchaus in Frage stellen kann. Die zwanghafte Vorstellung von innerfamiliärem sexuellen Mißbrauch ist eine Sache für sich. Hier geht es nicht um Horror, sondern um Wut gepaart mit kathartischer Erleichterung: Wut gegen das Patriarchat und Erleichterung bei den vielen, die nun öffentlich über das Thema reden können. Die meisten Kinderschänder innerhalb der Familie sind Männer – Väter, Freunde der Mutter, Onkel und eine ganze Reihe Großväter. Opfer sind Jungen wie Mädchen, von denen viele, die heute erwachsen sind, erleichtert sind, daß sie erzählen können, was ihnen angetan wurde.

Die Wirkungen dieser Befreiung sind mannigfaltig und anhaltend. Sie wird noch eine immense Auswirkung auf zukünftige Psychotherapien haben. Es ist ja bekannt, daß Freud zu dem Ergebnis kam, daß die Erinnerungen an Inzest, die in seinem Sprechzimmer aufgedeckt wurden, zum großen Teil Phantasien sein mußten. Jetzt sind wir wieder bei der prima facie Annahme, daß eine Erinnerung an sexuelle Beziehungen zu einem Elternteil oder Familienmitglied eine wahre Erinnerung sein muß. Das wirkt sich gleichermaßen auf die Therapie von Kindern und Erwachsenen aus.[41]

Aber wir reden strenggenommen nicht mehr über Inzest, wie er verstanden wurde, das heißt, als Geschlechtsverkehr zwischen Mitgliedern derselben Familie. Von 291 tatsächlich angeklagten Fällen eines Jahres in Minnesota, um ein typisches Beispiel zu nennen, hatten acht mit Geschlechtsverkehr zu tun, und 39 mit »unsittlichen Handlungen«. Im großen und ganzen geht es ums Berühren. Und auch hier finden wir eine Entwicklung. Vor ein paar Jahren war berühren einfach schlecht und führte unabwendbar zu Schlimmerem. Nun finden wir in der sich immer weiter profilierenden Literatur das »good touch/bad touch«-Dilemma, die zu dem nicht besonders aufregenden Schluß kommt, daß nettes Berühren von Kindern als gut und schmerzvolles als böse empfunden wird, und daß die moralische Bewertung einer Berührung von ihren Konsequenzen abhängt.[42]

Der Kampf um die Vorstellung von Inzest dauert an, nicht innerhalb des sozialen Umfelds, das damit arbeitet und Kindern individuell zu helfen versucht, sondern unter Theoretikern. So wurde oft die Frage aufgeworfen, warum Inzest überhaupt vorkommt, wenn er doch so stark angefeindet wird? Der ewig-radikale Psychohistoriker deMause hat diese Frage auf den Kopf gestellt. Er schlägt vor, daß

Ian Hacking

Inzest immer da war, überall, zu jeder Zeit. Wenn etwas erklärungs-
bedürftig ist, dann sei das die gelegentliche Abwesenheit von Inzest.
Zu dieser Lösung kann er gelangen, weil er eine Reihe von Dingen zu
Inzest zählt, die vorher nicht dafür gehalten wurden. Viktorianische
Eltern gaben zum Beispiel ihren Kindern beim kleinsten Anzeichen
von Verdauungsbeschwerden gerne Einläufe. Diese Praxis hat abgenommen, war aber im ländlichen Amerika bis in die dreißiger Jahre
weit verbreitet. DeMause zufolge ist dieser anale Eingriff der Mütter
an ihren Kindern nichts anderes als Inzest.[43] Hier ein anderes Beispiel
der Bedeutungsausweitung: »Die chronische Konfrontation von
Säuglingen und Kleinkindern mit sexueller Zurschaustellung und mit
Geschlechtsverkehr ist ein Tatbestand von Mißbrauch. Das passiert,
wenn Eltern ihre Kinder zwingen, mit ihnen in einem Schlafzimmer
zu schlafen, bis sie acht oder neun sind.«[44] Die Autorin nennt das nicht
Inzest, aber es ist eindeutig sexuell, innerfamiliär und wird hier Mißbrauch genannt. Das Trennen von Kindern und Eltern – die Architektur, die Räume bietet, in denen das überhaupt möglich ist – ist
hauptsächlich das Werk der industriellen Revolution und ihrer »Ordnung der Familie«. Viele Gesellschaften halten es dagegen für einen
Fall von Grausamkeit, daß wir verhindern, daß Kinder und Eltern
zusammen schlafen. Dieses extreme Beispiel soll uns daran erinnern,
daß das, was als Mißbrauch und als sexueller Mißbrauch gilt, eng an
andere aktuelle Praktiken und Gefühlslagen gebunden ist.

Und die Geschichte des Inzest ist noch lange nicht zu Ende. Das
nächste »Hinterland«, die nächste »Grenze« ist der Kindesmißbrauch
durch Geschwister. »Die Beweislage läßt vermuten, daß Gewalt unter
Kindern, besonders unter Geschwistern, sehr häufig vorkommt. Sie
nimmt vielleicht sogar durch alleinerziehende Elternteile zu, da diese
gezwungen sind, kleine Kinder in der Obhut von älteren zu lassen.«[45]
Sexspiele unter Kindern, besonders wenn ein signifikanter Altersun-
terschied vorliegt, werden immer öfter als sexueller Mißbrauch angesehen. Aus Ödipus wird Elektra.

Mißbrauch und Beschmutzung
»Kindesmißbrauch« ist ein dermaßen standardisierter Ausdruck geworden, daß wir ihn vielleicht zu wenig hinterfragen. Ich möchte an
dieser Stelle gerne ein paar semiotische Beobachtungen machen [die

sich auf den englischen Sprachgebrauch beziehen, in vielen Fällen aber mit der deutschen Sprachpraxis – die das meiste aus dem Englischen übernommen hat – übereinstimmen, Anm. d. Üs]. Wer englisch als Fremdsprache lernt, weiß, in welchem Maße wir Substantive ohne jeden grammatischen Hinweis aneinanderreihen und sie trotzdem grammatisch definieren können. Wortverbindungen wie »child assault prevention training program« oder »health care delivery system« können wir problemlos verstehen. Die armen Ausländer! Wie bestimmt man »child abuse« (Kindesmißbrauch) grammatisch?

Das Verb *to abuse* (mißbrauchen) bedeutet entweder falsch gebrauchen oder mißhandeln. Natürlich geht es bei Kindesmißbrauch um die Mißhandlung des Kindes, nicht um dessen falsche Verwendung. Aber denken wir uns einen Ausdruck der Form »N abuse«, wobei *N* ein Substantiv ist. Ich bin auf die folgenden Kombinationen gestoßen: »child abuse«, »drug abuse (substance abuse, alcohol abuse)« (Drogen-, Medikamenten-Alkoholmißbrauch), »police abuse« (polizeiliche Übergriffe), »spouse abuse« (eheliche Gewalt), »voice abuse« (Stimmißbrauch), »sex abuse«, »incest abuse«, »confinement abuse« (Einsperren), »contact abuse«, »noncontact abuse«, »elderly abuse« (Seniorenmißbrauch), »self abuse« (Selbstbefleckung). »Voice abuse« ist die Erfindung eines medizinischen Journalisten. Es ist wahrscheinlich das Beispiel, dessen Bedeutung am unsichersten ist: Bezeichnet es verbalen Mißbrauch, das heißt Mißbrauch, den man mittels der Stimme begeht, oder heißt es Mißbrauch der eigenen Stimme? Es bezeichnet letzteres, eine häufige Praxis von Priestern und Vortragenden. »Police abuse« – wie in der »Coalition against Police Abuse«, die 1974 von dem ehemaligen Black Panther B. Kwaku Duren in Long Beach gegründet wurde, bezeichnet Mißhandlung durch die Polizei, nicht Mißhandlung der Polizei.

Was bedeutet Drogenmißbrauch? Das falsche Verwenden von Drogen? Die militantesten Bekämpfer des Drogenmißbrauchs glauben, so viel ich weiß, daß es keinen richtigen Gebrauch von Crack geben kann; also kann Crackmißbrauch nicht bedeuten, daß man es falsch gebraucht. Drogenmißbrauch scheint eher zu bedeuten, daß man sich selbst durch Drogen mißhandelt. »Sex abuse« bedeutet wahrscheinlich sexueller Mißbrauch und nicht Mißbrauch von Sex. »Contact abuse« ist sexueller Mißbrauch einer Person, der in körperlichem Kontakt mit dieser Person begangen wird, und »noncontact abuse« ist auch sexueller Mißbrauch. Das letztere kann der Fall einer Mutter sein, die in der Badewanne sitzend ihren zwölfjährigen Sohn darum bittet, ihr etwas zu bringen, oder einer Mutter, die gelegentlich als Prostituierte arbeitet. Sexueller Mißbrauch wird meistens als Gegensatz zu körperlichem Mißbrauch, also Körpermißhandlung verstanden. Ist »spouse abuse« die Mißhandlung durch einen Ehepartner oder die des Ehepartners, oder beides gleichzeitig? Meistens bedeutet es die Mißhandlung des Ehepartners. »Child abuse«, »spouse abuse« und »elderly abuse« (»senior abuse«) werden somit grammatisch parallel bestimmt.

»Incest abuse« (viele Leser werden mir nicht glauben, daß er in der Literatur tatsächlich auftaucht) muß Mißbrauch bedeuten, der in Zusammenhang mit Inzest begangen wird, oder so etwas ähnliches. »Confinement abuse« bedeutet Mißhandlung eines Kindes durch das Einsperren in einen Keller, Schrank, oder schlimmerem. (Elternteil begräbt Kind mit Ofenrohr über dem Gesicht, damit es atmen kann. Entleert später Stuhlgang ins Ofenrohr.) Dann gibt es unseren alten Freund, das Verbrechen des »self abuse« (Selbstbefleckung), wie es im *Oxford English Dictionary* von 1728 auftaucht. Um diese Zeit scheint »self abuse« den Begriff »self pollution« für Masturbation zu verdrängen.

Es ist jedoch bemerkenswert, daß wir nicht den Ausdruck »food abuse« (Essensmißbrauch) haben, obwohl wir wissen, was das bedeuten soll: zügelloses Sich-Überessen mit der Folge derber Fettleibigkeit. Oder es könnte die genaue Gegenseite des Problems bedeuten, Magersucht. Diese Fälle scheinen dem des Alkoholmißbrauchs sehr zu ähneln, trotzdem nennen wir sie nicht so. Ich denke, das liegt daran, daß wir zu modern sind, um Völlerei als Sünde anzusehen. Jetzt bringt man uns natürlich bei, daß auch »self abuse« keine Sünde ist, aber die Assoziation von »*N* abuse« und Sünde hat sich seit 1728 in uns gehalten. Deswegen klingt »voice abuse« für uns so albern. Hier wird keine Sünde angesprochen. Auch sind weitaus weniger Kinder Opfer von »confinement abuse« als von Autounfällen, trotzdem ist »Automißbrauch« keine Form von Kindesmißbrauch. Autos sind Tugenden, nicht Sünden.

Die Durchsicht von Stichwortverzeichnissen von Zeitungen und Zeitschriften ist hier ebenfalls interessant. In unserem Jahrhundert gab es bis etwa 1966 die feste Kategorie »Gewalt gegen Kinder«, von da an heißt es in den Verzeichnissen: »Gewalt gegen Kinder: siehe Kindesmißbrauch«. Gewalt gegen Kinder verschwand allmählich. Trotzdem gibt es noch eine andere Kategorie in den Verzeichnissen – »Inzest«. Um 1977 sieht man zum ersten Mal unter »Kindesmißbrauch« den Eintrag »s.a. Inzest«. Etwa 1992 (das variiert von Index zu Index) wird Inzest mit Minderjährigen einfach unter »Kindesmißbrauch« verschlagwortet. Eine Sünde hat sich an die andere angehängt.

Woher kommt das Sündige in »*N* abuse«? Es gibt eine Antwort, der schwer zu widerstehen ist. Zweihundert Jahre lang gab es in der englischen Sprache nur ein relevantes Beispiel für den Ausdruck, nämlich »self abuse«. In genau diesen zwei Jahrhunderten galt diese Praxis sehr wohl als Sünde. In dem Eintrag des *Oxford English Dictionary* von 1728 ging es um »self abuse« als Verbrechen – Verbrechen nicht im allgemeinen Recht, aber nach einem höheren Gesetz. »Self abuse« war abstoßend und schmutzig. Früher hatte es dafür den Begriff »self pollution« gegeben. Die Benutzung des Wortes *pollution (Ver-/Be-schmutzung)* in der Bedeutung von Samenerguß ohne Koitus ist so alt wie unsere Sprache.

Soll man dem Zufall irgendeine Bedeutung zuschreiben, daß *polluted* früher die folgende Bedeutung hatte: »(slang, orig. US) berauscht, betrunken; unter dem Einfluß von Drogen« (Anhang des *Oxford English Dictionary*)? Ist es nicht nur eine von vielen scherzhaften Verwendungen, wie »beschwipst«, »bezecht« oder »beschickert«? Sicherlich ist es das. Trotzdem: Die Anwendung von »pollution« auf Alkohol kam gerade während der Anfänge der Prohibition in die Sprache. Ich bin mir der Verbindung von »pollution« und Drogen nicht so sicher, aber sie scheint mit der ersten amerikanischen Drogenhysterie zusammenzufallen, die zu Beginn dieses Jahrhunderts stattfand. Was für eine Kette der Verschmutzung: Self pollution, self abuse, substance abuse, »polluted« (Selbstbeschmutzung, Selbstbefriedigung, Medikamentenmißbrauch, »berauscht«).

Mary Douglas hat die These bekannt gemacht, daß sich Gesellschaften zum Teil über ihr Verhältnis zu Ver/Beschmutzung definieren, sowohl im »wörtlichen« wie im »metaphorischen« Sinn.[46] Ich stelle die Wörter in Gänsefüßchen, weil wir seit Douglas wissen, daß das, was wir unter Dreck verstehen, nicht einfach beispielsweise Erde

Ian Hacking

ist, sondern voller impliziter Bedeutungen steckt. Sie hat gezeigt, daß »Verschmutzung« nicht zufällig das Wort für Ökologiefreaks ist, und daß es in deren Organisationen und Gruppierungen eine ähnliche Rolle einnimmt wie die Greuel des Levitikus und die Reinigungsriten der Lele in Zaire.

Obwohl mich eine indirekte und ältere Metapher von Ver/Beschmutzung interessiert, sehe ich eine Verbindung zwischen Kindesmißbrauch und Verschmutzung. Hier ist ein Beispiel aus den Siebzigern: »Die Gesellschaft hat vorsichtige Schritte gegen Umweltverschmutzung ergriffen. Aber gegen die soziale Verschmutzung der amerikanischen Umwelt hat sie extrem wenig getan – gegen die verschmutzte Umwelt, die viele Eltern zum Kindesmißbrauch treibt«.[47]

Jede Gesellschaft hat ihr eigenes Register an Verschmutzungen und Reinigungen. Die der eigenen Gesellschaft galten meist als natürlich und unvermeidlich, während die anderer Völker als bizarr und oft komisch angesehen werden. Die größte Annäherung an ein kulturenübergreifendes Tabu ist Inzest, und selbst da variieren, wie gesagt, die verbotenen Verbindungen von Kultur zu Kultur enorm.

Ohne große Einbildungskraft liegt der Gedanke nahe, daß, wenn N-Mißbrauch von Anfang an mit Verschmutzung verbunden ist, die Verwandlung von Kindesmißbrauch in Inzest nichts anderes ist als eine Rückkehr des Wortes »Mißbrauch« zu seiner Bedeutung Verschmutzung. Man kann natürlich auch andere Gründe für die Verbindung finden. Zum Beispiel ist es kein Problem, über Kindesmißhandlung zu reden, aber Inzest ist so verabscheuenswürdig, daß niemand darüber auch nur reden will. Wenn Inzest aber der Kategorie Kindesmißbrauch zugeordnet wird, wird es wieder möglich, darüber zu sprechen. Dazu kommt, daß kein »Experte« (Sozialarbeiter, Ärzte, Anwälte, Lehrer oder Priester) mit Inzest zu tun haben will. Die Auseinandersetzung mit Kindesmißbrauch ist jedoch inzwischen zulässig.

Ich glaube allerdings nicht, daß das den Kern des Problems trifft. Zwei weitere Faktoren sind offensichtlich. Zum ersten wird eine Vielzahl von sexuellen Vergehen, euphemistisch Berühren genannt, nun mit Inzest zusammengepackt, als wäre das dasselbe. Nach Kontakt-, bekommen wir kontaktlosen (sexuellen) Mißbrauch. Damit wird der Bereich der Verschmutzung radikal ausgeweitet. Die Sünde erobert unsere Gesellschaft, nicht weil wir sündiger geworden sind, sondern weil wir mehr Taten zur Sünde erklären. Vor allen Dingen erschaffen wir ein Wissen: Heute ist es eine bekannte Tatsache, daß ein Vater, der mit seinem Kind schmust, seine üblen Leidenschaften in die Tat umsetzen wird, so er nicht von den hilfreichen Fachleuten auf den rechten Weg geführt wird.

Ein zweiter Aspekt ist der, daß Kindesmißbrauch, obwohl er einerseits zu einem gesellschaftlichen Gegenstand wurde, nämlich als Eigentum der helfenden Berufe, auf der anderen Seite aus dem gesellschaftlichen Kontext herausgenommen wird. Seinem Ursprung, der Verschmutzung, zurückgegeben, ist er nicht mehr eine Frage von Armut, Enge, Arbeitslosigkeit und dergleichen. Etwas, das als Beschmutzung definiert wird, wird zum Sakralen, das rituell zu behandeln ist. Inzest ist ein medizinisches Problem geworden, aber nur in dem Sinne, in dem Medizin und Hexerei eins sind.

Ursache, Kategorie und Handeln

Selbst Lesern, die sich bislang in der Literatur über Kindesmißbrauch nicht auskannten, wird einleuchten, daß Ursache, Kategorie und Handeln auf komplexe Weise miteinander verbunden sein werden.

Was ist die Ursache von Kindesmißbrauch? Kempe und seine Kollegen wiesen mit ihren medizinischen und psychiatrischen Modellen den Weg. Sie führten die Doktrin vom Kreislauf des Mißbrauchs ein, nach der die Eltern mißbrauchter Kinder selbst Opfer von Kindesmißbrauch sind.[48] Es könnte genauso gut eine soziologische Doktrin sein, die erklärt, daß bestimmte Umstände, wie zum Beispiel Armut, Kindesmißbrauch hervorrufen, verbunden mit der These, daß es einen Kreislauf der Armut gibt. Aber nein, hier geht es darum, daß durch das Trauma des Mißbrauchs bestimmte Eigenschaften und Defekte erzeugt werden, die, wenn sie nicht behandelt werden, Mißbrauchsverhalten erzeugen.

Ein Krankheitsmodell ist nur sinnvoll, wenn man an eine unterliegende Kausalität glaubt (oder an die Struktur einer multiplen Kausalität). Es sollte uns nachdenklich machen, daß jemand, der Kinder mißbraucht, sich in einer medizinisch definierten Verfassung befindet, einer Krankheit, kurz, etwas beinahe Natürlichem. Die Behandlung müßte in Analogie zu der für Tuberkulose gedacht werden, in der als

Ian Hacking

nationales Ziel höhere hygienische Standards angestrebt und gleichzeitig die kranken Eltern individuell betreut würden. Im Krankheitsmodell

> wird nach dem Problem der Eltern geforscht, so daß Mißbrauch zum Problem
> bestimmter Eltern wird, die von der Norm abweichen. Mißbrauch ist das
> Resultat einer individuellen oder familiären Störung. (...) Auf diese Weise
> gelten andere Eltern als normal, und die Gesellschaft als Ganzes hat kein
> Problem mehr. (...) Das Krankheitsmodell legitimiert die Rolle einer Vielzahl
> von Gesundheits- und Wohlfahrtsfachleuten, die zu Experten dieses so außer-
> gewöhnlichen Problems werden.[49]

Ein anderer Aspekt des Krankheitsmodells ist dessen Gewichtung von
Früherkennung und Prognose von Familien, in denen Mißbrauch
geschieht. Wieder einmal wies die Kempe-Gruppe den Weg.[50] Jeder
Leser der Literatur wird jedoch zustimmen, »daß die Forschung
über die Prognose von zukünftiger Gewalt kein Vertrauen in die
Verläßlichkeit und Gültigkeit des Bewertungsprozesses einflößt« (P,
S. 139).[51]

Was das Handeln betrifft, so geben die wenigen evaluativen Untersuchungen von Behandlungsprogrammen Anlaß zu substantieller
Skepsis. Auch gibt es wenig Kenntnis über die Effektivität von unab-
hängigen Selbsthilfegruppen wie den Parents Anonymous. Als Behandlung ist so gut wie alles schon einmal vorgeschlagen worden. Es
erstaunt nicht, daß in North Carolina und Georgia über Sterilisation
nachgedacht wird.[52]

Welche Alternative gibt es zu dem Krankheitsmodell? Kennzeich-
nenderweise die, Kindesmißbrauch als gesellschaftliches Problem zu
behandeln. Manchmal sind die Lösungen recht spezifisch: Das Fernsehen ist schuld.[53] Im Zusammenhang mit Gewalt kann man ja noch
über diese These streiten, aber es wird schwierig, diese Behauptung für
Inzest aufzustellen, den nach 1977 beliebtesten Typ von Kindesmißbrauch.

Als Alternative bekommt man »soziostrukturelle« Herangehensweisen, die Kindesmißbrauch als einen Aspekt der Gesellschaft und
ihrer Normen ansieht und nicht als eine Klasse von individuell began-
genen Handlungen. Oft liegt die Betonung auf gesellschaftlichem
Wandel oder Veränderungen in der Familie, und man warnt uns vor
einem Zusammenbruch der gesellschaftlichen Ordnung. Oder man

hat »sozialpsychologische Modelle«[54], die sich auf Fehler in der Mutter-Kind-Beziehung, auf häusliche Unruhen, kaputte Familien und dergleichen konzentrieren.

Es wird vollkommen klar, daß die Vorstellungen davon, was Kindesmißbrauch *ist*, die Vorstellungen seiner Ursachen und die Vorstellungen von zu unternehmenden Schritten eng miteinander verknüpft sind. Sie gehen für gewöhnlich nicht auf, und zwar aus Gründen, die ich im folgenden beschreiben werde: vielleicht ist Kindesmißbrauch nämlich gar keine richtige Kategorie.

Gar keine Kategorie?

Inzwischen überrascht es nicht, Behauptungen wie die folgende zu lesen: »Kindesmißbrauch ist keine natürliche Kategorie – nichts ist ›natürlicherweise‹ Kindesmißbrauch« (*P*, S. 148). Oder: Kindesmißbrauch »ist keine absolute Einheit, sondern gesellschaftlich definiert, und kann von den gesellschaftlichen Kontexten, in denen er auftritt, nicht getrennt werden. Wir postulierten weiterhin, daß Mißhandlung kein einheitliches Phänomen ist, sondern eine große Breite von Handlungen einschließt, Handlungen, die sowohl konzeptuell als auch in der Anwendung voneinander unterschieden werden können.«[55]

Die zweite Behauptung stammt von Jeanne Giovannoni und ihrer Mitarbeiterin Rosina Becerra. Ihr Buch *Defining Child Abuse* ist ein energischer Versuch, die Vorstellungen von Kindesmißbrauch von Fachleuten und Gemeinden in Kalifornien zu analysieren. Die Forschung basiert auf vier kulturell und geographisch getrennten Landkreisen dieses Staates. An Fachleuten wurden Kinderärzte, Sozialarbeiter, Anwälte und die Polizei untersucht. Die Forscher sammelten etwa zweiundsiebzig Beispiele von Kindesmißhandlung in kleinen Geschichten oder »Vignetten«. Sie waren so verschieden wie »Elternteil verbrannte das Kind an Pobacken und Brust mit einer Zigarette«; »die Eltern ließen das Kind einmal nachts alleine«; »die Eltern lassen ihre Kinder dabeisein, wenn sie mit Freunden Kokain nehmen«; oder »eine geschiedene Mutter mit Sorgerecht ist Prostituierte.« Fachleute und Allgemeinheit wurden gebeten, diese Vorfälle nach ihrer Gewichtigkeit zu ordnen. Mittels Faktorenanalyse wurden die Vorfälle in die folgenden Kategorien eingeteilt, geordnet mit den schlimmsten Arten an der Spitze der Liste.

Ian Hacking

Körperlicher Mißbrauch
Sexueller Mißbrauch
Vergehen in Pflegefamilien
Aufsicht
Emotionale Mißhandlung
Drogen/Alkohol
Vernachlässigung
Schulische Vernachlässigung
Elterliche Sexualmoral

Die Anordnung der obersten beiden führt vielleicht in die Irre, denn es gibt viele Fälle von körperlichem Mißbrauch, die als nicht sehr schwerwiegend gelten; dagegen wird jeder sexuelle Mißbrauch als schwerwiegend angesehen.

Oben sind neun verschiedene Sorten menschlichen Verhaltens aufgelistet, die auf weitverbreitete Ablehnung stoßen. Die Bezeichnungen sind natürlich abgekürzt, »Aufsicht« bedeutet die mangelhafte Beaufsichtigung eines Kindes, für das man verantwortlich ist. *Defining Child Abuse* macht deutlich, daß sowohl kalifornische Fachleute als auch Kalifornier allgemein die Vorfälle ohne Probleme in eine dieser neun Verhaltensgruppen einordnen konnten. Die vier Arten von Fachleuten nahmen innerhalb jeder Kategorie nur minimal unterschiedliche Einordnungen bestimmter »Vignetten« vor. Fachleute sind tendenziell nachsichtiger im Beurteilen von Untaten als normale Bürger im Ganzen. Die Bevölkerungsgruppen, die in Kalifornien beinahe jede Art von Kindesmißhandlung am heftigsten verdammen, sind Schwarze und Hispanics. Das Einordnen der verschiedenen Arten von Mißbrauch variiert allerdings innerhalb verschiedener Subgemeinschaften ein wenig.

Die neun Kategorien sind erstaunlich vertraut; Giovannoni scheint den Begriff Kindesmißbrauch auseinandergenommen zu haben. Einige der Kategorien sind nur in unserer eigenen Form gesellschaftlicher Organisation zu verstehen: Vergehen in Pflegefällen zum Beispiel. Ebenso ist das Konzept von schulischer Vernachlässigung tief in unserer eigenen sehr seltsamen und neuen Konzeption von Schulerziehung verwurzelt. Aber im Großen und Ganzen können die Kategorien angewandt werden, ohne Sonderverhalten von Minderheiten außer acht zu lassen und über ein weites Gesellschaftsspektrum. Wir müssen hier zwischen einer Kategorie und den Klassen, die in einer bestimmten Gesellschaft in diese Kategorie fallen sollen, unterscheiden. So hat man früher angenommen, daß Pueblo-Indianer andere Farbkonzepte hätten als wir. In dem Gebiet von rot, rosa, orange und gelb, zum Beispiel, würden sie andere Einordnungen treffen. Es ist aber immer noch sinnvoll, zu sagen, sie hätten eine Kategorie »Farbe«, so wie wir eine Kategorie »Farbe« haben, obwohl ihre Farben sich von unseren unterscheiden.

In diesem Sinne ist es also einsichtig, daß unterschiedliche Gesellschaften sehr unterschiedliche Klassen von Handlungen unter dem einordnen, was wir »sexuellen Mißbrauch« oder »Kindesmißhandlung in Verbindung mit Drogen oder Alkohol« nennen. Aber die meisten Gesellschaften kennen Taten in den Bereichen von Sex, von Körpermißhandlung, von der mangelnden Versorgung mit Essen oder Kleidung, oder sogar der ungenügenden Beaufsichtigung von Kindern, die sie mißbilligen, verbieten, oder tabuisieren – das gehört wahrscheinlich zu jeder Gesellschaft dazu. Genauso ist in unserer eigenen Gesellschaft die Vorstellung von körperlicher Mißhandlung eines Kindes klar, auch wenn die Klassen von Fällen, die unter diese Kategorie fallen, von Untergruppe zu Untergruppe variieren können. »Wer die Rute spart, verzieht das Kind« gilt noch für viele von uns, während andere die aktive Inanspruchnahme dieses Sprichworts als Zeichen von Gewalt, Bosheit und gelegentlich auch Kriminalität ansehen. Ein Forschungsinteresse von Giovannoni und Becerra war zu bestimmen, wie solche Unterklassifizierungen und Grenzen von verschiedenen Teilen der Bewohner Kaliforniens gezogen werden.

Die Untersuchung stellt weiterhin fest, daß sowohl Fachleute wie normale Menschen die neun aufgestellten Label problemlos anwenden konnten. Jeder von ihnen kann innerhalb der neun Kategorien feine Unterscheidungen treffen. Die Autoren setzen sich in aller Deutlichkeit gegen den undifferenzierten Oberbegriff »Kindesmißbrauch« ein. Aber genau gleichzeitig behauptet Kempe, daß die Zeit gekommen sei, den Ausdruck »Kindesmißhandlung« (hier: battered-baby syndrome) gegen den allgemeinen Begriff »Kindesmißbrauch« (child abuse) auszutauschen. Warum sollte eine präzise und mittlerweile wohlverstandene Klassifikation aufgegeben werden, die unter die Ka-

Ian Hacking

tegorie des körperlichen Mißbrauchs fiel? Warum, wenn Giovannoni und Becerra Klarheit schaffen, soll auf dem diffusen Mischmasch »Kindesmißbrauch« beharrt werden? Weil »Kindesmißhandlung« seine Pflicht getan hatte, das öffentliche Bewußtsein zu schärfen. Wir sind jetzt in einem Stadium geschärften Bewußtseins, in dem »Kindesmißbrauch« dieses Kunststück erfüllen soll.

Was für eine eigentümliche Position für einen Mediziner! Die medizinische Forschung, dachten wir, sucht Ursachen und Heilmethoden. Nicht unbedingt. Was gesucht war, war Macht: natürlich die Macht, Gutes zu tun. Die Soziologen, Giovannoni und Becerra, mußten kommen und das äußern, was man von der Medizin erwartet hätte:

Um politische Strategien entwickeln zu können, benötigen wir eine genauere Spezifizierung der politisch relevanten Forschungsvorhaben, inklusive epidemiologischer, ätiologischer und evaluativer Forschung. Bis das, was gezählt werden und dessen Verbreitung geschätzt werden soll, nicht weiter beschrieben ist, sind Verbreitungs- und Häufigkeitsschätzungen überflüssig. Ebenso wird die Forschung nach Ursachen verfrüht sein, bis es genauere Spezifizierungen der Phänomene gibt, deren Ursachen man sucht…, bevor eine Ursachenermittlung stattfinden kann, ist die Entwicklung von gründlicheren, deutlicheren Einordnungen notwendig. Ereignisse, die möglicherweise gemeinsame Ursachen haben, müssen erst einmal untereinander Gemeinsamkeiten haben. Solche Gemeinsamkeiten müssen in den verschiedenen Phänomenen, die als Manifestationen von Mißbrauch und Vernachlässigung gelten, erst aufgezeigt werden.[56]

Das ist ungefähr die schärfste Verurteilung von Dr. Kempe und seiner Bewegung, die man sich vorstellen kann. Aber trotz allem haben die Ärzte gesiegt. Sie sind es, denen jetzt das Thema gehört. Auch Soziologen und Sozialarbeiter müssen heute Kindesmißbrauch in den Begriffen von Ursachenforschung und Epidemiologie beschreiben.

Ein größerer Rahmen: Normalität
Wir haben mit einer Idee angefangen, die voller moralischer Sicherheit war: Du sollst Dein Kind nicht mißbrauchen. Kann es ein zeitloseres Gebot geben? Doch dann stellen wir fest, daß die Vorstellung von Kindesmißbrauch dehnbar ist und imperialistisch seit dreißig Jahren neue Territorien erobert. Die Kraft des Gebots wird somit gemindert. Es gibt nur eine lebensfähige Einstellung: Kindesmißbrauch ist schlecht, und wir wären froh, wenn es viel weniger davon gäbe. Aber

wenn wir uns von den Taten ab- und der Idee des Kindesmißbrauchs zuwenden, gibt es und kann es keine Einstimmigkeit in Einstellungen geben.

Ich möchte zwei der vielen einander widersprechenden Standpunkte vorstellen. Einer ist der der Aktivisten, der losen Koalition, die ich die Kindesmißbrauchsbewegung genannt habe, die sich aus besorgten Kinderärzten und radikalen Feministinnen rekrutiert: »Diese Epoche war extrem erfolgreich in der Bewußtmachung; wir haben mehr und mehr über den Umfang des Kindesmißbrauchs herausgefunden und mehr und mehr verschiedene Taten als Beispiele für Mißbrauch erkannt.« Eine andere, sehr viel zynischere Schiene behauptet, »Kindesmißbrauch ist ein rhetorisches Mittel, mit dem die Aufmerksamkeit von der Gesellschaft abgezogen werden soll. In den ursprünglichen Anhörungen des Senatskomitees hat Senator Mondale es auf den Punkt gebracht – es ist kein gesellschaftliches Problem. Die Krise, die im amerikanischen Familienleben und seiner Beziehung zur Arbeitskraft empfunden wird, ist ein Problem der gesellschaftlichen Verhältnisse, die der amerikanische politische Diskurs traditionellerweise ignoriert. Deswegen wird die Wut auf die Verderbtheit der individuellen Beziehungen umgeleitet, unter anderem auf den mißbrauchenden Erwachsenen und das unschuldige Kind. Unter einem unreflektierten, aber machtvollen Emblem Mißbrauch werden eine Menge voneinander unabhängiger Mißhandlungen an Kindern zusammengeworfen. Damit wird unbekümmert der böse Feind in unserer Mitte identifiziert. Wir brauchen nun nicht mehr darüber nachzudenken, wer wir sind.« Diese beiden Einstellungen fordern zu verschiedenen Arten des Engagements heraus, sind aber nicht völlig gegensätzlich. Man kann auch beide Einstellungen entwickeln und nach ihnen beiden handeln. Das ist meine Position.

Die Idee von Kindesmißbrauch ist nicht von sich aus merkwürdig. Nur in einem Aspekt ist sie außergewöhnlich. Wir leben mit einem Wirrwarr von Vorstellungen, die gleichzeitig moralisch, menschlich, gesellschaftlich und privat sind, aber es gibt zu jeder Zeit nur wenige fundamentale Konzepte, deren Erfindung und Gestaltung wir direkt mitverfolgen können. Viele unserer Vorstellungen haben eine ähnliche Geschichte wie die des Kindesmißbrauchs, aber sie stehen dem bewußten Erinnern nicht zur Verfügung – genauso wie gerade in die-

Ian Hacking

sem Augenblick die Spuren der Evolution der Idee des Kindesmißbrauchs fast überall gelöscht werden. Aber zwischen den starken moralischen Konzepten gibt es Unterschiede. Kindesmißbrauch dagegen ist ein Fall aus einer besonderen Klasse. Es ist ein Konzept, das normalisiert.

Normalität ist eines der stärksten Metakonzepte menschlicher Verhältnisse. Die Vorstellung vom normalen Menschen hat zu einem großen Teil die aufklärerische Idee der menschlichen Natur ersetzt.[57] Erst im neunzehnten Jahrhundert hat »normal« seine Bedeutung von »gewöhnlich« und »typisch« erhalten, anfangs im medizinischen Kontext, in dem der Gegensatz »pathologisch« war. Seit dem Altertum umspannt das Wort sowohl das Beschreibende als auch das zu Bewertende. Ursprünglich war es der Name eines Winkelmessers, mit dem man rechte Winkel (90°) und richtige (korrekte) Winkel ziehen konnte. Das gilt auch für die griechische Vorsilbe *ortho*. Der Orthopäde macht die Knochen des Patienten heil und gerade – und auch richtig, gut, wünschenswert.

»Normal« und »ortho« haben schon immer die Kluft zwischen »ist« und »soll« umspannt, aber unser heutiger Gebrauch des Normalen und Pathologischen stammt aus der Medizin des frühen neunzehnten Jahrhunderts. Er wurde dann, zuerst durch Auguste Comte, verallgemeinert und auf die Gesellschaft bezogen. Am Ende des Jahrhunderts konnte Émile Durkheim anhand von Selbstmordraten pathologische Gesellschaften im Gegensatz zu normalen diagnostizieren. Das Pathologische war die Abweichung, das Kernthema der Sozialwissenschaft. Gleichzeitig wurde Normalität mit statistischen Mitteln gemessen. Die Statistik war rein deskriptiv, aber da eine der Bedeutungen von »normal« »richtig« ist (und »gesund«, mit all seinen Konnotationen), war das Anormale nicht nur einfach anders, sondern auch falsch (und krank).

Die Verbindung zwischen Medizin und Normalität besteht fast immer, auch wenn sie manchmal verborgen ist. Selbstmord ist ein gutes Beispiel dafür. Vor französischen Nervenärzten wie Jean-Etienne Esquirol hatte sich die Medizin nicht für Selbstmord interessiert. Diese Ärzte beanspruchten nun für sich das Recht auf das gesamte Wissen über Selbstmord. Dieses Recht teilen sie heute nur mit den Statistikern, die Selbsttötung in Tabellen aufzeichnen, und mit Soziologen, deren Disziplin ein Sproß von Medizin und Statistik ist. Selbstmord und Kindesmißbrauch sind gleichermaßen Mitglieder einer Konstellation »sozialer Probleme«, die im Rahmen des Normalen und des Pathologischen verhandelt werden. Die Mehrheit der Probleme, die die Zeitschrift *Social Problems* untersucht – und sie beinhalten natürlich auch Selbstmord und Kindesmißbrauch – sind in genau diese Begriffe gekleidet.

Vielleicht mißbilligen einige der Leser meine Abgrenzung des Kindesmißbrauchs vom Konzept der Kindesmißhandlung des neunzehnten Jahrhunderts. Mir kam es darauf an zu zeigen, daß die Viktorianer Gewalt nie als medizinisches Phänomen angesehen haben. Gewalttätige Eltern wurden nicht für krank oder pathologisch gehalten. Eine Charakterisierung von normalem Familienverhalten gab es nicht. Von medizinischer Seite wurde nicht interveniert, selbst wenn manche aktiven Eingreifer ausgebildete Ärzte waren. Im Gegensatz dazu begann Kindes*mißbrauch* 1962 durch Ärzte, die als eine ihrer ersten Thesen aufstellten, daß mißbrauchende Eltern krank seien und Hilfe benötigten. Wie ich oben sagte, waren Ärzte die Sieger im Machtkampf um den Kindesmißbrauch. Aber ihr Erfolg stand, so möchte ich behaupten, von vornherein fest, weil Kindesmißbrauch im Rahmen von Normalität und Pathologie wahrgenommen wird.

Immer mehr Verhaltensweisen werden als Mißbrauch eingeordnet, weil man sie inzwischen für abnorm hält. Zwischen dem Üblichen und dem Richtigen findet ein kompliziertes Spiel statt. Ich habe schon die These zitiert, daß ein Mißbrauch vorliege, wenn Eltern mit ihren etwas größeren Kindern in einem Raum schlafen. Es ist in amerikanischen Familien, die es sich leisten können, inzwischen üblich, den Kindern eigene Räume zu geben. Aber jetzt wird das Unübliche abnorm und das Abnorme wird falsch. Das ist kein selbstverliebtes semiotisches Geschwätz, kein dekonstruktivistisches Wortspiel um künstliche Bindestriche und erfundene Etymologien. Sondern es ist klare Moralität, klares Englisch und klare Geschichte.

Ich sagte am Anfang, daß wir eine Vorstellung von Kindesmißbrauch als etwas Definitives hätten, und zeigte dann, wie der Begriff wuchs, sich veränderte, reformiert und umgebildet wurde. Und es geht mir hier nicht um irgendeine allgemeine »gesellschaftliche Konstruktion«. Kindesmißbrauch entwickelte sich von seinem Anfang an zu einer Einteilung von immer mehr Verhaltensweisen in normal und deviant. Eine feste Vorstellung von Kindesmißbrauch gab es anfangs nicht, weil es keine Standards für Normalität gab. Diese werden nun immer stärker ins Leben gerufen, was sich wiederum auf uns alle auswirkt. Normal zu sein, ist gut. Durch die Charakterisierung von Verhaltensweisen als normal oder deviant werden Normen etabliert, Normen, nach denen wir uns gerne richten. Das bedeutet, daß wir uns selbst anders wahrnehmen und andere Handlungsweisen wählen, und daß sich das, was im menschlichen Verhalten als üblich gilt, verändert und neue Phänomene gebiert, die in ein ewig-wandelbares Konzept wie Kindesmißbrauch einfließen. Bei solchen Konzepten kann man nicht erwarten, daß sie lange eine Bedeutung behalten.

Darüber hinaus weist das Normale einen anderen Aspekt auf, der durch seine eigene Geschichte am besten illustriert wird. Das Normale bedeute das Gewöhnliche, und das ist gut – zum Beispiel bei Durkheim. Francis Galton aber, der uns für die normale Distribution in der Statistik den Begriff »normal« gab, nannte den Durchschnitt explizit »mittelmäßig«, und das ist schlecht. Paradoxerweise geht das Normale in zwei Richtungen, was zum Teil den ambivalenten Zauber ausmacht, den es auf uns ausübt.[58] Galtons Programm der Erbhygiene sollte den gesellschaftlichen Durchschnitt verändern, über seine gegenwärtige Position hinaus weiterentwickeln. Gil, der Autor der beiden Definitionen für Kindesmißbrauch, die ich oben nebeneinander zitiert habe, steht genau in der Tradition Galtons. Die normale Behandlung von Kindern in Amerika ist mittelmäßig und schlechter. Mißbraucht werden sie alle, und das müssen wir uns bewußt machen.

Gibt es also nichts, das wir über Kindesmißbrauch wirklich wissen können? Wir wollen, daß unsere Interventionen, unsere offiziellen Einrichtungen, unsere Gerichte, unsere Lehrer, unsere Ärzte, unsere Mitmenschen und auch wir selbst aus einem Wissen heraus handeln, und zwar liebevoll, hilfreich, klug, weise und gerecht. Wenn das Objekt des Wissens sich ständig verändert, wenn die Begriffe, mit denen wir es ausdrücken können, immer wertend sind – auf der einfachen Ebene (Kindesmißbrauch) wie auf der Metaebene (normal) – ist das dann eine leere Hoffnung? Sie ist nur dann leer, wenn das Wissen als exaktes und besonders als medizinisches Wissen angesehen wird, als das Wissen von Chemie, Gewebe und Organen. Trotzdem ist es beinahe unmöglich, dem medizinischen Modell zu entkommen; nicht wegen der offenkundigen Macht der Medizin, sondern wegen der verborgenen Macht der darunterliegenden Vorstellungen, die dieser Stand, bis hin zu der Vorstellung von Normalität, im westlichen Denken genährt hat.

Aus dem Amerikanischen von Dorothea Löbbermann

Anmerkungen

Dieser Aufsatz entstand im Herbst 1986, als ich mich mit einem Killiam Research Stipendium am Institute for Advanced Study der Princeton University aufhielt. Er sollte unter der Herausgeberschaft von Mary Douglas und David Hull in einem Essayband zu Ehren von Nelson Goodman erscheinen, aber da aus diesem Projekt noch nichts geworden ist, wurde ich freundlicherweise von den Herausgebern des *Critical Inquiry* wegen einer Veröffentlichung angesprochen, obwohl einige Daten veraltet sind. Ich habe keine systematische Erneuerung durchgeführt, aber neue Informationen angefügt. (*Critical Inquiry* 17, Winter 1991, pp. 253-288)

1 vgl. Richard Gelles, »The Social Construction of Child Abuse«, *American Journal of Orthopsychiatry* 45 (Apr. 1975): 363-71; Stephen J. Pfohl, »The 'Discovery' of Child Abuse«, *Social Problems* 24 (Feb. 1977): 310-23: und D. Kelly Weisberg, »The 'Discovery' of Sexual Abuse: Experts' Role in Legal Policy Formation«, *University of California at Davis Law Review* 18 (Herbst 1984): 1-57.

2 vgl. Ian Hacking, »Making up People«, in *Reconstructing Individualism: Autonomy, Individuality, and the Self in Western Thought*, ed. Thomas Heller u.a. (Stanford, Calif., 1986), S. 222-36.

3 Die *People*-Ausgabe vom 5. Feb. 1990 gibt die Breite der öffentlichen Reaktion mindestens genauso gut wieder wie die gelehrteren Studien, die erschienen sind und weiterhin erscheinen.

4 Bischof Exner und Schwester Nuala Kenny in Torontos *Globe and Mail*, 7. Aug. 1990. Der offizielle Bericht über den Fall ist Gordon Winters, *Report of the Archdiocesan Commission of Inquiry in the Sexual Abuse of Children by Members of the Clergy in Newfoundland* (St. John's, Newfoundland, 1990).

5 vgl. den offiziellen Bericht des Department of Health and Social Security, *Child Abuse in Cleveland, 1987: Inquiry Report* (London, 1988). Das Wettern des lokalen Unterhausabgeordneten findet sich in Stuart Bell, *When Salem Came to the Boro: The True Story of the Cleveland Child Abuse Case* (London, 1988). Einen stark feministischen Ansatz hat Beatrix Campbell, *Unofficial Secrets: Child Abuse – The Cleveland Case* (London, 1988). Als Einführung in die Boulevardpresse über Cleveland s. Gay Search, *The Last Taboo: Sexual Abuse of Children* (Harmondsworth, 1988), besonders S. 159.

6 Die Empfehlungen wurden in *A Report to the Office of Child Abuse and Prevention by the Preschool Curricula Task Force* (Sacramento, Calif., 1990) gegeben.

7 Martin Tolchin, »U.S. Panel Declares Child Abuse Represents 'National Emergency'«, *New York Times*, 28. Juni 1990.

8 Eine ausgezeichnete Darstellung dieses Aspekts von Kindesmißbrauch ist Barbara J. Nelson, *Making an Issue of Child Abuse: Political Agenda Setting for Social Problems* (Chicago, 1984). Ihrem Modell einer Agenda war Joseph R. Gusfield vorangegangen: *The Culture of Public Problems: Drinking-Driving and the Symbolic Order* (Chicago, 1981).

9 Mit charakteristischer Verve zitiert Mary Douglas eine diesbezügliche Äußerung von mir und widerspricht ihr scharf und, wie ich meine, unplausibel. Wir lernen etwas über Bakterien, und Bakterien gleichen sich unserem neuen Wissen an! Vgl. Douglas, *How Institutions Think* (Syracuse, N.Y., 1986), S. 101, dt.: *Wie Institutionen denken*, üs. v. Michael Bischoff (Frankfurt, 1991).

10 vgl. Erin Pizzey, *Scream Quietly or the Neighbors Will Hear* (Short Hills, N.J., 1977). (deutsch: *Schrei leise. Mißhandlungen in der Familie*, Frankfurt 1989)

11 »Guilty Verdict in Sex Abuse: Flemington, N.J.«, *New York Times*, 5. Nov. 1986.

12 Bennet G. Braun, »The Transgenerational Incidence of Dissociation and Multiple Personality Disorder: A Preliminary Report«, in *Childhood Antecendents of Multiple Personality*, Hg. Richard P. Kluft (Washington, D.C., 1985), S. 136. Die Doktrin wurde von Kluft erstmals 1979 auf einer Versammlung der American Psychiatric Association aufgestellt. Das Lehrbuch für diesen Theorienkorpus ist Frank W. Putnam, *Diagnosis and Treatment of Multiple Personality Disorder* (New York, 1989).

13 vgl. Lloyd deMause, »The Evolution of Childhood«, in *The History of Childhood*, Hg. deMause (New York, 1974), S. 1-73. (deutsch: *Hört ihr die Kinder weinen*, Frankfurt 1994)

14 vgl. Jacques Donzelot, *The Policing of Families*, ins Engl. übersetzt von Robert Hurley (New York, 1979), dt.: *Die Ordnung der Familie*, üs. v. Ulrich Raulff (Frankfurt, 1980).

15 »Die moralische Hysterie zieht sich wie ein gemeinsamer Faden durch die Hexenverfolgungen von Salem über die Kommunistenhetze der McCarthy-Ära zu der heutigen grellen Fixierung auf Kindesmißbrauch« (Rabinowitz, »From the Mouth of Babes to a Jail Cell«, S. 63). Und zu der Parallele in England s. Bells *When Salem Came to the Boro*.

16 vgl. Joy Parr, *Labouring Children: British Immigrant Apprentices to Canada 1869-1924* (London, 1980).

17 John Herridge Batt, *Dr. Barnado: The Foster-Father of »Nobody's Children«* (London, 1904), S. 129.

18 Rundschreiben der *Children's Aid Society*, zitiert in Charles Loring Brace, »The Children's Aid Society of New York: Its History, Plans, and Results«, in *A History of Child-Saving in the United States: Report of the Committee on the History of Child-Saving Work to the Twentieth National Conference of Charities and Correction*, Hg. C. D. Randall u.a. (1893; Montclair, N.J., 1971), S.3.

19 vgl. Anthony M. Platt, *The Child Savers: The Invention of Delinquency* (1969; Chicago, 1977). Wie der Titel andeutet, nimmt Platt eine aggressiv konstruktivistische Haltung zu der Vorstellung von Kriminalität ein.

20 s. George K. Behlmer, *Child Abuse and Moral Reform in England, 1870-1908* (Stanford, Calif., 1982).

21 vgl. Dorothy E. Bradbury, *Five Decades of Action for Children: A History of the Children's Bureau* (Washington, D.C., 1962).

22 vgl. C. Henry Kempe u.a., »The Battered-Child Syndrome«, *Journal of the American Medical Association* 181 (Juli-Sept. 1962): 17-24.

23 Leitartikel, »The Battered-Child Syndrome«, *Journal of the American Medical Association* 181 (Juli-Sept. 1962): 42. Die Aussage ist charakteristisch kraftvoll, mehrdeutig und, in ihrer direktesten Interpretation, nicht ganz wahr. 1962 starben 2071 Kinder unter fünfzehn an Leukämie (s. Vital Statistics of the United States 1962, IIA, table I-23). Selbst nach dem radikalen Anstieg der Meldungen 1979 – s. u. Fußnote 35 – lag die Zahl der Kinder, die von ihren Erziehern tatsächlich umgebracht wurden, bei 2. Für 1989 sind die offiziellen Zahlen 1200 bekannte Todesfälle als Folge von Mißhandlung, mit einer Dunkelziffer von weiteren 3800. Selbst an der oberen Grenze waren in all diesen drei Jahrzehnten Autounfälle für Kinder weitaus tödlicher als Mißhandlung oder Leukämie.

24 vgl. »'When They're Angry...«, *Newsweek,* 16. April 1962, S. 74, und »Battered-Child Syndrome«, *Time,* 20. Juli 1962, S. 60.

25 vgl. »Parents Who Beat Children: A Tragic Increase in Cases of Child Abuse Is Prompting a Hunt for Ways to Detect Sick Adults Who Commit Such Crimes«, *Saturday Evening Post,* 6. Okt. 1962, S. 30-35.

26 vgl. John Caffey und William A. Silverman, »Infantile Cortical Hyperostos: Preliminary Report on a New Syndrome«, *The American Journal of Roentgenology* 54 (Juli-Dez. 1945):1-16.

27 Kempe u.a., »The Battered-Child Syndrome«, S. 24.

28 Ray E. Helfer, »The Responsibility and Role of the Physician«, in *The Battered Child,* Hg. Helfer und Kempe (Chicago, 1968), S. 25.

29 Kempe u.a., »The Battered-Child Syndrome«, S. 23.

30 vgl. Thomas A. Szasz, »Justice and Psychiatry«, *Atlantic Monthly* 222 (Okt. 1968): 127-32.

31 Lucinda J. Dykes, »The Whiplash Shaken Infant Syndrome: What Has Been Learned?« *Child Abuse and Neglect,* 10, Nr. 2 (1986): 211-21.

32 Patienten mit dem Münchhausensyndrom tischen ihren Ärzten Geschichten auf, vertauschen heimlich Urinproben usw. Im Stellvertretersyndrom tun Eltern dies für ihre Kinder. s. Roy Meadow, »Munchhausen Syndrome by Proxy: The Hinterland of Child Abuse«, *Lancet,* 13. Aug. 1977, S. 343-45, und »Ficticious Illness – the Hinterland of Child abuse«, in *Recent Advances in Pediatrics,* Hg. Meadow (Edinburgh, 1984). Jetzt gibt es weit über hundert Veröffentlichungen zu dem Thema.

33 Die erste Definition ist aus David C. Gil, »Incidence of Child Abuse and Neglect: Demographic Characteristics of Persons Involved«, in *Battered Child,* Hg. Helfer und Kempe, S. 20. Die zweite ist aus Gil, »Unraveling Child Abuse«, *American Journal of Orthopsychiatry* 45 (April 1975): 346-56.

34 Gil, *Violence against Children: Physical Child Abuse in the United States* (Cambridge, Mass., 1970), S. 137.

35 Gelles, *Family Violence* (Beverley Hills, Calif., 1979), S. 11. Die Zahl von sechs Millionen Opfern familiärer Gewalt stammt aus Murray Straus, Suzanne K. Steinmetz, und Gelles, *Behind Closed Doors: Violence in the American Family* (New York, 1979).

36 Gil, »Societal Violence and Violence in Families«, in *Family Violence: An International and Interdisciplinary Study,* Hg. John M. Eekelaar und Sanford N. Katz (Toronto, 1978), S. 28, 31, 28 (sic).

37 Florence Rush, *The Best Kept Secret: Sexual Abuse of Children* (New York, 1980), S. 17.

38 vgl. Suzanne M. Sgroi, »Sexual Molestation of Children: The Last Frontier in Child Abuse«, *Children Today* 4 (Mai-Juni 1975): 18-21.

Ian Hacking

39 vgl. Ellen Weber, »Incest: Sexual Abuse Begins at Home«, *Ms.* 5 (April 1977): 64-67. Das Zitat stammt aus Grace Metalious, *Peyton Place* (New York, 1956), S. 347 (dt.: *Die Leute von Peyton Place*, üs. v. Ursula v. Wiese (Hamburg, 1958).

40 Brenda J. Vander Mey und Ronald L. Neff, *Incest as Child Abuse: Research and Applications* (New York, 1986), S. 1. Das Zitat von Charles Horton Cooley bezieht sich auf sein *Human Nature and the Social Order* (1902; New York, 1964).

41 Zu diesem Thema sind die zwei jüngsten lesbaren Bücher: Danis M. Donovan und Deborah McIntyre, *Healing the Hurt Child: A Developmental-Contextual Approach* (New York, 1990) (zur Hilfe für Kinder) und (zur Hilfe für Erwachsene): Leonard Shengold, *Soul Murder: The Effects of Childhood Abuse and Deprivation* (New Haven, Conn., 1990), dt.: *Soul Murder. Seelenmord – die Auswirkungen von Mißbrauch und Vernachlässigung in der Kindheit*, üs. v. Silvia Sernau (Frankfurt, 1994).

42 vgl. Mary de Young, »The Good Touch/Bad Touch Dilemma«, *Child Welfare* 67 (Jan.-Feb. 1988): 60-68.

43 s. deMause, »The Universality of Incest«, *Journal of Psychohistory* 15 (1988): 247.

44 Cornelia B. Wilbur: »Multiple Personality and Child Abuse: An Overview«, *Psychiatric Clinics of North America* 7 (März 1984): 3.

45 Lawrence S. Wissow, *Child Advocacy for the Clinician: An Approach to Child Abuse and Neglect* (Baltimore, 1990), S. 195.

46 vgl. Douglas, *Purity and Danger: An Analysis of Concepts of Pollution and Taboo* (London, 1966). dt.: *Reinheit und Gefährdung. Eine Studie zu Vorstellungen von Verunreinigung und Tabu*, üs. v. Brigitte Luchesi (Frankfurt, 1987).

47 Edward Zigler, »Controlling Child Abuse in America: An Effort Doomed to Failure«, in *Proceedings of the First National Conference on Child Abuse and Neglect* (Washington, D.C., 1977), S. 33.

48 Die Doktrin vom Kreislauf des Mißbrauchs ist heute ein populäres Klischee, eingeführt 1962. Sie ist ein gutes Beispiel für ein Stück sicheren Wissens, das von gründlichen Denkern modifiziert oder aufgegeben wurde. Sie wurde entwickelt in Sidney Wasserman, »The Abused Parent of the Abused Child«, *Children* 14 (Sept.-Okt. 1967): 175-79; J. E. Oliver und Audrey Taylor, »Five Generations of Ill-Treated Children in One Pedigree«, *British Journal of Psychiatry* 119 (Nov. 1971): 473-80; Marvin Blumenberg, »Psychopathology of the Abusing Parent«, *American Journal of Psychotherapy* 28 (Jan. 1974): 21-29; John J. Spinetta und David Rigler, »The Child-Abusing Parent: A Psychological Review«, *Psychological Bulletin* 77 (Apr. 1972): 296-304; Jill E. Korbin, »Childhood Histories of Women Imprisoned for Fatal Child Maltreatment«, *Child Abuse and Neglect* 10, Nr. 3 (1986): 31-38; usw. Das repräsentiert das positive Erstellen des Wissens, eine mächtige, aber auf Eindrücken basierende These. Als Gegenmittel s. z.B. Srinika Jayartne, »Child Abusers as Parents and Children: A Review«, *Social Work* 22 (Jan. 1977): 5-9; Alfred Kadushin, *Child Welfare Services* (London, 1974) und Michael Benjamin, »Abused as a Child, Abusive as a Parent: Practitioners Beware«, in *The Maltreatment of the School-Aged Child*, Hg. Richard Volpe, Margot Breton und Judith Mitton (Lexington, Mass., 1990). Hier geht es wohlgemerkt um die Prognose elterlichen Mißbrauchs (die meisten mißbrauchten Kinder werden mißbrauchende Eltern), nicht um Erklärungen des Mißbrauchverhaltens mancher Eltern (viele mißbrauchende Eltern waren mißbrauchte Kinder). Die Doktrin vom Kreislauf des Mißbrauchs wird natürlich immer wahrer und trivialer, je allgemeiner der Begriff »Mißbrauch« gefaßt wird. Bei Gils großzügigster Definition, wonach praktisch jedes amerikanische Kind mißbraucht wird, wird die Doktrin jedes Sinnes entleert.

49 Nigel Parton, *The Politics of Child Abuse* (New York, 1985), S. 149; im folgenden mit *P* abgekürzt.
50 vgl. Ruth S. Kempe und Kempe, *Child Abuse* (Chicago, 1978).
51 Parton liefert nützliche Literaturhinweise zum Thema Prävention aus den frühen achtziger Jahren sowie die beste verfügbare Diskussion in diesem Kontext über »false positives« und »false negatives«. Die Literatur zu »Familie in Gefahr« ist reich aber ziemlich belanglos: s. z.B. L. Kowal u.a., »Characteristics of Families at Risk of Problems of Parenting: Findings from a Home-Based Secondary Prevention Program«, *Child Welfare* 68 (1989): 529-38.
52 s. Norman und Nancy Polansky, »The Current Status on Child Abuse and Child Neglect in This Country«, Bericht vor der Joint Commission on Mental Health for Children (Feb. 1968); zitiert in Gil, *Violence Against Children*, S: 46.
53 vgl. Lucien A Beaulieu, »Media, Violence and the Family: A Canadian View«, in *Family Violence*, Hg. Eekelaar und Katz, S. 58-68.
54 Das sind die Labels, die Gelles und Claire Pedrick Cornell benutzen in ihrer »Introduction: An International Perspective on Family Violence«, in *International Perspectives on Family Violence*, Hg. Gelles und Cornell (Lexington, Mass., 1983), S. 13, 14.
55 Jeanne M. Giovannoni und Rosina M. Becerra, *Defining Child Abuse* (New York, 1979), S. 239. Vgl. Gelles, »The Social Construction of Child Abuse«, S. 364: »Es gibt kein objektives Verhalten das wir automatisch als Kindesmißbrauch erkennen.«
56 Giovannoni und Becerra, *Defining Child Abuse*, S. 256.
57 Die klassische Untersuchung der Idee des »Normalen« ist Georges Canguilhem, *On the Normal and the Pathological*, ins Engl. üs. von Carolyn Fawcett (1966; Boston, 1978), dt. *Das Normale und das Pathologische*, üs. v. Monika Noll und Rolf Schubert, München, 1974; die Ausgabe von 1966 selbst ist die Erweiterung eines Essays von 1943. In *The Taming of Chance* (Cambridge, 1990), besonders in Kapitel 19, behaupte ich, daß Normalität die Menschliche Natur ersetzt habe und stelle den medizinischen und statistischen Hintergrund zur Verfügung.
58 vgl. Hacking, *The Taming of Chance*, S. 177-79.

Janice Haaken

Das Wiedergewinnen des Gedächtnisses, der Phantasie und des Begehrens

Sexueller Mißbrauch und psychisches Trauma

> Es war nicht so, daß ich vergessen hätte – vielmehr konnte ich mich nur nicht dazu durchringen, mich zu erinnern. Anderes war immer wichtiger.
>
> (Angelou 1961,1)

Angesichts der kulturellen Kräfte, die das Gedächtnis fragmentieren und verwandtschaftliche und soziale Bindungen untergraben, hat es eine gewisse Ironie, daß Frauen jetzt vorgeworfen wird, Familien mit falschen Anschuldigungen über die Vergangenheit zu zerstören. Nach Jahrzehnten feministischer Fortschritte, ein öffentliches Bewußtsein über die Häufigkeit sexuellen Mißbrauchs herzustellen, muß die Frauenbewegung sich in den 90er Jahren einer neuen Welle organisierten Widerstands stellen. Die Falsche-Erinnerungs-Syndrom-Stiftung [False Memory Syndrom (FMS) Foundation, im Folgenden FMS Foundation genannt] ist eine Gruppe von Eltern, die sich zusammengetan haben, um sich gegen Vorwürfe von sexuellem Mißbrauch zu wehren; Vorwürfe, von denen sie behaupten, sie seien falsch, und die oft auf dem Hervorholen [recovery] verdrängter Erinnerungen in psychotherapeutischer Behandlung basieren. Viele Therapeuten, die sich auf die Behandlung von Opfern sexuellen Mißbrauchs spezialisieren, tun FMS als Teil der Gegenbewegung gegen den Feminismus und die Bewegung für die Rechte von Kindern ab (Armstrong 1992, Wasserman 1992, Herman 1993, Wylie 1993, Bass und Davies 1994, Cronin 1994).

Als Psychotherapeutin und Feministin teile ich die Bedenken gegen gesellschaftliche Widerstände, sexuellen Mißbrauch zu erkennen. Aber die Debatte wirft für mich beunruhigende Fragen auf, die sich nicht so ohne weiteres durch die Aufforderung, den »Überleben-den zu glauben«, beantworten lassen. Es ist wichtig, die politischen Interessen zu analysieren, die hinter der FMS Foundation stehen, und diese Interessen werden manchmal durch die emotional aufgeladenen Geschichten von »Familien, die durch falsche Anschuldigungen zer-stört« wurden (Goldstein 1992), überdeckt. Aber wir müssen unseren kritischen Gesichtskreis erweitern, und wir sollten den Begriff *Backlash* nicht als Abwehrreflex anwenden.

Wenige Teilnehmer an der Debatte über wiedergefundene Erinnerungen bezweifeln die Tatsache des verbreiteten sexuellen Mißbrauchs von Kindern und dessen potentiell pathogene Effekte. In der Debatte geht es um die Zuverlässigkeit von Erinnerungen, die im Kontext von Psychotherapie und besonders in Therapien, die sich auf das Hervorholen von traumatischen Erinnerungen spezialisieren, auftauchen. Während bis in die achtziger Jahre Berichte über Inzest aus der therapeutischen Praxis sich üblicherweise auf bewußte Erinnerungen bezogen, ist jetzt ein Hauptmerkmal des juristischen wie therapeutischen Diskurses die Frage der Wahrheitstreue von Kindheitserinnerungen, die von Erwachsenen – und vor allem von Frauen – während der Therapie wiederentdeckt wurden.[1]

Therapeuten, die wiedergefundenes oder »verzögertes« Gedächtnis verteidigen, behaupten, daß Amnesie insbesondere bei Kindern eine häufige Abwehr gegen traumatische Erlebnisse sei (Briere 1992; Herman 1992; Freyd 1994). Trauma scheint sowohl Fixierung auf bestimmte Gedanken (die oft als Flashback bezeichnet werden) als auch Amnesie gegenüber den überwältigenden Erlebnissen auszulösen, oft begleitet von emotionaler Abstumpfung. Elizabeth Loftus (1993), eine Gedächtnisforscherin und Verbündete der FMS Foundation, behauptet, sich aufdrängende Erinnerungen seien eine weitaus üblichere Reaktion auf Trauma als Amnesie. Weiterhin meint sie, das Gedächtnis sei äußerst beeinflußbar und rekonstruktiv. Unter Bedingungen von Hypnose oder Suggestivfragen – Bedingungen, die viele aktuelle Therapieansätze bestimmen – könnten Menschen dazu gebracht werden, falsche Berichte über ihre Erinnerungen zu glauben und diese mit der emotionalen Überzeugungskraft wirklicher Erinnerung zu verteidigen (Loftus und Davis 1984; Loftus 1993).

Janice Haaken

Eine zentrale Frage ist die Integrität der Erinnerungen, die im Verlauf der Therapie wiedergefunden werden. Mit anderen Worten: In der Debatte geht es nicht so sehr um das Vergessen als vielmehr um das Erinnern. Weil sexuelle Übergriffe eine wichtiges Argument für den feministischen Kampf gegen das Patriarchat darstellen – eine Gemeinsamkeit, die unsere Meinungsverschiedenheiten zu überbrükken scheint –, führt eine Infragestellung der Gültigkeit von Erinnerungen an sexuelle Mißhandlung fast automatisch zu einer Abwehrhaltung bei Feministinnen.

Hinter diesen Infragestellungen der Erinnerungen von Frauen – als Patientinnen – liegt das eng verwandte Problem der professionellen Autorität bei der Interpretation dieser Erinnerungen. Da das Gebiet der psychologisch-psychatrischen Versorgung immer weiter »feminisiert« wird und Frauen das Feld zumindest zahlenmäßig dominieren (Philipson 1993), wird die Debatte über wiedergefundene Erinnerungen oft geschlechtsspezifisch geführt. Obwohl viele klinische Sprecher in der Erinnerungsdebatte Männer sind, ist doch die große Mehrheit der praktizierenden Therapeuten weiblich, ebenso wie viele der wichtigsten Theoretiker auf dem Gebiet des Traumas und sexuellen Mißbrauchs Frauen sind.[2]

Wenn der Ruf nach feministischer Geschlossenheit als Reaktion auf die Gedächtniskontroverse in purer Abwehr der Therapeutinnen erstarrt, kann er eine Reihe problematischer Fragen überdecken. Dieser Aufsatz ist der Versuch, der anderen Seite – also den Skeptikern und Kritikern der wiedergefundenen Erinnerung – einige ihrer Argumente zuzugestehen, und diese gleichzeitig aber auch durch eine psychoanalytisch-feministische Analyse von drei zentralen Punkten wieder in Frage zu stellen. Erstens haben sowohl Patientinnen als auch Therapeutinnen, allzu erpicht darauf, die Autorität weiblicher Stimmen zu verteidigen, ein wichtiges Gebiet des weiblichen Kampfes aufgegeben: Das Recht von Frauen, die Rolle der Fantasie und des Begehrens in ihrem mentalen Leben anzuerkennen – Fähigkeiten, die für den Widerstand gegen patriarchalische Herrschaft und die Fähigkeit, sich ein Leben ohne diese Herrschaft vorzustellen, von fundamentaler Bedeutung sind. Zweitens hat die Zentralität traumatischer Erinnerungen in der klinischen Bearbeitung sexueller Störungen Frauen ein neues Schweigen aufgezwungen. Frauen werden auf die

Art von Geschichten beschränkt, die auch erzählt werden können. Und drittens begrenzt diese Beschränkung die Erforschung von Konfliktbereichen im Leben von Frauen, Konflikte zwischen Patientinnen und Therapeutinnen eingeschlossen.

Die Bewegung zur Entdeckung von sexuellem Mißbrauch
Überlebende sexuellen Mißbrauchs gehören zur »Erwachsene-Kinder-Bewegung« [adult-children-movement], die eine breit gefaßte Kritik der amerikanischen Familie und ihrer »Dysfunktionalität« artikuliert. Im Gegensatz zu früher, als armen Familien der Hauptanteil professioneller Aufmerksamkeit zuteil wurde (z.B. die »Kultur der Armut« mit ihren »chaotischen«, »kaputten« oder »matriarchalischen« Familien), kombiniert die »Erwachsene-Kinder-Bewegung« Selbsthilfegruppen und Psychotherapie, um »intakte« Mittelstandsfamilien anzuklagen (Haaken 1993).

Als ein Drama, das bei vielen Mittelklasse-Familien Widerhall zu finden scheint, ist die Gedächtnisdebatte Teil einer weitergefaßten Auseinandersetzung über die Zuverlässigkeit von Berichten über die Vergangenheit und implizit eine Infragestellung des »Wortes« sowohl des realen als auch des symbolischen Vaters. Die gesellschaftlichen Bewegungen der 60er und 70er Jahre stellten das hegemoniale Ideal eines einheitlichen kollektiven Gedächtnisses in Frage. In diesem Kontext kann das Wiederentdecken unterdrückter Erinnerungen als die subjektive Erfahrung des Kampfes gegen eine verordnete Wahrheit, um eine neue Identität und Geschichte zu konstruieren, verstanden werden.

Als Gegenbewegung zu neu erstarkten Töchtern ist es der FMS Foundation möglich, weit verbreitete Ängste über sich verändernde Geschlechterrollen zu nutzen. Da Frauen sich jetzt auch im öffentlichen Leben immer mehr in Leitungspositionen etablieren, schließt diese Anklage weitergefaßte kulturelle Ängste vor weiblicher Autorität mit ein. Erwachsene Töchter werden oft von ihren Eltern als die Opfer mächtiger Therapeuten dargestellt – Rattenfänger, die leicht verletzbare Frauen mit ihren »radikalen feministischen Ideen« (Goldstein 1992) verführen.

Elterliche Ängste über den Verlust erwachsener Töchter und deren Widerstand gegen elterliche Kontrolle speisen sich wahrscheinlich aus den sich verändernden kulturellen Grenzen der Geschlechtsidentität.

Janice Haaken

Linda Gordon (1988) stellt die These auf, daß die Sorge über Kindes-mißbrauch sich immer dann in der Öffentlichkeit bemerkbar macht, wenn gesellschaftliche Veränderungen die Familie zum Ort von Generationskämpfen werden lassen. In der US-amerikanischen Ge-schichte sind Generationskonflikte normalerweise ödipal besetzt, wobei die Rebellion der Söhne gegen patriarchalische Väter das prototypische Familiendrama ist. Historisch gesehen haben Eltern mehr Ängste über die Rebellion von Töchtern artikuliert und daher weiblichem Streben nach Individualisierung engere Grenzen ge-setzt.(Chodorow 1978; Benjamin 1988; Johnson 1988).

Obwohl die moderne Frauenbewegung diese normativen Praktiken in der Familie in Frage stellt, tragen doch Frauen – als Mütter und als erwachsene Töchter – weiterhin die Hauptverantwortung für Be-treuungsarbeiten innerhalb der Familie, und das schließt die Versor-gung der alten Eltern mit ein (Allen 1989; Abel und Nelson 1990; Baber und Allen 1992). Angesichts dieses Kontextes von historischen Einschränkungen und sich etablierenden weiblichen Widerständen könnten Inzest-Vorwürfe metaphorisch andere weibliche Grenz-übertritte innerhalb der Familie ausdrücken, einschließlich dem von sexuellem Mißbrauch, ohne sich jedoch darauf zu beschränken, und eine gesellschaftlich akzeptable Art sein, sich von familiären Zwängen zu befreien. Weil Kindesmißbrauch sowohl öffentlichen Schrecken und Wut als auch Leugnung mobilisiert, könnten Inzest-Vorwürfe eine moralisch entscheidende Brücke aus der Welt des Vaters heraus sein.

Das Projekt der Emanzipation von familiären Zwängen ist noch ambivalenter für viele farbige Frauen, die im Alltagsleben die trügeri-schen Aspekte weiblicher »Autonomie« auf besondere Weise erfah-ren. So ist es durchaus problematisch, die mächtigen Väter zu kon-frontieren, wenn Vater und Tochter eine gemeinsame Geschichte der Unterdrückung teilen, zu der auch rassistische Stereotypen von »sex-besessenen« Männern dunkler Haut gehören. Es kann hier schwierig sein, sexuelle Übergriffe aus dem größeren Netz gesellschaftlicher Kräfte, die die Seelen von Eltern und Kindern brechen, herauszuhal-ten (Collins 1990).

Während es relativ wenige Stimmen von farbigen Frauen in der Inzest-Überlebendenbewegung gibt, sind Inzest und sexueller Miß-brauch wichtige Themen in literarischen Erkundungen. Die sozialwissenschaftliche und therapeutische Literatur tendiert dazu, Mißbrauch zu dekontextualisieren und ihn oft auf psychologische Variablen zu reduzieren. Schwarze Schriftstellerinnen neigen eher dazu, private Ausbrüche von Gewalt in einem weiter gefaßten dehumanisierenden Zusammenhang darzustellen (Butler-Evans 1989). In Toni Morrisons *The Bluest Eye* (1970) zum Beispiel inszeniert Pecolas Vergewaltigung durch ihren Vater Cholly eine Gewalt, die mit dem mißbrauchten Körper des jungen Mädchens weder beginnt noch endet. Während die Erzählung sehr klar den Schrecken der Vergewaltigung herausarbeitet, kommt das Trauma doch aus einem weiter gespannten Netz destruktiver Erfahrungen und unerträglicher Verluste, die Vater und Tochter gemeinsam sind. Die Bezeichnung »Täter« – für denjenigen, der für die Zerstörung der Seele dieses jungen schwarzen Mädchens verantwortlich ist – paßt nicht ohne Einschränkungen auf den selbst unterdrückten Vater, sondern verschiebt sich immer wieder in dem weitergefaßten Drama rassistischer Brutalität.

Sexueller Mißbrauch und das Trauma-Dissoziations-Modell
Während schwarze Schriftstellerinnen Berichte sexuellen Mißbrauchs in eine größer angelegte Kulturkritik miteingewoben haben, geht der Trend in der Bewegung der Heilung von Inzest vielmehr dahin, sexuellen Mißbrauch eng zu psychologisieren. Louise Armstrong (1994) verfolgt diese Geschichte und bedauert den Verlust eines kohärenten politischen Mittelpunkts, wenn die »Kultur der Genesungsgemeinschaften«[3] die Bewegung der Inzestüberlebenden mit einschließt. Begriffe wie *Heilung* und *Reise,* jeder konkreten Bedeutung beraubt, bieten Frauen nur trügerische Lösungen. In diesem Kontext von Selbsthilfe und formelhaften Antworten kann die Suche nach unterdrückten Mißbrauchs-Erinnerungen leicht eine quasi religiöse Suche nach einer einzigen Ursache für die Probleme von Frauen werden, abgetrennt vom breiten Strom jetziger und früherer Lebenserfahrungen.

In der Frühphase der Mobilisierung haben sich Frauen öffentlich und in *consciousness raising groups* zu Inzest geäußert und sich angesichts des kulturell geforderten Schweigens zu diesem Thema so gegenseitig unterstützt (vgl. Alcoff und Gray 1993; Armstrong 1994). Als Frauen

Janice Haaken

in größerer Anzahl therapeutische Berufe ergriffen, wuchs insgesamt die therapeutische Bereitschaft, sich mit Anschuldigungen sexuellen Mißbrauchs im Kindesalter auseinanderzusetzen. Frauen machten private Erinnerungen zu gesellschaftlichen Aussagen und lehnten es ab, weiterhin die Hüterinnen der Geheimnisse ihrer Väter zu bleiben.

Während des letzten Jahrzehnts hat die klinische Literatur über sexuellen Mißbrauch die grundsätzliche Haltung, daß man »den Geschichten von Frauen glauben sollte«, erweitert, um die genaue Natur des Mißbrauchs, der sich hinter den präsentierten Symptomen verbirgt, zu erkunden. So hat sich ein umfangreicher neuer Lektürekorpus entwickelt, der helfen soll, Inzestopfer anhand ihrer Symptomatik zu identifizieren, auch wenn sie den Übergriff verdrängt haben (Courtois und Sprei 1988; Maltz 1988; Fredrickson 1992; Bass und Davies 1994). Während diese sich herausbildende Betonung von »versteckter Präsentation« die Möglichkeiten der Erkennung eines frühkindlichen Mißbrauchs erweitert, ergeben sich jedoch wichtige Fragen über den Einfluß von Therapeutinnen im Zugang zum Gedächtnis und bei der Interpretation klinischer Anzeichen von Mißbrauch ein. Weil die Vergangenheit in der Therapie nicht nur entdeckt, sondern ebenso konstruiert wird, besteht durchaus ein Potential für therapeutische Beeinflussung sowohl des Prozesses der Gedächtnis-Wiedergewinnung als auch das Weben von Erinnerungen in die therapeutische Erzählung (vgl. Spence 1982; Ganaway 1989; Berliner und Loftus 1992; Haaken 1994).

Es gibt eine Verlagerung von der frühen feministischen Literatur über sexuellen Mißbrauch, die Mißbrauch in eine breite Konfiguration von Beziehungen in der patriarchalischen Familie situiert hat, zu aktuellen Ansätzen, die auf dem Trauma-Dissoziations-Modell basieren. Dieses Modell steht hinter aktuellen Therapieansätzen, die sich auf das Wiederfinden traumatischer Erinnerungen spezialisieren. Um die politischen Implikationen dieser Verlagerung zu verstehen, sind Judith Lewis Hermans Arbeiten von Bedeutung, weil sie diese beiden Traditionen feministischen Denkens miteinander verbindet. Während es im Moment viel Literatur gibt, die sich auf das Trauma-Dissoziations-Modell stützt, konzentriert sich meine Analyse auf die Entwicklung von Hermans Arbeit, weil diese eine Reihe von Problemen identifiziert, denen sich feministische Therapeutinnen stellen müssen, wenn sie psychiatrische und politische Konzeptionen weiblicher Krankheiten in Einklang bringen wollen. Ihre Arbeit bietet auch einen differenzierteren Ansatz zu Therapiekulturen, sowohl zu solchen aus der Selbsthilfeliteratur als auch zu den vereinfachten klinischen Porträts, die von der FMS Foundation und ihren Verbündeten angegriffen werden.[4]

Hermans frühes Buch *Father-Daughter-Incest* (1981) kombiniert psychodynamisches und feministisches Denken und beeinflußte den feministischen Diskurs zu sexuellem Mißbrauch in den frühen achtziger Jahren. In ihrem zweiten Buch, *Trauma and Recovery* (1992) rückt Herman in wichtigen Punkten von ihren früheren Formulierungen ab und akzeptiert das Trauma-Dissoziations-Modell. Während die Annahme dieses neuen Modells die wachsende Erkenntnis in den Therapieberufen reflektiert, wie entscheidend Mißbrauch in der Kindheit für die Psychopathologie beim Erwachsenen ist, führt diese Perspektivveränderung jedoch ebenfalls zu neuen blinden Flecken in der Konzeptualisierung der beunruhigenden Seite der weiblichen Entwicklung im Patriarchat.

Father-Daughter Incest basiert auf der Unterscheidung von zwei Gruppen von Frauen: Inzestüberlebende und Töchter »verführerischer Väter«. In ihrer Beschreibung der Gemeinsamkeiten beider Gruppen bemerkt Herman, daß zu patriarchalischen Familiendynamiken sowohl eine erotisierte Vater-Tochter-Beziehung als auch intensive Ängste vor der Sexualität gehören. »Körper, insbesondere Frauenkörper, wurden als schmutzig angesehen« (110). Sie beschreibt auch die Tendenz der Frauen in beiden Gruppen, den Vater zu idealisieren. Das konfliktbeladene Verhältnis der Tochter zum Vater schloß die schuldbeladene Genugtuung darüber ein, die Mutter als primäres Objekt der Zuneigung des Vaters ersetzt zu haben, ebenso wie Angst und Hilflosigkeit angesichts des sexuellen Interesses des Vaters an ihr.

Im Gegensatz zum idealisierten Verhältnis zum Vater war die Beziehung zur Mutter von deutlicher Feindseligkeit und Rivalität gekennzeichnet. Wie die erwachsenen Töchter ihre Mütter beschrieben, war deutlich ödipal besetzt, was eine trianguläre Rivalität innerhalb der Kernfamilie vermuten läßt: »Mütter waren oft mißtrauisch und verärgert über dieses besondere Verhältnis... Die mütterliche Verstimmung verursachte den Töchtern ein schlechtes Gewissen, was

Janice Haaken

aber nicht das Vergnügen auslöschen konnte, das sie von ihrem bevorzugten Status bekamen. Einige genossen sogar die Kränkung der Mutter« (Herman 1981, 83).

Zum psychologischen Erbe der inzestuösen und verführerischen Vater-Tochter-Beziehungen gehörte eine Idealisierung von Männern und ein tiefes Mißtrauen und Verachtung Frauen gegenüber. Obwohl Herman (1981) diese Dynamiken in den Zusammenhang der patriarchalischen Familie stellt, sind die Implikationen ihrer Analyse für das therapeutische Verhältnis und für feministische Therapeutinnen sehr wichtig. Während die potentielle Übertragung von Feindschaft und Mißtrauen auf Therapeutinnen kein zentrales Anliegen dieses Buches ist, ermahnt Herman Therapeutinnen, über ihre eigene Praxis zu reflektieren. »Ein weiterer Fehler, den Therapeutinnen oft machen, ist, Wut über den Täter auszudrücken, die von der Patientin nicht geteilt wird. Dieser Fehler ergibt sich ebenfalls durch eine zu enge Identifikation mit dem Opfer... Sie könnte versuchen, die Patientin dazu zu überreden, wütend zu werden und ihren Vater zu konfrontieren, und sie mag dabei nicht willens sein, auf die positiven Dinge, die die Patientin über ihn zu sagen hat, einzugehen« (184).

Hermans Mahnungen lassen schließen, daß die Anerkennung der Mißbrauchserfahrungen von Frauen – die aktuelle Forderung in der Trauma-Literatur – beinhaltet, Konfliktbeziehungen der Patientinnen vorauszusehen. In ihrem späteren Buch (1992) werden diese Konfliktbeziehungen in den Leben von Frauen – sowohl familiär als auch therapeutisch – dagegen deutlich heruntergespielt. Indem vor allem die Anerkennung der traumatischen Erfahrungen betont wird, schließt das Trauma-Dissoziations-Modell die Erforschung der Quellen des Konflikts in den Leben von Frauen von vornherein aus. Im Folgenden will ich versuchen, Konfliktaspekte weiblicher Erfahrung »wiederzufinden«, die wiederum von den Verfechtern des Trauma-Dissoziations-Modells unterdrückt werden.

In der klinischen Literatur über sexuellen Mißbrauch wird das Problem der Maskierungssymptome immer mehr im Rahmen der Verbindung von Trauma und Dissoziation betrachtet (Cornell und Olio 1991; Davis und Frawley 1991, 1994; Briere 1992; Herman 1992). Die Theorie, daß die Erfahrung extremen Kindheitstraumas zu einem doppelten Bewußtsein oder zu gespaltenem Bewußtsein führen kann, wurde ursprünglich im neunzehnten Jahrhundert von Pierre Janet vorgeschlagen (van der Kolk 1987). Um emotional überwältigende Erfahrungen auszuhalten, spaltet die betroffene Person die Erinnerung an das traumatische Erlebnis vom Bewußtsein ab. Die abgespaltenen Erinnerungen werden in einem alter ego oder in einer anderen Persönlichkeit aufbewahrt, dabei schützt eine Gedächtnis-Barriere einen Teil der Persönlichkeit vom Wissen um den Mißbrauch (van der Kolk 1987; Spiegel 1990).

Freud ([1896] 1960) entwickelte seine frühe Hysterie-Theorie in ähnlicher Weise, insofern, als er von der Hypothese eines »doppelten Bewußtseins« ausging, die er als die Koexistenz zweier intern kohäränter und doch getrennter und autonomer Vorgänge innerhalb des Ichs konzeptualisiert. Dieses Konzept der Dissoziation als vertikale Spaltungen im Bewußtsein wurde später in Freuds Denken durch das Konzept der Verdrängung ersetzt – d.h., horizontale Spaltungen, die unterschiedliche Bewußtseinsstufen voneinander trennen, also das System Bewußt und das System Unbewußt.[5] Verdrängung beinhaltete Umkehrungen, Ersetzungen, und Transpositionen von Bildern und Ideen. Aus dieser Sicht ist jede Erinnerung Deckerinnerung. Freud ließ von der Vorstellung ab, daß bei der Suche nach einem einzigen Grund für die Schwierigkeiten eines Patienten eine originale, reine Erinnerung an eine traumatische Erfahrung psychotherapeutisch ausgegraben werden könnte.

Das Dissoziationsmodell behauptet, daß die traumatische Erinnerung in abgespaltenen Ich-Formationen erhalten bleibt und mit der Zeit durch fragmentarisches Wiedererleben des Traumas wieder auftaucht, oft durch selbsthypnotische Trance-Zustände, Flashbacks, oder schwankende Identitätszustände (van der Kolk 1987; Shengold 1989; Davies und Frawley 1994). Im Gegensatz zum Verdrängungsmodell impliziert das Dissoziationsmodell ein geordneteres, ›rationaleres‹ Unbewußtes, das strukturiertere Regeln und einen einfacheren Zugang zum Bewußtsein hat (Spiegel 1990). Die Psyche überträgt »Teilen« des Ichs die Aufgabe, Erinnerungen an traumatische Erfahrungen aufzubewahren, und diese Teile behalten die Integrität der ursprünglichen Erfahrung.

Das Konzept des psychischen Traumas war insofern progressiv, als daß es psychiatrische Zustände normalisiert hat, die früher als persön-

Janice Haaken

liche Verhaltensstörungen angesehen wurden. Das Traumamodell stellt sowohl eine Revolte gegen die biologische Psychiatrie mit ihrer traditionellen Betonung pathologischer Symptome als Defizite dar, als auch einen Widerstand gegen die Freudsche Psychoanalyse. Angesichts der Unterdrückungskraft des »Kaputte-Maschine-Modells« der biologischen Psychiatrie sind solche Diagnosen, die die Menschlichkeit von Psychiatriepatientinnen wiederherstellen, ein Fortschritt. Die Fähigkeit des Gehirns, eine kohärente Repräsentation eines vergangenen disorganisierenden Erlebnisses zu bewahren – eine Prämisse des Traumamodells – bedeutet, daß die Patientin selber in sich den »Schlüssel zum Königreich« trägt, die versteckte Ursache der späteren Schwierigkeiten. Die Aufgabe der Therapeutin ist es, der Patientin beim Zugang zur Erinnerung an das traumatische Erlebnis, die in den Tiefen der Seele vergraben ist, zu helfen.

Die Kinderpsychiaterin Leonore Terr (1994) führte diese Argumentationslinie 1989 im Fall Franklin ein, in dem Eileen Tipton Franklin Erinnerungen an Inzest sowie an den Mord einer Freundin durch ihren Vater Jahrzehnte später wiederentdeckt hatte. Terr behauptet, daß »besonders traumatische Erinnerungen sich überhaupt nicht sehr verschlechtern... Ich weiß aus meinen eigenen klinischen Studien mit traumatisierten Erwachsenen, daß die Erinnerung an eine schreckliche Episode, sobald sie einmal vergraben ist und mit niemandem besprochen wird, normalerweise intakt bleibt« (40-41).

Die Verurteilung von George Franklin, die in der Berufung nicht aufrechterhalten wurde, basierte auf der wiedergefundenen Erinnerung seiner erwachsenen Tochter, die von therapeutischen Experten auf dem Gebiet des Wiederfindens traumatischer Erinnerungen unterstützt wurde. Bei der Formulierung eines überzeugenden juristischen Arguments ist die Konzeptualisierung von Erinnerungen als symbolische Repräsentationen vergangener Erlebnisse nicht hilfreich, wenn sie von einem Verdrängungsmodell ausgeht, das sich über psychische Abwehrprozesse und den jeweiligen kindlichen Entwicklungsstand definiert. Damit klinische Beweise rechtlich relevant werden, und also Zeugen bzw. Opfer glaubwürdig werden, müssen Erinnerungen an Erlebnisse in der Kindheit als wahrheitsgetreue Schilderungen verteidigt werden. Entstellungen in der Erinnerung müssen als für die wichtigsten Erlebnisse irrelevant dargestellt werden.[6]

Die momentane Verbreitung des Dissoziationsmodells ist auch von der Frage der Anerkennung von Ansprüchen auf psychologische bzw. psychiatrische Behandlung angetrieben. Diagnosen, die auf klar definiertem psychischem Trauma basierten, bekamen mit dem Niedergang der psychiatrischen Dienste in den achtziger Jahren in den Vereinigten Staaten, besonders für chronisch psychisch Kranke (vgl. Wylie 1992), eine neue Legitimität. Überlastete und unterbezahlte psychiatrische Einrichtungen benutzten neue diagnostische Kategorien, um Prioritäten zu setzen und Traumaopfer von anderen Pathologien, die als weniger wichtig eingeschätzt wurden, zu trennen.[7] Als medikamentöse Therapien das Gebiet zu dominieren begannen, verliehen Kliniken, die sich auf dissoziative Krankheiten spezialisiert hatten, ihren psychotherapeutischen Untersuchungen von Wahnsinn neue Legitimität. Eine Patientin beschreibt diese Rekonfiguration ihrer Krankheit in den späten achtziger Jahren so: »Wenn du schizophren bist, interessiert sich keiner dafür, was deine Stimmen sagen. Wenn du aber als multiple Persönlichkeit eingestuft wirst [was als schwere dissoziative Krankheit eingeschätzt wird], werden sie alle sehr neugierig und wollen genau wissen, was sie sagen und wie viele von ihnen es sagen« (zitiert bei Randal 1994, 9).

Die Diagnose von Posttraumatischem Streßsyndrom, die klinische Manifestation der Traumatheorie, etabliert im *Diagnostic und Statistical Manual (DSM III)* [Diagnostisches und Statistisches Handbuch] des Amerikanischen Psychiaterverbandes im Jahre 1980, hat ursprünglich diesen Trend für auf Trauma basierende Therapien angeführt.[8] Das Posttraumatische Streßsyndrom stellte psychiatrisches Denken auf den Kopf: selbst eine scheinbar bizarre Symptomatik kann als normale Reaktion auf eine unnormale Situation und als Mittel, mit verstörenden Erinnerungen an Traumata fertigzuwerden, angesehen werden. Diese Diagnose definiert Symptome, die früher Hysterie, Persönlichkeitsstörungen und Psychosen zugeschrieben wurden, als Reaktionen auf traumatische Erlebnisse um (Briere 1992; Herman 1992; Randal 1994).

Während die Annahme, daß pathologische Symptome einen ursprünglich adaptiven Wert hatten, traditionell ein Grundsatz psychoanalytischen Denkens ist, geht die Trauma-Theorie viel weiter und behauptet die »innere Weisheit« und geht von der grundsätzlichen

Janice Haaken

»Normalheit« der Symptomatik des Patienten aus. Feministinnen haben eine besondere Affinität für das Trauma-Dissoziations-Modell wegen dessen Betonung der Fähigkeit der traumatisierten Person, trotz der verheerenden Folgen des Traumas die Erinnerungen daran als wirklichkeitsgetreue Schilderungen externer Begebenheiten zu erhalten (Root 1992). Das Modell geht von der Annahme aus, daß dissoziative Reaktionen mit Beeinträchtigungen der Fähigkeit, Gedächtnis, Gefühl und Identität miteinander zu integrieren zu tun haben, aber daß die Psyche dennoch – wenn auch in fragmentierter Form – diese »Teile« einer traumatogenen Vergangenheit behält. Dieses Modell stellt also eine Sprache zur Verfügung, mit der der Schmerz und die Verletzung von Frauen artikuliert werden können, ohne daß dabei die Position der essentiellen Normalität und Rationalität der Frauen aufgegeben werden müßte. Wenn die Geschichten von Frauen über ihre Viktimisierung ernstgenommen werden sollen, muß dem Erbe der weiblichen Hysterie sein Nimbus genommen werden, und genau das tut das Traumamodell.[9]

Posttraumatisches Streßsyndrom und Geschlechterdynamik
Im letzten Jahrzehnt folgten feministische klinische Konstruktionen weiblichen Wahnsinns dem Beispiel der Vietnam-Veteranen-Bewegung und deren Weigerung, über die andauernden, zermürbenden Effekte des Krieges zu schweigen. In den siebziger Jahren entwickelte sich das Konzept des psychischen Traumas in der feministischen Fachliteratur über das »Vergewaltigungstraumasyndrom«, wo Parallelen gezogen werden zwischen Vergewaltigungsüberlebenden und Kriegsveteranen (Burgess und Holmstrom 1974). Die Anti-Gewalt-Bewegung benutze die Sprache der Schlacht, um die weibliche Viktimisierung im Kriegsgebiet der patriarchalischen Familie zu beschreiben.

Historisch betrachtet hat sich die psychiatrische Konstruktion des psychischen Traumas auf die unmittelbaren Folgen von Traumata konzentriert, besonders bei Traumata nach einer Schlacht. Der jetzige Diskurs über das Posttraumatische Streßsyndrom [Posttraumatic Stress Disorder, im Folgenden PTSD] hat die Effekte des Traumas ausgeweitet, um verzögerte Reaktionen einzubeziehen, die sogar Jahrzehnte nach den traumatischen Ereignissen auftreten können. Herman (1992) gehört zur wachsenden Anzahl der Therapeutinnen, die sich für die Aufnahme von »komplexem PTSD« in das Handbuch des Psychiaterverbandes einsetzen. Sie behauptet, daß das einzelne Trauma des Krieges, auf dem die PTSD basierte, nicht das wiederholte Trauma gelten läßt, zu dem oft sexueller Mißbrauch gehört, und das eher zu PTSD bei Frauen führt. Während das Opfer eines akuten Traumas einen vorübergehenden Verlust des Selbst erlebt, den man an den typischen Symptomen des PTSD erkennen kann, wird bei Überlebenden von chronischem Trauma eine schwerwiegendere Störung des Selbst und der eigenen Identität erfahren: »Sie kann das Gefühl verlieren, überhaupt ein Selbst zu haben« (Herman 1992, 86).

Emotionale Abstumpfung, Flashbacks, sich aufdrängende Gedanken und eine eingeschränkte Fähigkeit, sich auf andere zu beziehen, können alle unterschiedliche Ursachen haben. Aber in einer Gesellschaft, die nicht willens ist, auf die breitgefächerte Skala weiblicher Beschwerden einzugehen, ist es verständlich, daß die pathogenen Folgen des Alltagslebens als weniger wichtig eingestuft werden als Inzest. Die Bezeichnung von komplexem PTSD und psychischem Trauma legt die Verantwortung für die Pathologie auf die Schultern des Täters statt auf die des Opfers, aber das hat einen ziemlich hohen Preis. Weniger dramatische Kämpfe innerhalb der patriarchalischen Familie und innerhalb hierarchischer Arbeitsstrukturen werden dadurch ersetzt, daß Leiden auf außergewöhnlichen Begebenheiten basieren müssen, die oft dem Holocaust gleichgesetzt werden.[10]

Die Diagnose PTSD »demokratisiert« psychisches Leiden, indem die Gemeinsamkeiten in der menschlichen Reaktion auf überwältigende Ereignisse betont werden. Aber wenn die Erinnerung an Trauma anders im Hirn aufbewahrt wird als normale, narrative Erinnerungen, wie das von Traumatheoretikern behauptet wird, dann wird doch die Frage, wie Traumaerinnerungen in normale, narrative Erinnerungen umgewandelt werden, von der Theorie »verdrängt«. Und wenn »Körper-Erinnerungen« im Stammhirn als physiologische Markierungen vergessenen Traumas gespeichert werden (van der Kolk 1987, 1994), wie werden solche Erinnerungen durch die Sprache der klinischen Begegnung wiedergefunden? Die fehlende Aufmerksamkeit für die symbolischen Prozesse der Psyche und für die Prozesse, durch die traumatische Erlebnisse mit der Zeit transformiert werden, schließt

Janice Haaken

eine Analyse einer Reihe von vermittelnden Faktoren aus, nicht zuletzt des gesellschaftlichen Aspekts der Wiedererlangung von Erinnerung. Weil die Diagnose von PTSD von einer einzelnen Traumatisierung abhängt, die sich, wenn es um Ereignisse aus der Kindheit geht, unter Umständen nur schwer nachweisen lassen, hängt die Anwendung dieser Diagnose davon ab, daß man eine »intakte« Erinnerung an das Trauma wiederherstellen kann.

Wenn PTSD eine normale Reaktion auf eine abnormale Situation impliziert und die zugrundeliegende Integrität des Selbst, was sind dann die Implikationen, wenn man diese Diagnose auf Leiden ausdehnt, die durch grundlegende Störungen des Selbst gekennzeichnet sind? Und was sind die Implikationen einer Zusammenfassung von Opfern von Kindesmißbrauch, Kriegsopfern, Opfern politischen Terrorismus, Opfern religiöser Kulte und des Holocaust in eine einzige psychiatrische Kategorie? Daraus ergibt sich eine zumindest teilweise progressive Dimension in der Suche nach einer einheitlichen Basis für menschliches Leid und nach Parallelen zwischen männlicher Herrschaft in der Familie und den Formen der Herrschaft, die das öffentliche Leben charakterisieren. Die Anerkennung der beschädigten Seite von Männern, und ihre Angst vor Abhängigkeit und der Selbsthaß, die oft hinter männlicher Misogynie und Gewalt stecken, sind ebenfalls wichtige Fortschritte in der feministischen Theorie (vgl. Chodorow 1987; Benjamin 1988). Gleichzeitig aber versteckt die diagnostische Zusammenfassung unterschiedlicher Trauma-Opfer unter der Bezeichnung PTSD die Spezifizität der Erfahrungen der Opfer und die Komplexität und Unterschiedlichkeit der Opfer/Täter-Beziehungen.[11] Inzest im besonderen, wie Herman in ihrem Buch *Father-Daughter-Incest* (1981) erkennt, führt oft zur Frage, inwieweit die Opfer sich selbst in den Mißbrauch verwickelt fühlen.

In der Tat, jetzt, wo feministische Therapeutinnen und Aktivistinnen sich bemühen, sich auch beziehungsmäßig komplexeren Erfahrungen zu stellen (z.B. Vergewaltigung bei Verabredungen [*date rape*], Vergewaltigung in der Ehe, sexuelle Belästigung, Inzest), müssen sie sich auch der Begrenztheit des frühen Trauma-Dissoziations-Modells stellen. Ein Schlüsselproblem dieses Modells – das auch Freuds Abrücken davon beeinflußt hat – ist seine Unfähigkeit, die interpersonalen Dynamiken von Trauma zu erklären. Emotionales Trauma läßt sich nicht auf physische Einwirkung oder Reizüberflutung reduzieren.[12] Dazu gehört die subjektive Erfahrung, in ein destruktives Erlebnis verwickelt zu sein, einschließlich, wie im Falle von Inzest, der Schuldgefühle wegen der Verletzung eines starken Tabus.

Die Ausweitung von PTSD auf beziehungskomplexe Erfahrungen zog eine Neudefinierung des traumatogenen Ereignisses als eines, das mit Vertrauensbruch zu tun hat, nach sich (Ulman und Brothers 1988; Herman 1992; Davies und Frawley 1994; Freyd 1994; Jacobs 1994). Der feministische Diskurs über sexuelles Trauma verschob sich also von einem frühen Traumamodell, das Dissoziation als Reaktion auf Stimulus-Überlastung konstruiert hatte, zu einem Modell, das sich auf Gefangenschaft und Herrschaft konzentrierte – Themen, die PTSD von Frauen und Männern gemeinsam haben. Herman (1992) zieht eine Parallele zwischen Gefangenschaft im Krieg und der Gefangenschaft von Frauen in der patriarchalischen Familie. In beiden Formen der Gefangenschaft haben psychisches Trauma und PTSD ihre Ursache im Fehlen der Freiheit: »Wiederholtes Trauma geschieht nur dann, wenn das Opfer Gefangener ist, unfähig zu fliehen, und unter der Kontrolle des Täters steht« (74).

Die Verbindung der Erfahrung von familiärem sexuellem Mißbrauch bei Frauen mit anderen Formen des Traumas hat zu einer gewissen Verschiebung geführt, wie feministische Therapeutinnen die Frage der Macht in der Familie betrachten. Das Konzept der Macht wird nun weniger in den materiellen Unterschieden bei den Privilegien der Väter oder beim Zugriff auf Ressourcen verankert, einschließlich der Fähigkeit, andere für einen identifizierbaren Zweck zu benutzen, sondern Macht wird vielmehr beschrieben als ein Primärtrieb zur Herrschaft, oder aber als ein seelischer Impuls zum Bösen.

Hermans (1992) Ausbau des Traumamodells ist ein gutes Beispiel für diesen Trend in der feministischen Fachliteratur. Einerseits läßt die Traumatheorie eine Vereinigung männlicher und weiblicher Viktimisierung in ein gemeinsames erlösendes Projekt zu. Der männliche Mißbraucher, wie er durch die Linse von PTSD konstruiert wird, wiederholt seine eigene Viktimisierung. Andererseits spielt der männliche Mißbraucher, als der archetypische Täter, eine ganz andere Rolle: »Das erste Ziel des Täters scheint es zu sein, das Opfer zu versklaven... Er scheint ein psychologisches Bedürfnis zu haben, seine Mis-

Janice Haaken

setaten zu rechtfertigen, und dafür braucht er die Bestätigung des Opfers. Deshalb verlangt er immer wieder von seinem Opfer Bekundungen des Respekts, der Dankbarkeit, oder sogar der Liebe. Sein Endziel scheint es zu sein, sich ein williges Opfer zu schaffen. Geiseln, politische Gefangene, Frauen, die Opfer häuslicher Gewalt sind, und Sklaven berichten alle von der merkwürdigen psychologischen Abhängigkeit des Täters von seinem Opfer« (75-76).

Diese Herr-Knecht-Dialektik bringt einen Kampf um Leben und Tod um die verleugnete Abhängigkeit des »Herrn« mit sich, wie Herman feststellt, und dieser Kampf gibt dem »Knecht« paradoxerweise Macht. Doch man kann nicht davon ausgehen, daß diese Dialektik auf die gleiche Weise in den verschiedenen gesellschaftlichen Zusammenhängen, die beschrieben werden, funktioniert. Herman (1992) merkt an, daß das Thema der Gefangenschaft allen Berichten psychischen Traumas gemeinsam eingewoben ist. Der Prototyp der absoluten Gefangenschaft trifft aber nicht auf solche Situationen zu, in denen es einen gewissen Grad an Freiheit gibt. Ebenso wird die Erfahrung der Opfer, Macht über die Täter zu haben, wie das die Herr-Knecht-Dialektik nahelegt, durch eine primärere Betonung der absoluten Macht des Täters verdrängt. Das ist gewiß so in Fällen, in denen das Opfer auf despotische Weise kontrolliert wird – und das schließt Formen des Kindesmißbrauchs ein –, aber das Paradigma erlaubt es nicht, die konflikthaften oder mehrdeutigen Aspekte der weiblichen Unterwerfung innerhalb der Familie zu erforschen.

Die Unfähigkeit, adäquat die komplexen sozialen und entwicklungsbedingten Bedeutungen von Erinnerungen an Trauma anzusprechen, hat die trauma-zentrierten Therapieansätze zu vereinfachend und dadurch offen für Angriffe durch die Kritiker gemacht, die die Wahrheit von wiedergewonnen Erinnerungen anzweifeln. Einer dieser Kritiker ist Michael Yapko, der in seinem Buch *Suggestions of Abuse* (1992) den Standpunkt vertritt, daß wiedergewonnene Erinnerungen an Trauma höchst unzuverlässig seien. Yapko beginnt sein Buch mit der Beschreibung eines Falles von einem Vietnam-Veteranen, der wegen PTSD behandelt wurde. Der Therapieschwerpunkt war die Wiedergewinnung seiner traumatischen Kriegserfahrungen, mit Hilfe von Hypnose, und die Abreaktion (also ein emotionales Wiedererleben) der traumatischen Erinnerungen. Yapko berichtet von der Erschütterung des Therapeuten, als er nach dem Selbstmord des Patienten erfuhr, daß dieser nie beim Militär gedient hatte. Diese Geschichte wird als ein Beispiel sowohl für falsche Erinnerung als auch für den unwissentlichen Einfluß eines in den Grundlagen und Techniken der Trauma-Theorie ausgebildeten Therapeuten angeführt.

Aber sowohl die Verteidiger des wiedergewonnen Gedächtnisses als auch Kritiker wie Yapko übersehen gleichermaßen die Möglichkeiten, die zwischen Wahrheit und Unwahrheit von Repräsentationen der Vergangenheit liegen. Ein grundsätzliches Merkmal menschlicher Intelligenz ist die Fähigkeit, Ereignisse zu rekonstruieren, neue Bedeutungen zu schaffen und ganze Geschichten aus Gedächtnisfragmenten zu schaffen. Außerdem kann die Fantasie das psychische Leben genauso determinieren wie externe Ereignisse – sie ist in der Tat ein notwendiger Teil der menschlichen Fähigkeit, das Imaginäre mit dem »Wahren« zu verbinden.

Yapkos Kritik ist deshalb unzureichend, weil er die metaphorische Potenz militärischer Bilder in der Kultur der männlichen Entwicklung nicht ausleuchtet. Krieg kann als Metapher für Gewalt in der Familie und für die Kämpfe von Söhnen gegen ihre autoritären Väter stehen. Weil Militarismus den männlichen Zugang zu Sprache und Kultur dominiert, ist es nicht überraschend, wenn diese Bildersprache in der symbolischen Repräsentation von männlichem emotionalen Konflikt und Trauma auftaucht. Der von Yapko als Beispiel für ein falsches wiedergefundenes Gedächtnis beschriebene Patient artikulierte wahrscheinlich eine Art von »Wahrheit« über seine Erfahrungen innerhalb der erzählerischen Möglichkeiten der patriarchalischen Kultur.

Zwei Realitäten müssen bei der Interpretation weiblicher Erfahrungen von Sexualität und anderen Vorstellungen körperlicher Invasion anerkannt werden. Zum einen gibt es die materielle Realität des sexuellen Mißbrauchs mit seinen oft traumatischen Konsequenzen für Frauen. Zum anderen gibt es die verführerische und aufdringliche Präsenz des symbolischen Phallus während der »normalen« weiblichen Entwicklung. In Andrea Dworkins Diktum »Alle Männer sind Vergewaltiger«, liegt eine gewisse Wahrheit. Frauen »entdecken« ihre Sexualität zuerst durch die aufdringliche Präsenz des Phallus, metaphorisch oder buchstäblich. Es kann daher nicht überraschen, daß

Janice Haaken

viele Frauen sich mit den Berichten über sexuellen Mißbrauch in der Literatur identifizieren, ob nun Inzest stattgefunden hat oder nicht. Genau wie Kriegsbilder männliche Schwierigkeiten mit Aggression und körperlicher Unversehrtheit symbolisieren können, können sexuelle Bilder für Frauen eine Reihe von Erfahrungen und Konflikte, die mit dem Körper und mit Grenzverletzungen assoziiert sind, mitteilen. Richard Ulman und Doris Brothers (1988) interpretieren Erinnerungen an sexuelles Trauma als Ausdruck von Schwierigkeiten in der weiblichen Entwicklung mit der Erhaltung und Integration von »narzißtischen Fantasien«, oder die Fähigkeit, Fantasie für Zwecke der Herrschaft zu nutzen. Sexueller Mißbrauch führt zu Trauma, weil er ein sowieso schon labiles Gefühl weiblicher Identität und Unverwundbarkeit zertrümmert.

Weibliche Sexualität ist aber ein Ort verbotenen Begehrens, nicht nur des Traumas. Trauma-spezialisierte Therapeuten interpretieren »Körpererinnerungen«, also Erinnerungen, die körperlich erfahren werden, statt in der narrativen Form gewöhnlichen Erinnerns, als Anzeichen für früheren sexuellen Mißbrauch (van der Kolk 1987; Herman 1992; Terr 1994). Aber körperliche Störungen können andere potentielle und starke Bedeutungen für Frauen haben, und eine davon könnten Schwierigkeiten mit verbotenem Begehren sein.

Diese Fixierung auf Trauma steuert natürlich dem kulturellen Erbe des Leugnens und der Minimisierung der Leiden von Frauen entgegen. Die Behauptung, daß »ungeachtet seiner Form und der Reaktion des Kindes Inzest eine verheerende Erfahrung ist und verheerende Spuren bei seinen Opfern hinterläßt« (Manlowe 1995, 10), leuchtet vielen Patientinnen und Therapeutinnen ein, die gegen die traditionelle Forderung, schweigend zu leiden, aufbegehren. Während die These von »unvermeidbaren Effekten« sexuellen Mißbrauchs in letzter Zeit entschieden in Frage gestellt worden ist (Russell 1986; Stieger und Zanko 1990; Edwards und Alexander 1992), bleibt es doch eine legendäre Wahrheit, weil es kollektiv als die Weigerung, sich besänftigen zu lassen, fungiert. Indem der Schwerpunkt von den emotionalen Reaktionen der Frauen auf die unerbittlichen Folgen der Ereignisse selbst verschoben wird, wird der Tradition, dem Opfer die Schuld zu geben, widerstanden.

Aber als ein selbst-organisierender Glaube hat diese Behauptung auch eine Schattenseite. Die Vorstellung, daß psychologische Zerstörung unvermeidbar aus objektiven Mißbrauchserfahrungen herrührt, könnte Therapeuten und Therapeutinnen dazu verführen, eine ganze Palette emotionaler Reaktionen als Beweise für psychische Zerstörung anzusehen. Von hier ist es dann nicht mehr allzu weit bis zu der Idee, daß jungfräuliche Frauen von frühen, kulturell nicht autorisierten sexuellen Erfahrungen »ruiniert« werden, genau wie auch durch sexuellen Mißbrauch (siehe Nathanson 1991). Die Effekte psychologisch und politisch regressiver Ansichten über sexuelle Verunreinigung, besonders in Beziehung zu Frauenkörpern, können schwer zu entflechten sein von den direkten Folgen sexuellen Mißbrauchs. Die Benutzung von Traumametaphern im Dienste der Belebung emotionalen Leidens könnte sich als Trojanisches Pferd herausstellen. Unter dem Vorwand, die Verletzungen von Frauen anzuerkennen, könnte die alte Idee einer inhärenten weiblichen Verletzbarkeit ins therapeutische Gebiet Einzug halten. Die Therapeutin, die annimmt, daß psychische Zerstörung sich aus bestimmten Lebensereignissen ergibt, könnte einer archaischen Fantasie erlegen sein: daß eine ursprüngliche »Kastriertheit« – eine ursprüngliche »Wunde« – die weibliche Psyche für immer verletzungsempfindlich macht.

Traumaberichte und klinische Praxis
In einer Gesellschaft, die bei allen Formen sexueller Transgression hin und her schwankt zwischen Hysterie und Leugnung, hat sexueller Mißbrauch eine enorm evokative Kraft. Innerhalb des Feminismus sind Traumageschichten zum einigenden Vehikel für die Artikulation weiblicher Störungen innerhalb einer Erzählung geworden, die die Erkundung von Unterschieden, welche die Einheit potentiell stören könnten, abwehren will. Da die Öffentlichkeit gegen Gewalt und Opferbilder abstumpft, brauchen Überlebende zur Mobilisierung von Unterstützung immer dramatischere Traumaberichte. Ein Traumaüberlebender zu sein bedeutet, daß die eigenen Leiden anerkannt werden und man deshalb Anspruch auf besondere Formen gesellschaftlicher Unterstützung hat, die sonst nicht zur Verfügung stünden. Der Traumabericht salbt Überlebende mit einem heroischen Status – als Träger unaussprechlicher Wahrheiten.

Janice Haaken

Immer häufiger bekommen Traumaberichte einen mythischen Ton, indem sie Überlebende als Gegenspieler einer archetypischen Personifizierung des Bösen darstellen. Herman (1992) erwähnt die Bedeutung mythischer Themen in vielen zeitgenössischen Inzestberichten. Sie stellt eine Inzest-Überlebende vor, die ihre »Rolle als die einer zum Opfer ausgesuchten Jungfrau, eine Rolle, die ihr eine Identität und ein Gefühl von Besonderheit« in ihrer Familie gegeben hätten, beschreibt (106). Aber Herman untersucht nicht die infantilen Sehnsüchte, durch die die Konstruktion solcher Erinnerungen vermittelt sein könnte. Sich elterlichem Mißbrauch zu stellen und sich daran zu erinnern, kann Angst und schlechtes Gewissen wegen des Verrats von Familiengeheimnissen hervorrufen. Aber die Konzentration auf elterliche Überschreitungen kann auch eine abwehrende Rolle spielen. Es kann im Zusammenhang mit einer Kind-zentrierten Erinnerung von elterlichen Unzulänglichkeiten stehen, die das Kind auf den »Familienaltar« plazieren, ins Zentrum der besorgten Aufmerksamkeit. Diese Zuordnungen erlauben eine innere Auseinandersetzung mit destruktiven Bildern der Eltern; eine Auseinandersetzung, die weniger leicht durch Erinnerungen an distanzierte, überforderte oder sich nicht genug kümmernde Eltern möglich wäre. Letztere Repräsentationen von elterlichem Verhalten lassen sich nicht so leicht als Objekte für infantile Aggression nutzen, sondern führen eher zu einem schlechten Gewissen.

Außerdem mag der Traumabericht der Überlebenden ein Gefühl von Besonderheit und eine Identität innerhalb der Therapiegruppe vermitteln, die sie sonst nicht hätte. In der Literatur über Traumaheilung wird oft beschrieben, wie Therapeuten und Gruppenmitglieder Zeugnis ablegen über das Trauma, was oft von der Wiedergewinnung der Erinnerungen an das Trauma abhängt. Herman (1992) merkt an, daß, wenn die Mitglieder von auf Trauma spezialisierten Therapiegruppen ermutigt werden, sich ein konkretes Ziel auszusuchen, das sie erreichen wollen, sich die meisten Mitglieder für das Wiederfinden von Traumaerinnerungen oder für das Erzählen ihres traumatischen Erlebnisses entscheiden. Herman bedenkt dabei weder die Möglichkeit des Gruppendrucks, eine Traumaerinnerung zu haben, noch den Einfluß der Therapeutin bei der Wiedergewinnung der Erinnerung. Sie gibt aber doch zu, daß die Wiedergewinnung der Erinnerung oft mehr Hilfe benötigt als nur für das Trauma »Zeugnis abzulegen«: »Manchmal bleiben selbst nach einer genauen und auch schmerzhaften Erkundung der Erinnerung große Gedächtnislücken. Dann ist die vorsichtige Nutzung von potenten Techniken wie Hypnosetherapie angebracht« (185).

Die Zusammenfassung einer ganzen Reihe von Erfahrungen und Symptomen in die Kategorie Trauma gibt eine gemeinsame Basis für eine Gruppenidentität, schließt aber damit die Erkundung vieler Aspekte weiblicher Erfahrung aus, einschließlich der Konflikte unter Frauen. Hermans (1992) Beschreibung der Gruppe macht diese Konfliktvermeidung deutlich: »Die Arbeit der Gruppe konzentriert sich auf die allen gemeinsame Erfahrung von Trauma in der Vergangenheit, und nicht auf interpersonale Probleme in der Gegenwart. Konflikte und Meinungsverschiedenheiten zwischen Mitgliedern sind in der Gruppe nicht besonders relevant; vielmehr lenken sie die Gruppe von ihrer eigentlichen Aufgabe ab. Die Gesprächsleiter müssen aktiv eingreifen, um das Mitteilen der Erfahrungen zu fördern und Konflikte zu minimieren« (223).

Das Potential der Traumaerinnerung, als eine Art Behälter für die verstörende Seite weiblicher Erfahrung, einschließlich der Konflikte mit anderen Frauen, wird durch diese Konzentration auf die Traumaerinnerung noch verstärkt. Durch die Geschichte ihres Traumas können Frauen über das Verbotene sprechen: Sexualität, Aggressionen, Rivalitäten und Fantasien von Unterwerfung und Dominanz. Weil davon ausgegangen wird, daß alle diese Gefühle ihre Wurzel im Trauma haben, wird das Wiederhervorholen des Traumas entscheidend für die Legitimation und Normalisierung der Reaktionen von Frauen.

Ein Großteil der Fachliteratur über wiedergewonnene Erinnerungen bietet wenig mehr als eine formelhafte Erklärung für verstörende innere Bilder, die Frauen beunruhigen. Während einige der Autoren auf diesem Gebiet die Verbindung zwischen konservativer religiöser Erziehung und sexuellem Mißbrauch anmerken (Jacobs 1994; Manlowe 1995), wird doch eine Erforschung des Einflusses von religiösen Ideen und Praktiken auf sexuelle Bilder normalerweise vernachlässigt. Janet Liebman Jacobs (1994) zum Beispiel merkt an, daß für Mädchen, »die in religiösen Haushalten aufwachsen, in denen strikte Begriffe

Janice Haaken

von Sünde und Gottgefälligkeit herrschen, es der Teufel sein könnte, der in das Zimmer des Kindes kommt und vor dem sie nicht sicher ist« (36). Über die Verwandlung verschwommener Träume und Bilder in wiedergewonnene Erinnerungen, die den schemenhaften Bildern einer repressiven Kindheit konkrete Formen geben, interpretiert Jacobs folgendermaßen: der Teufel und Papa seien identisch. Der Gewinn von »Erinnerung« führt zum Verlust des Reiches des Imaginären und des Symbolischen.

Wenn alle verstörenden Erfahrungen, die mit dem Körper assoziiert sind, in das Trauma-Paradigma abgeschoben werden, werden selbst die masturbatorischen Genüsse der Kindheit als Wiederholung des Mißbrauchs redefiniert. Jacobs (1994) beschreibt das wiedergefundene Gedächtnis einer Überlebenden, die sich an erotische Fantasien erinnerte, die etwas mit dem »aua aua Körpermann« zu tun hatten – Fantasien, in denen auch ihre Schwester vorkam, mit der sie als Kind ein Zimmer teilte. Während die Überlebende ein Element der Unsicherheit vis-a-vis dem Bild des »aua aua Körpermanns« erwähnt, der »mein Vater gewesen sein könnte«, webt Jacobs solche Berichte zusammen, um eine eindimensionale und klare Geschichte von sexuellem Trauma zu konstruieren.

Obwohl Herman (1992) anmerkt, daß Geschichten von sexuellem Mißbrauch zu sexuellen Reaktionen bei Therapeuten führen können, besonders bei männlichen Therapeuten, beschränkt sich ihre Auseinandersetzung mit der evokativen Macht der Traumaerzählung in therapeutischen Gruppen auf seine offensichtliche Bedeutung als Zeugnis. Ihre Analyse impliziert die Annahme, daß Frauen von solchen Berichten nicht erregt werden und auch kein voyeuristisches Interesse an solchen Dramen haben. Herman erkennt jedoch nicht das Potential der Wiedergewinnung von Traumaerinnerungen, das ursprüngliche Trauma für die Patientin zu wiederholen: »Die Patientin kann sich eine Art sadomasochistischer Orgie vorstellen, in der sie schreit, weint, speit, blutet, stirbt und, vom Trauma gereinigt, wiedergeboren wird. Die Rolle der Therapeutin in dieser Wiederholung kommt der des Täters unangenehm nah, denn sie wird aufgefordert, die Patientin zu retten, indem sie ihr Schmerzen zufügt« (172).

Die potentiell invasiven Aspekte davon, »Schmerzen zuzufügen«, und die Möglichkeit, daß die wiederauftauchende Erinnerung der

Patientin eine symbolische Artikulation ihrer eigenen Position vis-à-vis einer Grenzen verletzenden Therapeutin ist, werden hier nicht berücksichtigt. Herman (1992) neigt eher dazu, die Interventionen der Therapeutin als heroisch zu beschreiben, genau wie die Überlebende als heroisch beschrieben wird. Bei feministischen Therapeutinnen – die sie sich gegen Infragestellungen ihrer Autorität innerhalb des Therapiebetriebs wehren müssen – besteht die Gefahr, daß sie ihre Patientinnen unbewußt für ihre eigenen Interessen einspannen. Herman zitiert eine Therapeutin, die einer Patientin eine Puppe aus ihrer Praxis geliehen hatte: »Sagen Sie niemandem, daß ich eine Puppe verschrieben habe; ich würde ja überall ausgelacht« (152). Die Patientin wird hier gebeten, die Therapeutin zu schützen, und um die gemeinsame Verletzbarkeit herum wird eine Allianz geschmiedet. Innerhalb solcher Allianzen können Traumaerinnerungen leicht unbewußt zum Geschenk der Patientin an die Therapeutin werden, deren professionelle Glaubwürdigkeit ja davon abhängt.

Ein weitere problematische Frage auf dem Gebiet der Wiederfindung von Trauma-Erinnerungen ist der unbewußte Widerstand der Therapeutin gegen Dinge, die die fantasierte Einheit von Therapeutin und Patientin stören könnten. Die negative Bedeutung, mit der der Begriff Fantasie in der Fachliteratur zur wiedergewonnen Erinnerung besetzt ist, trägt zu ihren destabilisierenden Effekten in der Psychotherapie bei. Wenn Fantasie mit »Dinge erfinden« gleichgesetzt wird und nichts mit dem Verständnis der Vergangenheit zu tun hat, dann erscheint es in der Tat als Barriere für das Erreichen eines authentischen Begriffs vom Selbst und führt vielmehr ein verstörendes Element der Unsicherheit ein. Die Abwertung von Fantasie kann eine Reihe unbestimmter Bedeutungen über die Vergangenheit ausschließen. Patient und Therapeut können unbewußt Ängste über alle Fantasien entwickeln, die über ein Wiedererleben des Traumas hinausführen, so daß alle verstörenden mentalen Bilder a priori als Flashbacks interpretiert werden. Dies ist besonders problematisch, weil sexuelle Fantasien – besonders unerlaubte – für Frauen genauso (und vielleicht noch mehr) Anlaß zu Scham sind wie Enthüllungen über sexuellen Mißbrauch. Eine Inzest-Überlebende beschreibt den Prozeß, der sadomasochistische sexuelle Fantasien und die Trauma-Erinnerung in Einklang gebracht hat: »Ich kam an den Punkt, wo ich verstanden habe, daß sie nicht *meine* Fantasien waren. Sie wurden mir durch den Mißbrauch aufgezwungen. Und nach und nach konnte ich einen Orgasmus erleben, ohne an S/M zu denken, ohne mir vorzustellen, daß mein Vater mir etwas antat. Sobald ich die Fantasie von meinem Gefühl getrennt hatte, besetze ich ganz bewußt dieses Gefühl mit anderen starken Bildern – wie zum Beispiel, einen Wasserfall zu sehen. Wenn sie dir S/M aufzwingen können, dann kannst du da stattdessen einen Wasserfall hintun. Ich habe mich reprogrammiert« (Herman 1992, 203).

Es gibt hier einen befreienden Aspekt in der implizierten Anerkennung davon, daß der Raum des Weiblichen oft das Gefäß für männlichen Konflikte ist. Männer leben oft ihre eigenen frustrierten Sehnsüchte und ihre verdrängte Wut über Frauen aus. Die weibliche Wiedergewinnung eines Gefühls, gut zu sein und Rechte zu haben, bringt zwangsläufig eine Rückprojektion des »Schlechten« auf den Unterdrücker mit sich. Aber wenn alle widersprüchlichen und starken Gefühle auf den Unterdrücker zurückprojiziert werden müssen, bleibt Frauen kein Platz für die Integration verstörender Gefühle oder destruktiver Impulse in eine positive Identität. Praktisch baut also das Traumamodell auf der Annahme auf, daß weibliche Überlebende nicht fähig sind, verstörende mentale Bilder zu schaffen, die ihre Ursache nicht in Mißbrauch haben. Bei all dem scheint man davon auszugehen, daß es beim Meistern von Trauma-Erinnerungen vor allem um die Reinigung der femininen Psyche geht.

Bei der Konstruktion des Gedächtnisses als wahrheitsgetreue Repräsentationen vergangener Begebenheiten wird die Vermischung belastender Ereignisse mit deren Weiterführung in der Fantasie ausgeschlossen. Erinnerungen an sadistische Übertretungen können das Resultat verschiedener Erlebnisse sein, einschließlich solcher, die nicht direkt mit sexuellem Mißbrauch in der Kindheit zu tun haben. Andere entwicklungsbedingte Faktoren können hinter Mißbrauchserinnerungen stecken, so zum Beispiel Dynamiken, die mit emotionalem Entzug verbunden sind und die intrapsychisch als sadomasochistische Fantasie weiter ausgeführt werden (Benjamin 1988). Während Berichte von körperlichem Mißbrauch und von Vernachlässigung schon immer in der Literatur über dissoziative Leiden Erwähnung finden (Briere 1992; Frankel 1993), hat die Frage elterlicher

Vernachlässigung zu wenig klinische Aufmerksamkeit erhalten. Diese fehlende Beachtung ist angesichts der weiten Verbreitung von Vernachlässigung – und besonders von väterliche Vernachlässigung – in der weiblichen Entwicklung besonders problematisch (Johnson 1988). Themen emotionaler Vernachlässigung und des Verlassenwerdens sind noch schwieriger durch die narrative Struktur der Erinnerung zu konstruieren als Mißbrauchserfahrungen. Es ist leichter, sich gegen das anwesende Dämonische zu wehren als gegen ein fatalerweise abwesendes.

Herman (1992) beschreibt den Prozeß der Gedächtniswiedergewinnung als Veränderungsprozeß »nur insofern, als die Erinnerungen präsenter, realer werden« (181). Dabei sollte man sich aber deutlich machen, daß in dieser Formulierung das Potential für ein aufdringliches therapeutisches Fordern nach Erinnerungen an Mißbrauch und nach einer eindeutigen Selbsterkenntnis steckt. Während Herman eine gefährliche Tendenz auf dem Gebiet der Behandlung sexuellen Mißbrauchs erkennt, sich allzu ausschließlich auf das Wiederfinden von Traumaerinnerungen zu konzentrieren, beschränken sich ihre therapeutischen Vorschläge hauptsächlich auf die Notwendigkeit, das Tempo des Wiederfindens von Erinnerungen zu steuern, statt sich mit den komplexen und unterschiedlichen Bedeutungen emporkommender Erinnerungen auseinanderzusetzen. Zum Beispiel beschreibt sie eine Frau, die während des Geschlechtsverkehrs einen Flashback hatte, von dem angenommen wird, er signalisiert das Emporkommen verdrängter Erinnerungen an frühen sexuellen Mißbrauch: »Ich hatte Sex mit meinem Mann, und mittendrin kam ich an eine Stelle, da fühlte ich mich plötzlich drei Jahre alt. Ich war sehr traurig, und während er auf mir arbeitete, erinnere ich mich daran , wie ich mir das Zimmer angesehen habe und gedacht habe, ›Emily‹ (das ist meine Therapeutin), ›hol mich unter diesem Mann hier hervor‹. Ich wußte, ›dieser Mann‹ war nicht mein Mann, aber ich sagte noch nicht ›Papa‹« (185). Hier frage ich mich, ob die Therapeutin die ganze Palette potentieller Bedeutungen des Satzes »hol mich unter diesem Mann hervor‹ mitbedacht hat (die Beziehung zu ihrem Mann eingeschlossen). Es könnte zum Beispiel hilfreich sein, den Hinweis auf die Therapeutin zu verfolgen, oder auch die entwicklungsbedingte Bedeutung, daß sie sich wie eine Dreijährige gefühlt hat, hin- und hergerissen zwischen ihrem

Janice Haaken

Begehren nach der Mutter (evoziert im Bild der Hinwendung zur Therapeutin) und ihrer Position in Beziehung zu ihrem Vater.

In meiner klinischen Arbeit habe ich festgestellt, daß Frauen, wie Männer, die sexuellen Kindesmißbrauch erlitten haben, oft charakterologische Probleme haben, die aus einer Identifikation mit dem Aggressor rühren. Das gesellschaftliche Verbot weiblicher Aggression macht es wahrscheinlicher, daß diese destruktiven oder sadistischen Impulse verborgen sind. Wenn die Therapeutin nur auf das gute, verletzte Kind in der Patientin eingehen kann, besteht die Gefahr, daß der Täter als ein projektives Vehikel für verstörende, destruktive Impulse dient, die als gefährlich für die therapeutische Beziehung und unbewußt auch für die Therapeutin erlebt werden. Das wäre dann ein wichtiges Thema für die Ausarbeitung innerhalb der Therapie, angesichts der Tatsache, daß Konflikte wegen Verlassenwerdens durch die Mutter und Wut auf die Mutter oft mit sexuellem Mißbrauch von Kindern assoziiert wird (Herman 1981; Starzecpyzel 1987; Jacobs 1993, 1994). Diese Frage von Mutter-Tochter-Konflikten, früher von entscheidender Bedeutung in Hermans Arbeiten über Inzestüberlebende, wurde von einer Betonung der Lokalisierung des Ereignisses, das einen ursprünglichen Zustand der Harmonie zerstört hat, verdrängt. Das Trauma-Dissoziations-Modell kann also defensiv angewandt werden, um die verstörenden und konfliktreichen Aspekte der weiblichen Erfahrung abzuwehren – dazu gehören auch solche, die sich in der therapeutischen Begegnung zwischen Frauen abspielen.

Die Anwendung des Traumamodells kann auch politische Konflikte innerhalb des Feminismus «eindämmen«. Die Betonung des Wiederfindens der Trauma-Erinnerung – als die primäre Aufgabe der Heilung – situiert den Täter sicher in der Vergangenheit. Während einige Frauen im öffentlichen Leben Autorität bekommen und sich dennoch immer wieder von mächtigeren Männern unterdrückt sehen, mag es weniger gefährlich sein, die «toten« Väter der frühen Kindheit zu konfrontieren als die lebenden Väter. Das Traumamodell vereinigt Frauen in einem gemeinsamen Projekt, das den Unterschieden zwischen denjenigen, die Autorität haben – und das schließt Autorität über andere Frauen ein – und denjenigen, über die diese Autorität ausgeübt wird, ausweicht.[13] Es schützt vor der Mühe, die verschiedenen und divergenten Beschwerden unter Frauen anzuerkennen, einschließlich der Frage, inwieweit Frauen in das Leid anderer Frauen verwickelt sind.

Die feministische Akzeptanz des Traumamodells ist ebenfalls symptomatisch für eine viel weiter gefaßte Krise innerhalb des Feminismus über die anhaltenden Effekte der Viktimisierung und über unsere momentanen Schwierigkeiten, sinnvollen Widerstand zu leisten. Hermans (1981) frühes Buch schließt mit einem Ruf nach »einem ganz anderen Bild des Vaterseins«, das sich durch die gemeinsame Übernahme der Verantwortung für alle Aspekte der Kindererziehung und durch weiblichen Widerstand gegen patriarchalische Machtausübung in der Familie auszeichnet (218). *Trauma und Recovery* dagegen hat einen spirituellen, erlösenden Ton, der politisch impotent ist. Die gegensätzlichen Bedeutungen und Interessen, die hinter verschiedenen Berichten der Viktimisierung stehen, werden von einer Konzeption des Überlebens überragt, der auf einer universellen Einheit basiert. »Eine genesene Überlebende zu sein bedeutet auch ein Gefühl von Kleinheit, von Bedeutungslosigkeit, ein Gefühl, daß die eigenen Schwierigkeiten ›wie ein Tropfen im Ozean‹ sind. Die Überlebende, die Gemeinsamkeit mit anderen gefunden hat, kann sich von all ihrer Arbeit ausruhen. Ihre Genesung ist erreicht; alles, was vor ihr liegt, ist ihr Leben« (236).

Das Bild des »sich von ihrer Arbeit ausruhen« kann so interpretiert werden, daß damit die erschöpfenden Aspekte von Frauenleben gemeint sind. Politisch und psychologisch ist es schwieriger, Beschwerden vorzubringen über die Entbehrungen, die Lücken und Zwänge, durch die Frauenleben charakterisiert sind, als über sexuelle Übergriffe. Der Kampf, den Vorwürfen von sexuellem Mißbrauch von Frauen Anerkennung zu verschaffen, hatte immer gegen Leugnen anzugehen, und dieser Kampf ist noch lange nicht vorbei. Wenn man die Geschichte der Ängste über Sexualität in der Kultur betrachtet, besonders wenn die Metapher des unschuldigen Kindes dabei eine Rolle spielt, gibt es ungeheure Erfolge nach diesem Teilsieg – Erfolge, die in anderen Gebieten schwerer zu erringen sind. Aber es ist ein Sieg um einen sehr hohen Preis.

Janice Haaken

Folgerungen

In ihrem Buch *Possessing the Secret of Joy* (1992) kämpft Alice Walker mit der Schwierigkeit, einen authentischen Bericht über die Vergangenheit zu verfassen. In einer Passage stellt sie Fragen darüber, wie wir die enthüllenden und die defensiven Aspekte des Geschichtenerzählens voneinander trennen: »Stellen wir uns vor, ich wäre irgendwo weit weg in einer unwahrscheinlichen Geschichte, die ich mir ausdenke oder die ich erzähle, und in der Fantasie wäre mir etwas Schreckliches passiert, und ich kann es gar nicht ertragen, darüber nachzudenken. Moment mal, sagte ich, und überlege mir das zum ersten Mal, glaubst du, so ist Geschichtenerzählen entstanden? Ist jede Geschichte nur eine Maske für die Wahrheit?« (130).

Während die Frauenliteratur die Ambiguität in der Aufzeichnung der mythisch poetischen und historischen Aspekte der Erinnerung erkundet, sind solche Ambiguitäten für viele in der klinischen und politischen Praxis beunruhigend. Es verursacht besondere Sorge, die Erinnerungen von Frauen an sexuellen Mißbrauch in Frage zu stellen, wenn die feministische Bewegung sowieso schon in der Defensive ist. Diejenigen, die direkt mit Mißbrauchsüberlebenden und in der Anti-Gewalt-Bewegung arbeiten, erleben die geschädigte Seite von Frauenleben ganz nah, und sie müssen auch die Schwierigkeiten, eine gemeinsame Antwort auf die patriarchalische Dominanz zu mobilisieren, immer aufs neue erfahren.

Das Trauma-Dissoziations-Modell ist wichtig, um die feministische klinische und politische Praxis miteinander zu verbinden, und um an einer Konzeption der Frau als sowohl rationales Subjekt als auch als geschädigtes Opfer festzuhalten. Aber zur gleichen Zeit verstärkt dieses Modell traditionelle Konstruktionen weiblicher Erfahrung, die uns schwächen können. Ein Problem ist die Zentrierung weiblicher Störungen auf Traumaerinnerungen und die Konzentration auf die Wiedergewinnung dieser Erinnerungen bei der Heilung. Die therapeutische Beschäftigung mit der Wiederfindung von Traumaerinnerugen führt dazu, daß sich Frauen paradoxerweise auf eine Suche begeben, die ihre Zerbrechlichkeit und ihre Position der Nicht-Anerkennung nur bestätigt. Sowohl Therapeutin als auch Patientin gehen davon aus, daß die nicht erzählten Frauengeschichten wichtiger sind als die erinnerten, und daß das verborgene Drama den Schlüssel zum

Königreich enthält. Es besteht die sehr reelle Möglichkeit, daß die Traumageschichte eine Art von Schauermärchen oder aber eine Aschenbrödelgeschichte wird – mit dem Prinzen als dem Täter. Die Umkehrungen sind wichtig, aber die erzählerischen Elemente sind die selben: die Fantasie, man könne das fehlende Objekt (die Erinnerung, den Phallus) finden, das Frauen ganz macht.

Bei der therapeutischen Reise von Frauen bedarf es einer Konfrontation mit den illusionären und fantasierten Aspekten dieser Suche nach den fehlenden Objekten, während »vorübergehende Objekte« (siehe Tolman 1991) oder emotionale Brücken zu neuen Möglichkeiten von Freiheit gefunden werden. In meiner eigenen klinischen Erfahrung mit schwer traumatisierten Patienten ist die Suche nach den »guten Objekten« oder den positiven Beziehungserfahrungen in der Kindheit, eine schwerere, aber therapeutisch notwendigere Aufgabe, als das Wiederfinden des Traumas oder der »schlechten Objekte«, die oft nur allzu leicht zugänglich sind.

Angesichts der Tatsache, daß Patientinnen im therapeutischen Kontext immer ausgefeiltere Geschichten von schauerlichen Schrekken einschließlich von detaillierten Schilderungen satanischer Rituale und kannibalistischer Sexorgien[14] erzählen, müssen wir die Rolle der Therapeutinnen bei diesen Konstruktionen beachten. Wir müssen auch über die Möglichkeit nachdenken, daß diese dramatischen Geschichten die Alltagskämpfe von Frauen verhüllen. Hysterische Übertreibungen gewöhnlichen Leidens kann ein Mittel sein, das tödliche gesellschaftliche Schweigen über die Beschwerden und die überwältigend schwere Verantwortung, die Frauen haben, zu durchbrechen.

Ein zweites Problem mit dem Traum-Dissoziations-Modell hat mit der zentralen Rolle zu tun, die der sexuelle Mißbrauch in der traumatogenen Vergangenheit spielt. Therapeuten, die sich hauptsächlich auf das Wiederfinden von Traumaerinnerungen spezialisieren, kompensieren vielleicht für eine kulturelle Amnesie und für das Wegmetaphorisieren von echten sexuellen Übertretungen in der klassischen Psychoanalyse. Aber diese Betonung der Pathologie versteckt andere beunruhigende Strömungen in der Erfahrung von Frauen, die auf diese Weise an den Rand gedrängt werden. Weil sexueller Mißbrauch jenes Gebiet der Familienpathologie ist, das Männer als Täter direkt belastet, kann seine zentrale Rolle in der therapeutischen Unterhal-

Janice Haaken

tung als Abwehr benutzt werden gegen die Erforschung einer ganzen Reihe von Konflikten mit Sexualität und Beschwerden gegen andere, einschließlich von Beschwerden gegen Therapeutinnen und Mütter. Es werden für die Ambiguitäten bei dem Prozeß des Ausgleichs zwischen sich entwickelnden Formen weiblicher Handlungsmöglichkeiten und weiter bestehender Formen weiblicher Viktimisierung komplexere Formen des Theoretisierens benötigt, wenn Frauen Zugang zum öffentlichen Leben erhalten – und nicht mehr ausschließlich draußen vor dem Tor stehen. Unter den Bedingungen teilweiser Freiheit und teilweiser Domination beschränkt ein Paradigma psychischen Traumas, das sich auf absolute Gefangenschaft stützt, die Möglichkeiten für den Anspruch auf komplexere Subjektivität. Diese komplexere Subjektivität muß weitergehen als Repräsentationen des weiblichen Selbst als das Gefäß von Trauma. Es sollten auch eine ganze Reihe von konfliktbeladenen Erfahrungen und »regelwidrigem« Begehren dazugehören, die erkannt werden müssen, wenn wir uns eine Form der Freiheit vorstellen, die weitergeht, als nur »sich in der Genesung« zu befinden. Feministinnen könnten argumentieren, daß ein Erforschen der Ambiguitäten in Mißbrauchsberichten von Frauen und der problematischen Aspekte wachsender weiblicher professioneller Autorität ein Luxus ist, den sich die Bewegung noch nicht leisten kann. Aber wenn der Feminismus sich diesen Fragen nicht stellen und die öffentlich Debatte dazu nicht prägen kann, werden Gruppen, die dem Feminismus feindlich gesinnt sind – wie die FMS Foundation – es für uns tun und die Diskussion gegen uns richten.

Der feministische Diskurs über sexuellen Mißbrauch hat die Untersuchung der langfristigen Schäden weiblicher sexueller Viktimisierung in Gang gehalten und war doch gleichzeitig in der Defensive. Letzten Endes überläßt das Traumamodell den Tätern viel zu viel und den Frauen, als Überlebende, viel zu wenig. Die Alternative ist nicht, die schwachen Fortschritte, die der Feminismus in der öffentlichen Anerkennung der weitreichenden Effekte des sexuellen Mißbrauchs von Kindern erreicht hat, aufzugeben, sondern den medizinalisierten und eingeschränkten Erzählungen, durch die diese Fortschritt politisch abgesichert wurden, zu widerstehen.

Aus dem Amerikanischen von Wilhelm Werthern

Anmerkungen:

Der Artikel erschien erstmals in: *Signs:* Journal of Women Culture and Society, 1996, Bd. 21, Nr. 4

1 Die Debatte über wiedergefundene Erinnerungen führt weiter, als das in diesem Aufsatz dargelegt werden kann. Haaken (1995) widmet sich der sozialen Dynamik dieser Debatte und ihren therapeutischen Konsequenzen. Crews (1994) widmet sich den juristischen Fragen, die durch wiedergefundenes Gedächtnis aufgeworfen werden.

2 Ein Gradmesser der Geschlechterrepräsentation ist die Teilname an Tagungen. Bei den 1993er und 1994er Jahrestagungen für Entwicklungen in der Behandlung von Opfern sexuellen Mißbrauchs waren die Hälfte der Redner und beide Hauptredner Männer. Von den Teilnehmern aber, die sich zum Großteil aus Praktikern des Gebiets zusammenstellt, waren 90% Frauen.

3 Zu dieser »culture of recovery« gehören Genesungsgruppen für Alkoholiker, Drogensüchtige, Einkaufssüchtige, Sexsüchtige, Arbeitssüchtige usw. (Anmerkung des Übersetzers)

4 Loftus und Ketcham (1994), Ofshe und Watters (1994), Pendergrast (1994) und Yapko (1994) gehören zu den lautstärksten Kritikern der Wiedergefundenen-Gedächtnis-Therapie. Meine eigene Analyse beschränkt sich auf die Bereiche der Debatte, die für die feministische therapeutische Praxis relevant sind. Ich konzentriere mich auf entscheidende Tendenzen der Ansätze, die auf Trauma basieren, und nicht auf die ganze Breite der klinischen Praxis auf diesem Gebiet.

5 Haaken (1994) widmet sich in größerem Umfang der Frage, was durch Freuds Verlagerung auf das Verdrängungsmodell gewonnen und was verloren wurde.

6 In den frühen neunziger Jahren gab es einen Umschwung nach den gewonnen Rechtsfällen, die auf wiedergewonnener Erinnerung basierten. Armstrong (1994) analysiert die Rechtsfragen und die Grenzen verschiedener gewonnener Rechtsfälle der achtziger Jahre, bei denen es um sexuellen Mißbrauch ging.

7 Für eine Analyse der politischen Implikationen von veränderten Diagnosekategorien, vgl. Kirk und Kutchins (1992) sowie Travis (1992).

8 Vgl. Trimble (1985) für einen Überblick der Sozialgeschichte des posttraumatischen Streß. Für eine Analyse der Tendenz in der PTSD-Literatur, soziale und entwicklungsbedingte Faktoren zu vernachlässigen, vgl. Boulanger (1990) und Root (1992).

9 Showalter (1985) bietet eine historische Analyse der Hysterie, in der sie sich auf die psychiatrische Verwendung der Diagnose konzentriert, um Frauen zum Schweigen zu bringen, und auf die vorpolitische Sprache, die in hysterischen Symptomen implizit ist.

10 Sich auf den Holocaust zu beziehen ist in der Literatur zur Trauma-Genesung üblich geworden (vgl. z.B. Herman 1992; Bass und Davies 1994; Jacobs 1994). Während man sich oft auf den Holocaust bezieht, um den privaten, nicht anerkannten Schmerz der Opfer zu dramatisieren, trivialisiert dieser Vergleich die riesigen Unterschiede in der Größenordnung und der Art des Traumas, das von verschiedenen unterdrückten Gruppen erlebt wird. Die Breite der Erfahrungen, die momentan unter dem Banner des sexuellen Mißbrauchs laufen, bricht darunter zusammen.

11 Eileen Starzecpyzels Analyse (1987) begegnet der vorherrschenden Meinung in der Trauma-Literatur, daß Inzestopfern als Konsequenz ihrer Mißbrauchserfahrung ein Gefühl von Selbst fehlt. Während ihre Arbeit sich auf Vater-Tochter-Inzest in den Lebensgeschichten lesbischer Frauen konzentriert, widmet sich die Analyse auch den Fähigkeiten, die Frauen entwickeln und sich erhalten, neben ihren Mißbrauchserfahrungen. Dorothy Allen (1994) beschreibt ebenfalls ihre eigenen Inzesterfahrungen als

Janice Haaken

junges Mädchen und behält sich dabei aber auch ein Gefühl von aktiver, transgressiver Sexualität. Ihre Weigerung, Sadomasochismus zu pathologisieren, während sie gleichzeitig die Ströme des Mißbrauchs, des Verlusts und der unbefriedigten Sehnsüchte, die in die S/M-Fantasien eingewoben sind, anerkennt, ist ein wichtiges Gegengift gegen die enggefaßte klinische Behandlung dieser Fantasien in der Mißbrauchsliteratur.

12 Obwohl es im Moment eine größere Anerkennung interpersoneller Dynamiken auf dem Gebiet der Traumaforschung gibt, betonen doch führende Denker wie Bessel van der Kolk physiologische Erregung als entscheidend wichtig bei Traumareaktionen. Für einen Überblick über somatisches Gedächtnis und biologischen Streß, vgl. van der Kolk (1994). Während sein Forschungsansatz wichtig für die Etablierung einer naturwissenschaftlichen Grundlage für akutes Trauma ist, kann er doch weder die Bandbreite der Leiden erklären, die in der Trauma-Literatur beschrieben werden, noch, wie diese physiologischen Reaktionen in Sprache übersetzt werden.

13 Nathanson (1991) beschreibt die historische Rolle von Akademikerinnen und Reformerinnen bei der Regulierung der weiblichen Sexualität, oft durch die Rekonstruktion gesellschaftlicher Grenzen zwischen dem »anständigen« Mädchen und dem »schlechten«. Ihre Analyse konzentriert sich auf die Klassenunterschiede zwischen Frauen bei der Aushandlung sexueller Grenzen, und auf das noch anhaltende Vermächtnis der sexuellen Reinheit als ein Standard für die bürgerliche Frau.

14 Trotz mangelnder Beweise für die Berichte von Satanischem Rituellem Mißbrauch [Satanic Ritual Abuse, im Folgenden SRA], die in der achtziger Jahren plötzlich auftauchten, bieten viele feministische Krisenzentren Kurse über den Umgang mit »SRA-Überlebenden« an. Mit der erfreulichen Ausnahme von Armstrong (1994) gibt es in der feministischen Diskussion beklagenswert wenig Skepsis über solche Berichte, von kritischen Analysen ganz zu schweigen. Das ist angesichts der Tatsache, daß über die Hälfte der Beschuldigten Frauen sind, besonders unerfreulich. Für eine feministische Kritik von SRM-Berichten, die in den achtziger Jahren mit Kindertagesstätten in Verbindung standen, vgl. Nathan und Snedeker (1995).

Literatur

Abel, E. K. und M. K. Nelson, 1990, *Circles of Care: Work and Identity in Women's Lives* (Albany, NY.: SUNY Press).

Alcoff, Linda und Laura Gray, 1993, »Survivor Discourse: Transgression or Recuperation?« in *Signs: Journal of Women in Culture and Society* 18(2).

Allen, Katherine R., 1989, *Single Women/Family Ties* (Newbury Park, CA.: Sage).

Allison, Dorothy, 1994, *Skin: Talking about Sex, Class and Literature* (Ithaca: Firebrand).

American Psychiatric Association (Hg.), 1980, *Diagnostic and Statistical Manual of Mental Health Disorders* 3d. ed. (Washington, DC: American Psychiatric Association).

Angelou, Maya, 1969, *I Know Why the Caged Bird Sings* (New York: Bantam).

Armstrong, Helen, 1992, »Awareness Grows but Incest Victims Still Mostly Keep to Themselves«, *NOW* (Toronto), 1.- 7. Oktober.

Armstrong, Louise, 1994, *Rocking the Cradle of Sexual Politics* (New York: Addison-Wesley).

Baber, K. M., und K. Allen, 1992, *Women and Families: Feminist Reconstructions* (New York: Guilford).

Bass, Ellen, und Laura Davies, 1994, *The Courage to Heal: A Guide for Women Survivors of Child Sexual Abuse* (New York: Harper Perennial).

Benjamin, Jessica, 1988, *The Bonds of Love: Psychoanalysis, Feminism, and the Problem of Domination* (New York: Pantheon).

Berliner, Lucy und Elizabeth Loftus, 1992, »Sexual Abuse Accusations: Desperately Seeking Reconciliation«, in *Journal of Interpersonal Violence* 7.

Boulanger, Ghislaine, 1990, « State of Anarchy and a Call to Arms: The Research and Treatment of Post-Traumatic Stress Disorder:, in *Journal of Psychotherapy* 20.

Briere, John N., 1992, *Child Abuse Trauma*, (Newbury Park: Sage).

Burgess, Ann W. und Lynda L. Holmstrom, 1974, »Rape Trauma Syndrome«, in *American Journal of Psychiatry* 131.

Butler-Evans, Elliott, 1989, *Race, Gender, and Desire* (Philadelphia: Temple University Press).

Chodorow, Nancy, 1978, *The Reproduction of Mothering* (Berkeley: The University of California Press).

Collins, Patricia H., 1990, *Black Feminist Thought* (New York: Routledge).

Cornell, William und Karen A. Olio, 1991, »Integrating Affect in Treatment with Adult Survivors of Physical and Sexual Abuse«, in *American Journal of Orthopsychiatry* 61.

Courtois, C. A. und J. E. Sprei, 1988, »Retrospective Incest Therapy for Women« in Lenore Walker (Hg.),*Handbook on Sexual Abuse of Children* (New York: Springer).

Crews, Frederick, 1994, »The Revenge of the Repressed«, in *New York Review of Books*, November 17.

Cronin, James, 1994, »False Memory«, *Z Magazine*, April.

Davies, Jody M. and Mary G. Frawley, 1991, »Dissociative Processes and Trans-

Janice Haaken

ference-Countertransference Paradigms in the Psychoanalytically Oriented Treatment of Childhood Sexual Abuse«, in *Psychoanalytic Dialogues* 2.

1994, *Treating the Adult Survivor of Childhood Sexual Abuse: A Psychoanalytic Perspective* (New York: Basic).

Edwards, James und Pamela C. Alexander, 1992, »The Contributions of Family Background to the Long Term Adjustment of Women Sexually Abused as Children«, in *Journal of Interpersonal Violence* 7.

Frankel, Fred N., 1993, »Adult Reconstructions of Childhood Events in the Multiple Personality Literature«, in *American Journal of Psychiatry* 150.

Fredrickson, Renee, 1992, *Repressed Memories: A Journal of Recovery from Sexual Abuse* (New York: Simon and Schuster).

Freud, Sigmund, [1896] 1960, »Zur Ätiologie der Hysterie«, in Anna Freud et al. (Hg.) *Gesammelte Werke* 1 (Frankfurt/Main: S. Fischer).

Freyd, Jennifer, 1994, »Betrayal-Trauma: Traumatic Amnesia as an Adaptive Response to Childhood Abuse«, in *Ethics and Behavior* 4.

Ganaway, George K., 1989, »Narrative Truth: Clarifying the Role of Exogenous Trauma in the Etiology of MPD and Its Variants«, in *Dissociation* 2.

Goldstein, Eleanor, 1992, *Confabulations* (Boca Raton, Fla.: Social Issues Resources Series).

Gordon, Linda, 1988, *Heroes of Their Own Lives: The Politics and History of Family Violence* (New York: Viking).

Haaken, Janice, 1993, »From Al-Anon to ACOA: Codependence and the Reconstruction of Caregiving«, in *Signs* 18(2).

1994, »Sexual Abuse, Recovered Memory, and Therapeutic Practice: A Feminist-Psychoanalytic Perspective«, in *Social Text* 40.

1995, »The Debate over Recovered Memory: A Feminist-Psychoanalytic Perspective«, in *Psychiatry: Journal of Biological and Interpersonal Processes* 58.

Herman, Judith L., 1981 *Father-Daughter Incest* (Cambridge: Harvard University Press).

1992, *Trauma and Recovery*, New York: Basic).

1993, »The Abuses of Memory«, in *Mother Jones*, March-April.

Jacobs, Janet Liebman, 1993, »Victimized Daughters: Sexual Violence and the Emphatic Female Self«, in *Signs* 19.

1994, *Victimized Daughters* (New York: Routledge).

Johnson, Miriam M., 1988, *Strong Mothers, Weak Wives* (Berkeley: University of California Press).

Kirk, Stuart und Herb Kutchins, 1992, *The Selling of DSM: The Rhetoric of Science in Psychiatry* (New York: Aldine de Gruyter).

Kolk, Bessel A. van der, 1987, *Psychological Trauma* (Washington DC: American Psychiatric Press).

1994, »The Body Keeps the Score: Memory and the Evolving Psychobiology of Posttraumatic Stress«, in *Harvard Review of Psychiatry* 1.

Loftus, Elizabeth, 1993, »The Reality of Repressed Memories«, in *American Psychologist* 48.

Loftus, Elizabeth und G. M. Davies, 1984, »Distortions in the Memory of Children«, in *Journal of Social Issues* 40.

Loftus, Elizabeth und Katherine Ketcham, 1994, *The Myth of Repressed Memories: False Memories and Allegations of Sexual Abuse* (New York: St. Martin's).

Maltz, Wendy, 1988, »Identifying and Treating the Sexual Repercussions of Incest: A Couples Therapy Approach«, in *Journal of Sex and Marital Therapy* 14.

Manlowe, Jennifer, 1995, *Faith Born of Seduction* (New York: New York University Press).

Morrison, Toni, 1970, *The Bluest Eye* (New York: Washington Square).

Nathan, Debbie und Michael Snedeker, 1995, *Satan's Silence* (New York: Basic).

Nathanson, Constance, 1991, *Dangerous Passage* (Philadelphia: Temple University Press).

Ofshe, Richard und Ethan Watters, 1994, *Making Monsters: False Memories, Psychotherapy, and Sexual Hysteria* (New York: Scribner).

Pendergrast, Mark, 1994, *Victims of Memory: Incest Accusations and Shattered Lives* (New York: Upper Access).

Philipson, Ilene, 1993, *On the Shoulders of Women: The Feminizing of Psychotherapy* (New York: Guilford).

Randal, Judith, 1994, »The Legacy of Abuse: How It Contributes to Illness«, *SAMHSA (Substance Abuse and Mental Health Services Administration) News* 11.

Root, Maria, 1992, »Reconstructing the Impact of Trauma on Personality«, in Laura S. Brown und May Ballou (Hg.), *Personality and Psychopathology: Feminist Reappraisals* (New York: Guilford).

Russell, Diana E., 1986, *The Secret Trauma: Incest in the Lives of Girls and Women* (New York: Basic).

Shengold, Leonard, 1989, *Soul Murder* (New Haven: Yale University Press).

Showalter, Elaine, 1985, *The Female Malady: Women, Madness, and English Culture, 1830-1980* (New York: Pantheon).

Spence, Donald, 1982, *Narrative Truth and Historical Truth* (New York: Norton).

Spiegel, David, 1990, »Hypnosis, Dissociation, and Trauma: Hidden and Overt Observers«, in Jerome Singer (Hg.), *Repression and Dissociation* (Chicago: University of Chicago Press).

Starzecpyzel, Eileen, 1987, »The Persophone Complex: Incest Dynamics and the Lesbian Preference« in Boston Lesbian Psychologies Collective (Hg.), *Lesbian Psychologies* (Urbana und Chicago: University of Illinois Press).

Stieger, Howard und Maria Zanko, 1990, »Sexual Traumata among Eating-Disordered, Psychiatric, and Normal Female Groups: Comparison of Prevalences and Defense Styles« in *Journal of Interpersonal Violence* 5.

Terr, Lenore, 1994, *Unchained Memories: True Stories of Traumatic Memories, Lost and Found* (New York: Basic).

Tolman, Deborah l., 1991, »Adolescent Girls, Women and Sexuality: Discerning

Dilemmas of Desire«, in Carol Gilligan, Annie Rogers und Deborah Tolman (Hg.), *Women, Girls and Psychotherapy* (New York: Harrington Park).

Travis, Carol, 1994, *The Mismeasure of Women* (New York: Simon & Schuster).

Trimble, Michael. R., 1985, »Post-Traumatic Stress Disorder: History of a Concept«, in Charles Figley (Hg.), *Trauma and Its Wake* (New York: Brunner/Maazel).

Ulman, Richard B. und Doris Brothers, 1988, *The Shattered Self* (Hillsdale, NJ.: Analytic).

Walker, Alice, 1992, *Possessing the Secret of Joy* (New York: Harcourt, Brace, Jovanovich).

Wasserman, Cathy, 1992, »FMS: The Backlash against Survivors«, in *Sojourner: The Women's Forum*, November.

Wylie, Mary S., 1992, »Revising the Dream«, *Networker* Juli/August.

Wylie, Mary S., 1993, »The Shadow of Doubt«, in *Networker* September/Oktober.

Yapko, Michael, 1994, *Suggestions of Abuse: True and False Memories of Childhood Sexual Trauma* (New York: Simon & Schuster)

Gabriele Dietze

Multiple Persönlichkeit und *Multiple Choice* in den USA

Eine Geschichte von Unschuld und Trauma

Prolog

Eine lange Tradition amerikanischen Selbstverständnisses zentriert sich um den Begriff der Unschuld. Die Vorstellung, daß ein jungfräuliches Land, eine Neue Welt, von unschuldigen, Neuen Menschen besiedelt wurde, zeigt sich in Metaphorisierungen wie *American Adam* (Lewis 1955) und *Virgin Land* (Nash Smith 1950). Diese Bilder werden unterstützt von alttestamentarischen Paradiesvorstellungen puritanischer Religiosität, welche die Neue Welt als biblischen Garten und als Gelobtes Land verstanden. Das moralisch unschuldige Selbstbild der Einwanderer war von Anfang an unterhöhlt, denn unübersehbar lebten auf dem zu besiedelnden Land Ureinwohner, die über Kriege, Strafexpeditionen, Vertreibungen und eingeschleppte Krankheiten einem schleichenden Genozid zum Opfer fielen. Nach der Unabhängigkeitserklärung, die mit dem Satz »Alle Menschen sind gleich erschaffen« beginnt, war es die Sklaverei, die den Stachel im Fleisch des ethischen ›Kollektivkörpers‹ darstellte. Im Zwanzigsten Jahrhundert war es der ›ungerechte‹ und verlorene Krieg in Vietnam, der Amerikas demokratische Unschuld bedrohte.

Wie andere Gemeinwesen auch, haben sich die USA mit der Anerkennung und Verarbeitung historischer Schuld schwer getan. Foucault hat darauf hingewiesen, daß sich in der Moderne Diskurse über Macht und Moral zunehmend medizinalisiert und psychologisiert haben. Im Krankheitsbild des »Posttraumatischen Streß Syndroms« (PTD) der Vietnamveteranen bot sich ein Verarbeitungsmuster an, einerseits Schuldanerkenntnis über den grausamen Krieg in Indochina zu leisten und gleichzeitig aber zu vermeiden, indem der traumatisierte Soldat als Opfer begriffen werden konnte und nicht als Täter gesehen werden mußte. Als die neue Frauenbewegung sich in den Siebzigern unter anderem über Vergewaltigung zu Hause und in Vietnam politisierte, wurde PTD zu einem Krankheitsbild, das auch auf weibliche Opfer von Männergewalt übertragen wurde. Die diagnostische Denkfigur kam bei Frauen zur Anwendung, die Vergewaltiger oder peinigende Ehemänner nicht in aktueller Selbstverteidigung, sondern mit Zeitverzögerung getötet hatten. Ihnen wurde in Musterprozessen, die von der Frauenbewegung publizistisch unterstützt wurden, ein Handeln unter dem PTD zuerkannt. Mit dieser Diagnose konnte man sie wegen Unzurechnungsfähigkeit zur Tatzeit freisprechen. Hier verdichten sich ausgeübte und angetane Gewalt von Frauen und Männern an Frauen und Männern und verweisen auf einen Gender-Konflikt, der Vietnam, Männergewalt und Feminismus am Schnittpunkt der gesellschaftlichen Tagesordnung engführt (Dietze 1996, 150f). Trauma wurde zu einer zentralen Kategorie, die Zerstörung von Unschuld zu beschreiben und eine Geschichte des Mißbrauchs zu erzählen. Das neue psychische Frauenleiden »Multiple Persönlichkeitsstörung« konzeptualisiert sich ebenfalls um ein Trauma, das des inzestuösen sexuellen Übergriffs des Vaters, und das Krankheitsbild leitet sich von einer Vorstellung eines »Chronischen Posttraumatischen Streß Syndroms« ab (Herman 1992, 86f).

Historische und persönliche Erfahrung ist in Geschichten aufgehoben, die abhängig davon sind, wer sie erzählt, wann sie erzählt werden und in welcher Form, welchem Genre oder welcher Konvention sie gestaltet sind. Eine Geschichte drückt keine gesellschaftliche Praxis aus, sie beschränkt sich nicht darauf, eine Bewegung wiederzugeben, sondern sie macht sie. (De Certeau 1984, 81) Die wichtigste Funktion von Geschichten ist es, eine Auflösung zu präsentieren, dem Beschriebenen einen Sinn zu geben. Psychische Leiden erzählen ebenfalls eine Geschichte, sowohl auf der Ebene psychiatrischer Theorie wie auch auf der Ebene der Patientenerzählung, die tief in ihre jeweiligen nationalen, kulturellen und historischen Kontexte eingebettet sind und ihren Sinn, ihre Lösung auf dieser Grundlage zusammensetzen.

Die moderne Wirtskultur des Leidens Multiple Persönlichkeitsstörung ist Nordamerika, und der Gegenstandsbereich ist die Lage der Frauen. Das Krankheitsbild reflektiert in seiner Symptomatik problematische Geschlechterverhältnisse. In seiner neuesten Ausformung spiegelt es Gender-Gerechtigkeitsverhandlungen *nach* der politisch aktiven Phase des zweiten Feminismus wider, die gelegentlich auch postfeministisch genannt wird. Elaine Showalter hat in einer Studie über amerikanische soziale Pathologien der Jahrtausendwende, die sie von Hysterie abgeleitet *Hystories* nennt, auf ein spezielles Dilemma postfeministischer Weiblichkeitskonstruktion hingewiesen: »Feminismus wurde in den Neunzigern für Frauen problematisch, denn es sind hohe Erwartungen geweckt worden, ohne die Macht zu haben, sie einzulösen« (Showalter 1997). Eine Vielfalt von neuen Rollenmöglichkeiten kreuzen sich mit alten Verhältnissen, Institutionen und Familienkonzepten, die einen selbstbestimmten weiblichen Lebensentwurf in unvermeidliche Rollenanforderungsdilemmata treiben.

Die folgenden Ausführungen gliedern sich in vier Teile. Der erste gibt einen sehr kurzen historischen Abriß über die Entwicklung des Konzepts Multiplizität im psychiatrischen und gesellschaftlichen Diskurs. Der zweite Teil wird sich mit dem Krankheitsbild als einem textuellen Phänomen beschäftigen, mit einer bestimmten Gattung von Autobiographie, der sogenannten Multigraphie. Diese Mischform von Patientenerzählungen und Therapeutentext haben das Design des Leidens maßgeblich gestaltet und werden sowohl von Patienten wie von Therapeuten als Orientierungsrahmen für das Erkennen und Behandeln benutzt. In einem dritten Teil soll auf einer kulturgeschichtlichen Ebene der Frage nachgegangen werden, wie stark die Krankheitserzählung mit der nationalen Mythologie Amerikas verbunden ist. Es soll hier in Beziehung zu anderen, uramerikanischen Formen testimonialer und im weitesten Sinn politischer Autobiographie gestellt werden wie der Gefangenschaftserzählung (*Captivity Narrative* – autobiographische Berichte früher Siedler von Indianergefangenschaft) und der Sklavenerzählung (*Slave Narrative* – Berichte entkommener Sklaven). Ein vierter Teil und letzter Teil versucht, die Erzählung von Multiplizität – oder allgemeiner eine Erzählung von Mißbrauch – in zeitgenössische amerikanische Diskurse über Psychiatrie und Geschlecht einzuordnen und formuliert eine vorläufige These zum sozialen Botschaftscharakter des Zeichenkonglomerats Multiplizität.

I Geschichte eines Konzepts
Das Konzept der Multiplizität ist keine Erfindung des letzten Drittels des 20. Jahrhunderts, sondern kann auf eine alte – freilich unterbrochene – Tradition innerhalb des psychiatrischen Diskurses zurückblicken. 1876 berichtete der französische Arzt Eugène Azam über eine Patientin namens Felida, deren Leiden er *Doublement de la Vie* nannte. Felida wird, wie andere Fallberichte über die Amerikaner Anselm Bourne und Mary Reynolds (Carlson 1974), unter dem Gesichtspunkt der gespaltenen oder Doppel-Persönlichkeit betrachtet. Karl Miller, weist in seiner Studie *Doubles* daraufhin, daß parallel zum psychiatrischen Diskurs der Doppelpersönlichkeit der literarische Diskurs des Doppelgängermotivs entsteht (Miller 1985). Die wohl berühmteste Dopplgängergeschichte der Zeit, Robert Louis Stevensons *The Strange Case of Dr. Jekyll and Mr. Hyde* von 1896 wird fast in allen darauffolgenden Fallgeschichten von Doppelpersönlichkeiten zitiert, wie Ursula Link-Heer in ihrem Beitrag entwickelt.

Im Zusammenhang mit dem großen psychiatrischen Interesse an der Hysterie tauchen in Frankreich sehr bald Berichte über mehrfach multiple Persönlichkeiten auf, also Personen, die mehr als zwei Aggregatzustände aufweisen. Als die historisch erste dokumentierte multiple Persönlichkeit gilt ein Herumtreiber und Kleinkrimineller namens Louis Vivet, der von Charcot und seinem Schüler Voisin eingehend untersucht wurde, weil seine acht verschiedenen Persönlichkeiten jeweils unterschiedliche hysterische Leiden produzierten, einmal Lähmung der linken Körperhälfte, einmal hysterische Querschnittslähmung, einmal Epilepsie, einmal Katatonie (Hacking 1996, 224). Die Frage der Multiplizität wurde dem Symptombild der Hysterie untergeordnet und nach dem Charcotschen Modell weitgehend als neurologisches Leiden verstanden und nicht als Ergebnis eines frühkindlichen Traumas.

Die Zentralität des Traumas für die hysterische Erkrankung wurde fast zeitgleich, aber getrennt von den Charcot-Schülern, Pierre Janet und Sigmund Freud, erfaßt. Dissenz bestand zwischen den Konkurrenten um die Nachfolge des Meisters darüber, ob das Trauma auf erschreckender »frühreifer« Begegnung mit Sexualität beruhte, wie Freud es sah, oder auf andere externe Schockerlebnisse zurückzuführen sei, wie Janet annahm. Weiterhin unterscheiden sich die beiden Traumamodelle dadurch, daß Janet eine Art von Bewußtseinsspaltung vermutete und dementsprechend multiple Persönlichkeiten diagnostizierte und Freud ein Repressionsmodell unakzeptablen Begehrens annahm und dementsprechend nur verschiedene hysterische Aggregatzustände seiner Patientinnen auffand. In frühen Hysteriestudien hatte Freud noch die Auffassung vertreten, daß frühkindlicher Mißbrauch die Ursache der hysterischen Symptombildung sei. Janet bestritt das und hielt Freuds Theorie für übersexualisiert.

Beide Psychiater verwendeten Hypnose, um die verschütteten, verdrängten Erinnerungen ihrer Patientinnen freizulegen. Janet arbeitete mit Hypnosetherapie, um zuerst das Ursprungstrauma in eine entzifferbare Erzählung zu verwandeln, also von der Patientin den Grund ihrer hysterischen Anfälle zu erfahren. Dann aber nutzte er suggestive Techniken, um der Patientin das Vergessen oder vielmehr den Glauben an die Nichtexistenz ursprünglich traumatisierender Erlebnisse zu ermöglichen. Freud ging den umgekehrten Weg, er benutzte die Wiedererinnerung des Traumas in der Hypnose zur Erzeugung einer Katharsis. Beide Kuren waren erfolgreich, denn sowohl die erinnerten wie die vergessenen Traumaerlebnisse brachten die hysterische Symptomatik zum Verschwinden.

Bekanntermaßen hat sich Freud später von der Mißbrauchsthese abgewandt und auf den Trümmern seiner Hysterietheorie den Palast des Ödipuskomplex errichtet. Die Patientinnen wurden nun nicht mehr als traumatisierte Opfer realer Übergriffe diagnostiziert, sondern als Opfer ihres eigenen sexuellen Begehrens nach dem Vater, das sie als seelisch inakzeptabel unterdrücken und in eine hysterische Symptomatik verschieben. Ein moderner Freudrevisionismus, wie ihn der ehemalige Kurator des Freudarchivs, Jeffrey Masson, vorgetragen hat, fokussiert sich auf Freuds angeblichen Verrat der Mißbrauchsthese. Er habe wider besseres Wissen die Verführungstheorie aufgegeben, weil sie im Wien der Jahrhundertwende nicht sozialverträglich gewesen sei und seine Patientinnen verraten, indem er sie anstatt als Opfer väterlichen Inzests als Lügnerinnen dargestellt habe. Das ursprünglich

Gabriele Dietze

als eher innerakademischer Vatermord angelegte Werk »Anschlag auf die Wahrheit« (*The Assault on Truth*) wurde 1985 mit einem neuen Untertitel versehen, nämlich *Freud and Sexual Child Abuse* (dt. Masson 1995) und damit mitten in die gesellschaftlichen Auseinandersetzungen um Mißbrauch positioniert. Die Debatten des Jahrhundertendes werden also zur Jahrtausendwende unter neuen Vorzeichen wieder aufgelegt.

Die Therapieschule, man könnte auch Bewegung sagen, die sich der Diagnose und Behandlung der MPD zugewandt hat, verschmilzt den Freudschen mit dem Janetschen Ansatz. Zentralität von Trauma und Hypnose als Möglichkeit, an den verschütteten Traumainhalt heranzukommen, werden von beiden Gründervätern übernommen. (Freud hat sich später wieder von der Hypnose abgewandt). Von Freud bezieht die Multiplizitätstheorie die ursprünglich sexuelle Ätiologie des Traumas und von Pierre Janet übernimmt sie das Prinzip der Dissoziation, welche das Aussteigen der Patienten in eine virtuelle Welt, die von ihrer ursprünglichen Realität keine Kenntnis mehr hat, beschreibt. Der heutige Behandlungsstil der Multiplizität ist ebenso wie die doppelte Vaterschaft eine Kompromißbildung, weil er im eigentlichen Sinne eine Psychoanalyse ist, also eine auf Assoziation und kathartische Erinnerung bauende »Redekur«, aber die psychoanalytische Grundannahme – der Dynamik des auf den Vater gerichteten Ödipuskomplex als Verdrängung nicht gelebter Wünsche – nicht teilt.

Eine berühmte Form der Dissoziation ist die sogenannte *Fugue*. Wenn sie auftritt, findet sich der Patient plötzlich an einem anderen Ort wieder und hat keine Kenntnis, wie er dorthin gelangt ist und wer er in seinem vorherigen Leben gewesen ist. Jene *Fugue* widerfuhr auch einem der ersten dokumentierten amerikanischen Multiplen, dem Bostoner Reverend Ansel Bourne, der, wie William James in *Notes on Ansel Bourne* 1890 (James 1983, 269) berichtet, eines Tages in Virginia als Mr. Brown auftauchte, einen Eisenwarenladen eröffnete und seine akademische Bildung inklusive sein Latein gänzlich vergessen hatte. Der Gründervater der amerikanischen Psychologie, William James, nannte diese Persönlichkeitsstörung einander abwechselnde Persönlichkeiten (*Alternating Personalities*).

James interessierte sich sehr für das Problem der Multiplizität und verfolgte aufmerksam die Studie seines Bostoner Kollegen Morton Prince über die vier Persönlichkeiten der Miß Beauchamp, die jener 1906 in dem umfänglichen Fallbericht *The Dissociation of a Personality* dokumentierte (Prince 1978). In der Praxis von Morton Prince war eine ängstliche, offensichtlich religiöse und selbstaufopfernde junge Frau mit diffusen hysterischen Leiden aufgetaucht, vom Psychiater auch Christine, die Heilige, genannt. Im Laufe der Therapie erscheint dann eine völlig andere bösartige und herausfordernde Miß Beauchamp-Persönlichkeit. Sie wird von Prince Chris, der Teufel, genannt. Bald gesellt sich eine koboldhaft muntere Person hinzu, die sich selbst Sally (nach einer Romanfigur) nennt. Sally verhält sich jugendlich, ist übermütig, erotisch attraktiv, aber fast jungenhaft in ihrem Mutwillen. Obwohl Prince offensichtlich von dieser Figur bezaubert ist, er findet sie »entzückend und attraktiv«, – gegenüber Williams spricht er von »dieser hinreißenden Sally« –, befiehlt ihm sein therapeutischer Eros »Sally muß wieder dahin zurück, wo sie hergekommen ist« (zit. n. Leys 1992, 170). Mit der Hilfe einer neu erscheinenden Miß Beauchamp IV, genannt Jane, – von Prince die Frau, die Realistin, genannt und von Sally die Idiotin –, wird nach sechsjähriger Gesprächs- und Hypnosetherapie die wilde Sally zum Verschwinden gebracht und Miß Beauchamp I und IV zu einer Person integriert: »zu dem Selbst, wie es geboren war und zu ihrem eigentlichen Selbst« (Prince 1978, 1).

Ruth Leys, die den Fall Beauchamp 1992 in dem Aufsatz »The Real Miss Beauchamp. Gender and the Subject of Imitation« (Leys 1992) untersucht, interpretiert drei der Miß Beauchamps als Personifikationen eines zeitgenössischen Gender-Diskurses: Leys sieht Christine, die Heilige, als die neurasthenische Version eines Konzeptes von amerikanischer Weiblichkeit, der in der Literatur »Kult Wahrer Weiblichkeit« (*Cult of True Womanhood*) genannt wird (Welter 1966). Viktorianisch Wahre Weiblichkeit beruhte auf den vier Säulen Reinheit, Frömmigkeit, Häuslichkeit und Unterwürfigkeit (*Submissiveness*). Jane, die Realistin, dagegen steht für ein selbstbewußtes und unmütterliches Neue-Frau-Konzept (*New Woman*), das die Verkörperung der vernünftigen Wahlrechtlerinnen und Gesellschaftsreformerinnen der ersten Frauenbewegung (Smith-Rosenberg 1985, 245f) darstellt. Sally ist der Prototyp des unbeaufsichtigten, unverantwort-

Gabriele Dietze

lichen jungen Mädchens, man könnte in ihr auch eine Vorläuferin der kurzberockten Flapper-Figuren der *Roaring Twenties*, der sogenannten Revolution der Moral und der Sitten der zwanziger Jahre, sehen.

Der erste moderne amerikanische Fall einer multiplen Persönlichkeit liegt genau auf dem Schnittpunkt der möglichen Weiblichkeitsentwürfe seiner Zeit und inszeniert das Drama seiner Konflikte. Mit Jane, der Realistin, spielt die erste politische Frauenbewegung eine Figur im Drama der Multiplizität. Der kognitive Psychologe Jerome Bruner spricht in einer Studie über Selbsterkenntnis und autobiographisches Erzählen von einer unentrinnbaren Vorprägung der Wahrnehmung über sich selbst. Der Erzähler oder die Erzählerin könnten sich nur in »möglichen Leben« ausdrücken, also nur dasjenige Repertoire von Lebensentwürfen benutzen, das ihre Zeit ihnen bereitstellt (Bruner 1987, 15). Das zeitgenössische Rollenangebot der Miß Beauchamp erlaubt nur blaustrümpfige Emanzipiertheit, Viktorianisch Wahre Weiblichkeit oder adoleszente Revolte. Die Patientin agiert mit ihrer Multiplizität gegen die Enge der angebotenen Lebensentwürfe und die Notwendigkeit, sich entscheiden zu müssen, indem sie versucht, eine Gleichzeitigkeit herzustellen.

Zwar ist die Studie über Miß Beauchamp inhaltlich durchaus ein Vorläufer zeitgenössischer Mulitplizitätsdebatten, in ihrer eigenen Diskursgeschichte dagegen ist sie eher ein später Nachklang der europäischen Debatten über Doppel-Persönlichkeiten, allerdings in Gestalt spezifisch amerikanischer Geschlechtsrollenangebote. Nach dem Erringen des Wahlrechts und dem darauffolgenden gesellschaftlichen Bedeutungsverlust der politischen Frauenbewegung verschwindet das Krankheitsbild Multiplizität für fast fünfzig Jahre aus dem psychiatrischen Arsenal und taucht erst in den späten Fünfzigern wieder auf, wo sich erneut Gender-Konflikte zuzuspitzen beginnen, die zum zweiten politischen Feminismus der späten Sechziger und Siebziger führen.

II Eine Amerikanische Fortsetzungsgeschichte
The Three Faces of Eve, ein Fallbericht über eine weibliche multiple Persönlichkeit der Psychiater Thigpen und Checkley erschien 1957. Der Fall der Chris Sizemore, die hier als Eve anonymisiert ist, liest sich

wie eine Blaupause des Morton Prince Falles, allerdings mit einer zeittypisch anderen Problemlage des Geschlechter-Diskurses. Eve teilt sich in drei statt vier Persönlichkeiten, repräsentiert aber eine ähnliche Funktionsspaltung: Die Patientin erscheint zunächst als sehr zurückhaltende kränkliche Frau, die von dem Gewissenskonflikt gequält wird, ob sie ihr Eheversprechen einlösen und ihre kleine Tochter in dem ihr fremden Katholizismus erziehen muß, oder ob sie ihrem protestantischen Gewissen folgen darf. Eve White, wie sie die Psychiater nennen, ist eine fähige und sparsame Hausfrau, ihrem ungeliebten Mann bescheiden ergeben und jederzeit bereit zum Selbstopfer. Eve Black dagegen, die während der Therapie erscheinende Alter-Persönlichkeit, ist unternehmungslustig, frivol, raucht, trinkt und ist kinderlos. Sie *kennt* Eve White (die allerdings ihrerseits Eve Black nicht kennt) und findet, sie sei eine zwanghaft fürsorgliche Mutter und hält ihren Ehemann für einen Idioten. Die Abstinenzlerin Eve White leidet gelegentlich an einem ihr unerklärlichen Alkoholkater, den ihre Gegenspielerin verursacht hat. Mit dem Auftauchen von Jane (gleicher Name wie bei Prince), einer reiferen, selbstbewußteren Version von Eve White, die von Eve Black heftig bekämpft wird, gelingt es schließlich, die gewünschten Persönlichkeitsanteile zu fusionieren und die unerwünschten, nämlich Eve Black, zum Verschwinden zu bringen, was in der Erzählung wie die vorsätzliche Ermordung einer Person organisiert wird, denn Eve Black weiß, daß sie zum Verschwinden gebracht werden soll und kämpft um ihr Überleben.

Fünfzig Jahre nach dem Morton Prince Fall bewegt sich Eve in derselben Dreiheit wie Miß Beauchamp. Eine überangepaßte neurasthenische (Christine, die Heilige / Eve White) wird von einer unangepaßten Revoltperson (Sally oder Chris, der Teufel, und Eve Black) ohne ihr bewußtes Wissen heimgesucht, woraufhin eine vernünftige Weiblichkeitsversion (Miß Beauchamp I, die Realistin / Jane) sich mit der ursprünglich um psychiatrische Hilfe nachsuchenden verschmilzt und die Revoltpersonen vernichtet.

Die dominanten Genderdiskurse der Fünfziger unterscheiden sich allerdings von denen des Jahundertbeginns. Während die deviante Person in Miß Beauchamp eher einem unbeaufsichtigten jungen Mädchen gleicht, trifft man in den Fünfzigern auf eine laszive, vergnügungssüchtige Frau mit bewußtem erotischen Signalement. Die ame-

Gabriele Dietze

rikanischen Fünfziger waren ein Jahrzehnt besonders konfligierender Rollenanforderungen, weil in den öffentlichen Repräsentationen von Weiblichkeit das Häuslichkeitsideal der Vorstadtfamilienmütter zeitgleich und unentmischt zusammenstand mit filmischen und pictoralen Images der Pin-Up-Sexgöttinen (Dietze 1998). Besonders in Filmen mit Marilyn Monroe wie *Blondinen bevorzugt* oder *Wie angelt man einen Millionär?* wird diese Dichotomie sichtbar: Optisch provozierend inszenierte Busenstars haben auf der Ebene der Filmerzählung nichts anderes im Sinn, als sich einen anständigen Ehemann und Versorger zu angeln. In *Three Faces of Eve* bildet sich dieser gesellschaftliche Rollenkonflikt ab zwischen einem Habitus, der Sexualität signalisiert, und einem Verhaltensmodell, das häusliche Famliensorge in den Vordergrund stellt. In der therapeutischen Erfolgsstory wird der Konflikt über eine modifizierte Anpassungsleistung gelöst, vorläufig, denn es wird noch zwei weitere Bücher von Chris Sizemore geben, in denen sie der Version ihrer Psychiater widerspricht und sich in einem anderen Klima von Gender-Diskursen als mißbrauchte Multiple mit 20 Alter-Personen zu erkennen gibt (Sizemore 1989; Sizemore and Pitillo 1977). *Three Faces of Eve* stieß sofort auf allgemeines Interesse des Publikums, das durch einen Kinofilm gleichen Titels, für den Joanne Woodward als Eve einen Oscar erhielt, noch zusätzlich angeregt wurde. Von diesem Zeitpunkt an war eine Erzählung der Multiplizität im Kurs, die in einem vielfach aufeinander bezogenen Gewebe weitergesponnen wurde.

Der eigentliche Urtext aber, auf den sich dann später die politische Bewegung gegen Kindesmißbrauch stützen wird, ist *Sybil* (dt. Schreiber 1977). Dieses Buch erschien 1973 und war von der Journalistin Flora Rheta Schreiber verfaßt worden, in enger Zusammenarbeit mit der Patientin Sybil und der Psychoanalytikerin Carolyn Wilbur, die Tonbandmitschnitte und Gesprächssnotizen zusammenstellte. Sybil suchte um psychologische Hilfe nach, weil sie unter Absencen, oder wie oben entwickelt *Fugues*, litt; z.B. fand sie sich als New Yorkerin in Philadelphia im Hotel wieder, ohne zu wissen, wie sie dorthin gelangt war. Die Patientin entfaltet in der sechs Jahre währenden Psychoanalyse sechzehn verschiedene Persönlichkeiten, wobei die bislang vorherrschende Triade von Überanpassung / Revolte / Vernunft (sprich Reife) zwar noch erkennbar ist, aber eine Vielzahl von anderen Funktionsaufsplitterungen auftaucht. Zum Beispiel erscheinen erstmalig männliche Persönlichkeiten Sid und Mike, die Heimwerkerfunktionen und misogyne Kritik an weiblichem Unvermögen übernehmen, und eine Kinderpersönlichkeit Ruthie, die allerdings ob ihres Alters von vier Jahren etwas unartikuliert bleibt. Die revoltierenden Persönlichkeiten, Peggy Ann und Peggy Lou, sind zudem selbstzerstörerisch wütend, d.h. werfen sich an die Wand, versuchen durch geschlossene Scheiben zu springen, zerschmettern kostbares Glas. Weitere Funktionsaufteilungen finden sich in einer Mary Figur, die Hausarbeit erledigt und kocht. Auch hier hat Sybil, die Ursprungspatientin, keine Kenntnis von ihrem reichen Seelenleben, sondern nur ein Bewußtsein, daß sie sehr oft Zeit verliert und sich in Situationen und Handlungen wiederfindet, an die sie sich nicht erinnert. Obwohl Teile ihres Krankheitsbildes sehr für eine psychotische Störung sprechen, wie sie die Peggy-Persönlichkeiten zeigen, vertraut die Therapeutin darauf, daß es sich um Dissoziationen handelt, d.h. um Störungen, die durch ein Trauma zustande gekommen sind und durch eine Rückerinnerung und Durcharbeitung des Ursprungstraumas auch wieder verschwinden würden.

Der Traumagedanke war in den beiden vorherigen Fallgeschichten noch nicht vorherrschend, sondern eher peripher gewesen. Miß Beauchamp soll schreckhaft einen fremden Eindringling am Fenster wahrgenommen haben, Eve immerhin dazu gezwungen worden sein, ihre tote Großmutter zu küssen – ein in fast allen Fallgeschichten wiederkehrendes Thema. Der traumatisierende Anteil bei der Krankheitsgenese wird jedenfalls ganz im Sinne Janets als Schreck, Unfall, Angst oder Ekel konfiguriert. Sexuelle Untertöne sind spärlich und nicht vorherrschend. Das ändert sich bei Sybil: Im Laufe ihrer Behandlung entfaltet sich die groteske Leidensgeschichte der systematisch gequälten Tochter einer schizophrenen Mutter, die ihr Kleinkind mehrfach zu töten versuchte und mit Einläufen, krampferzeugenden Medikamenten und sexuellen Übergriffen zur angeblichen Einübung in erwachsene Sexualität traktiert hat. Da die Folterungen in Abwesenheit des Vaters stattfanden, blieb die Fassade der stark religiös geprägten Kleinstadtanständigkeit erhalten. Nach Doktor Wilburs Modell bildet Sybil Alter-Persönlichkeiten, um über Vergessen oder Nichtwissen

Gabriele Dietze

einer unerträglichen Gefangenschaft des Schreckens zu entfliehen. Zwei lebenspraktische Helferpersönlichkeiten (*Internal-Self-Helper*), Figuren namens Vicky und Vanessa, unterstützen durch ihre Kenntnisse der anderen Figuren die Therapeutin darin, Sybils Integration voranzubringen.

Die Analytikerin reflektiert im Text, daß sie zu Beginn Mühe hatte, den Erzählungen über die raffiniert quälende Mutter Glauben zu schenken, da es ein Klischee der Psychiatrie sei, die Mutter zum »Sündenbock« abzustempeln. Als sie dann zu einem späteren Zeitpunkt der Therapie den Vater trifft, zeigt sie recht unprofessionelle negative Affekte, möchte ihn am liebsten vor Gericht zitieren, ist außer sich vor Wut und beschuldigt ihn der sexuellen Stimulation Sybils, weil er sie schon sehr früh – in paradoxer Umkehrung der späteren väterlichen Mißbrauchsdebatte – *nicht* mehr zärtlich berühren wollte, d.h. im Alter von zwei Jahren für zu groß hielt, um auf seinem Schoß zu sitzen.

Die künstlerisch begabte Sybil, bis dato immer wieder abbrechende Studentin, unter anderem der Medizin, ist im Alter von 42 Jahren dann durch Fusionierung ihrer Alter-Persönlichkeiten, insbesondere durch das Verschwinden des »wütenden« alter ego, in der Lage, ihr Leben in die Hand zu nehmen. Im kathartischen Fusionsakt erscheint dann eine letzte unbekannte Persönlichkeit, die Blondine (*the Blonde*), ein College-Darling, populär, Cheerleader mit vielen Rendezvous. Sybils blonde Wunschpersönlichkeit steht im Lebensalter etwas verspätet für das klassische fünziger Jahre Adoleszenzmodell einer beliebten Studentin mit guten Heiratsaussichten und wird als jüngste Errungenschaft der fusionierenden Gruppe beigesellt.

Während die Integration des klassisch femininen Weiblichkeitsmodells bei Sybil noch zur Gesundung führt, ist dasselbe Muster zwanzig Jahre später in der Multiplizitätserzählung von Sylvia Fraser *In my Father's House* Anlaß zur Desintegration (Fraser 1987). Das *Golden Amazon* genannte Teenager-Ich der Autorin, ein Highschool-Darling gleicher Provenienz wie Sybils Blondine, beginnt zu dissoziieren und eine andere Persönlichkeit zu entwickeln, weil sie sich in ihrer Beliebtheit und Attraktivität nicht als ihr wahres Selbst, sondern als eine im männlichen Blick konstruierte Marionette erlebt. Das Zeichen sexueller Attraktivität ist von einem wünschenswerten Persönlichkeitsbild zu einem Joch geworden. Das macht Frasers Geschichte zu einer hoch-feministischen Erzählung über Sexualobjekt-Status im Gegensatz zu der von Sybil, wo sich beginnende feministische Rhetorik mit der Betonung auf Selbständigkeit und Ausbildung kreuzt mit dem altem Rollenbild des »Weiblichkeitswahns« (*Feminine Mystique*), wie Betty Friedan 1964 treffend das Ideal angepaßter weiblicher Häuslichkeit des Nachkriegsamerika nannte (dt. Friedan 1975).

Doch schon in der Sybil-Erzählung kann man das Drama konfligierender weiblicher Rollenanforderungen beobachten. Viele der Sybil-Persönlichkeiten sind zeitlich mögliche Weiblichkeitsentwürfe: berufstätige alleinstehende Frau, häusliche Mutter, weltläufige Kulturbürgerin, bildende Künstlerin, buchverliebte Intellektuelle. Wie auf einer Bühne zeigen sie sich individuell benamt und verschwinden wieder, bis zum Ende des Dramas die fusionierte und wieder funktionierende Sybil die Rolle der alleinstehenden berufstätigen Frau annimmt. Eine mögliche Heirat mit drei schon vorhandenen Kindern hat sie kurz vor Ende der Therapie ausgeschlagen. *To have it all* (Liebe, Beruf, Erfolg, Kinder) war noch nicht das vorherrschende Paradigma der Zeit, es hat sich erst mit den gewachsenen weiblichen Lebensansprüchen gebildet, die der zweite politische Feminismus artikuliert hat.

Ian Hacking interpretierte das psychiatrische Modell der Multiplen Persönlichkeit als eine Art parasitäres Konzept, das eines Wirts bedarf (Hacking 1992). Die frühe französische Diskussion um Janet habe sich an einem Interesse am Paranormalen genährt. Die gegenwärtig neue Wirtskultur der Multiplizität dagegen sei die öffentliche Diskussion um Kindesmißbrauch. Hackings Ansatz variierend, könnte man eine noch allgemeinere Wirtskultur in Rechnung ziehen: postfeministisch enttäuschte Lebensansprüche und unvereinbar konfligierende neue weibliche Rollenmodelle, deren Verkantungen den eigentlichen Nährboden für die zweite psychiatrische Karriere des Konzepts Multiple Persönlichkeit bilden.

Das Thema Mißbrauch nimmt innerhalb dieser neuen Wirtskultur den strategischen Platz einer Metapher für Patriarchatskritik ein. Zugespitzt ausgedrückt werden damit auf die Väter die Dilemmata postfeministischer Weiblichkeitskonstruktion rückprojiziert, weil es als »Schuld« des Patriarchats gedacht werden will, daß die neue Freiheit

Gabriele Dietze

weder Erfolg noch Glück zu bringen imstande ist. Im Subtext dieser großen Erzählung werden weibliche Ambivalenzen gegenüber den Frösten der Freiheit verhandelt und Sehnsüchte nach bedingungsloser mütterlicher Zuwendung und Versorgung artikuliert. An einer neueren Multigraphie, *Ich bin Viele* von 1991 (dt. Casey 1993), inszeniert Joan Frances Casey diese Verknotung von Emanzipationswünschen und Versorgungssehnsucht im Spektakel ihrer Multiplizität und verknüpft ihre Leidensgeschichte wie auch die schon erwähnte Sylvia Fraser, mit einer traumatisierten (d.h. vergessenen) Vergewaltigung durch den Vater. Sie ist auch die erste Patientin, die sich weigert, ihre Multiplizität wegzutherapieren und statt dessen deren kreative Möglichkeiten nutzen möchte.

In dem Maße wie das Repertoire weiblicher Rollenmöglichkeiten zunimmt, vergrößert sich auch die Anzahl der multiplen Persönlichkeiten innerhalb einer Gastpersönlichkeit. Bis in die Fünfziger waren selten mehr als zwei oder drei Persönlichkeiten zu beobachten, ab 1982 beträgt die Durchschnittszahl zehn und heutzutage kann die innerseelische Bevölkerung auf mehr als 100 Persönlichkeiten explodieren. Joan Frances Casey, die im Laufe ihrer Behandlung 24 unterschiedliche Persönlichkeiten entdecken wird, suchte eine Therapeutin auf, weil sie im Gegensatz zu *Sybil* verheiratet bleiben wollte. Die außergewöhnlich begabte Studentin der University of Chicago sah sich mit einem Scheidungswunsch ihres Mannes konfrontiert und litt unter Stimmen, die sie zum Selbstmord aufforderten, obwohl sie sicher war, in ihrem eigentlichen Selbst nicht sterben zu wollen. Die Therapeutin vermutet im Laufe der Gespräche und nach intensiver Lektüre von *Three Faces of Eve* und *Sybil* eine multiple Persönlichkeit, stößt zunächst allerdings auf entschiedenen Widerstand ihrer Klientin, die sagt »Sie hätten mir genauso gut erzählen können, daß ich von Dämonen besessen bin«. Die funktional extrem leistungsfähige junge Frau ist Institutssekretärin, macht ein Magisterstudium, unterrichtet in einer Schule und lebt mit einem recht anspruchsvollen neuen Freund zusammen. Ihre Alter-Persönlichkeiten bilden sich weitgehend nach dem *Sybil*-Modell, z.B. bricht eine psychotische Persönlichkeit der Therapeutin ein paar Rippen, eine Renée-Persönlichkeit kristallisiert sich als *Internal Self Helper* heraus, jedoch fügt Casey dem Repertoire ein paar signifikante neue Persönlichkeiten hinzu. Zu dem obligatorischen kleinen Mädchen gesellt sich auch ein kleiner Junge »Little Joe«, dem die Therapeutin Spielzeugautos mitbringt. Die männlichen Persönlichkeiten Doug, der kompetente Wahlkampfhelfer aus einer männlich geprägten Umgebung, und Rusty, ein adoleszenter Junge, sind wesentlich ausgeprägter als Sybils männliche Alter-Persönlichkeiten, allerdings werden sie in der Therapie auch stärker gefördert. Co-Therapeut Gordon, der Ehemann der Therapeutin, geht mit Rusty segeln, um ihm eine gesunde Vaterbeziehung zu ermöglichen.

Es ist bezeichnenderweise eine Alter-Persönlichkeit aus feministischem Umfeld, ISIS, eine lesbische junge Frau, die dem Insistieren der Therapeutin nachgibt, und aus angeblich verdrängter Erinnerung einen sexuellen Übergriff des Vaters hervorholt (*recover*). Der traumatisierte väterliche Mißbrauch hatte sich in der Ätiologie der MPD inzwischen fest etabliert. Andere Alter-Persönlichkeiten erinnern sich an andere Mißbrauchsakte und schließlich fusionieren die Persönlichkeiten unter der Drohung, daß eine in Aussicht genommene neue Heirat sonst nicht zustande käme. Trotz des großen Spektakels der Multiplizität – Jo nennt ihre inzwischen bekannten Mitpersönlichkeiten »*The Flock*« (Schwarm, Herde) – ist die junge Frau oder vielmehr die Gruppe, zeitgleich zur Therapie in der Lage, ein Promotionsstudium in Harvard in der halben Zeit zu absolvieren.

Autobiographische Fallgeschichten und Filme bilden die Basis des therapeutischen Diskurses und das Modell der Intervention. Zehnmal wird im Text auf *Sybil* und *Eve* rekurriert, auch die Patientin liest nach anfänglichem Widerstand das Drehbuch und setzt sich selbst dazu in Bezug. Auch Repräsentationen von Multiplizität im Film sind intertextuell vernetzt. Joanne Woodward, die im Kinofilm *Three Faces of Eve* die Eve gespielt hat, stellt im Fernsehfilm *Sybil* die Ärztin Carolyn Wilbur dar. Die Vernetzung betrifft übrigens nicht nur die quasi dokumentarischen Multigraphien und deren Verarbeitung zu Drehbüchern, sondern es sind inzwischen auch fiktionale Multigraphien erschienen. Joyce Carol Oates veröffentlichte unter dem Pseudonym Joy Smith einen Kriminalroman *Komm, wenn es dunkel wird* (dt. Smith 1996). Zwei multiple Personen, die ihre Alter-Persönlichkeiten nicht kennen, treffen sich in Philadelphia, dem Ausgangsort von Sy-

Gabriele Dietze

bils Fugue. Ein multipler Persönlichkeitsanteil der Frau gibt einem multiplen Persönlichkeitsanteil des Mannes einen Mordauftrag an ihrem Gatten, die jeweilig anderen wissen nicht darum. Der zur Ermordung vorgesehene Ehemann ist die Inkarnation des Weiberhasses, und seine Sammlung von Büchern und Instrumenten stammt aus den Arsenalen der Weltgeschichte der Misogynie, zwischen Weiningers gesammelten Werken und chirurgischen Instrumenten zur Durchführung von Klitorektomien. In der Fiktion ist also schon entschieden, was die Psychographie nur im Subtext trägt, das nämlich die Schreckensherrschaft des Patriarchen (der ältere Ehemann hat väterliche Autorität) die multiple Persönlichkeit hervorbringt.

Janice Haaken stellt in ihrem in diesem Band erschienenen Aufsatz fest, daß das feministische Denken zum Mißbrauch sich von einem Modell der Reizüberflutung – man stelle sich etwa vor, eine Serie von Verletzungen habe sozusagen die Rezeptoren der kindlichen Psyche überlastet – in ein Modell von Gefangenschaft (*Captivity*) und Herrschaft (*Domination*) verwandelt habe. Die Cheftheoretikerin dieser Denkform ist Judith Herman. Die Autorin eines vielgelesenen Buchs über Vater-Tochter-Inzest bindet den Komplex Mißbrauch an einen universelleren Opferdiskurs an. Ihr Bestseller *Trauma and Recovery* (1992) war als *Mindbook of the Year* 1995 nominiert, und ihre lobbyistische Anstrengung hat maßgeblich dazu beigetragen, MPD in das Diagnostische Handbuch der Amerikanischen Psychiatrischen Vereinigung aufzunehmen und eine Auflage später *Dissociative Identity Disorder* als den medizinisch neutraleren Terminus zu etablieren. Damit war die zuvor als Modekrankheit abgetane Störung ins Curriculum der Psychiatrieausbildung integriert. Das hatte weitreichende Folgen, insbesondere in der forensischen Psychiatrie, die eine Multiplizitätsdiagnose nun in eine Verteidigung verminderter Zurechnungsfähigkeit einbringen kann. Weiterhin ist auch die Gesetzgebung betroffen. In zwanzig Bundesstaaten ist inzwischen die Verjährungsfrist für Inzest aufgehoben worden, da verspätet wiedergewonnene Trauma-Erinnerungen kein Hindernis sein sollen, ein Strafverfahren zu eröffnen. Das ist besonders wichtig für die anschließenden Zivilklagen auf Schadenersatz, die den meist arbeitsunfähigen Patientinnen ermöglichen sollen, die langjährigen und kostspieligen Therapien zu finanzieren.

Judith Herman vereinigt in ihrem Buch disparate Opfergruppen unter dem gemeinsamen Syndrom des *Chronic Trauma*. Betroffen von dieser Störung sind nach Herman Kriegsneurotiker, Überlebende von Holocaust und Folter, Opfer von Vergewaltigungen, ehelicher Gewalt und Inzest: »*Trauma and Recovery* ist ein Buch über Gemeinsamkeiten ... zwischen den Überlebenden der riesigen Konzentrationslager, die von Tyrannen erfunden wurden, die Nationen beherrschen und den Überlebenden der kleinen verborgenen Konzentrationslager, die von Tyrannen erfunden wurden, die ihr eigenes Haus beherrschen« (Herman 1992, 3). Für Patienten, die unter chronischem Trauma leiden, sei typisch, daß sie über längere Zeit im Zustand völliger Ohnmacht einer Todesdrohung ausgesetzt waren und im Leben danach unter Flashbacks, Amnesien und Somatisierungen leiden. Die beiden zentralen Motive sind außer dem Holocaust als Generalparadigma 1. der Vietnamkrieg, der über psychische Störungen von Veteranen der Diagnose des Posttraumatischen Streß Syndroms zum Durchbruch verhalf, und 2. das Trauma des sexuellen Mißbrauchs, das über die Frauenbewegung zu größerer gesellschaftlicher Aufmerksamkeit gelangte. Das zentrale gemeinsame Dritte aller Opfergruppen ist nach Judith Herman das der Gefangenschaft: Kriegsgefangenschaft, Erlebnisse des Versprengtseins oder Unter-Feuer-Stehens im Falle der Veteranen, und häusliche Gefangenschaft *(Domestic Captivity)*, wie Judith Herman einen angenommenen mauerlosen Kerker häuslicher Gewalt – sei es Inzest, eheliche Vergewaltigung oder Prügel – nennt.

Der Anschluß der Frau als Opfer häuslicher männlicher Gewalt an die großen Opferdiskurse des 20. Jahrhunderts politisiert die Mißbrauchsfrage und macht aus der privaten Leidensgeschichte ein öffentliches Zeugnis. Podiumsveranstaltungen mit Opfergeschichten oder Bekenntnisse in den Medien sollen den Kampf der Opfer um Anerkennung ihres Purgatoriums unterstützen. Dabei bleibt ein performativer Aspekt nicht aus, denn je dramatischer die Geschichte der Inzest-Überlebenden inszeniert wird, desto besser für die Sache und desto heroischer die Statur der Bezeugerin von »Sklaverei und absoluter Gefangenschaft.«

Gabriele Dietze

Wenn die kulturelle Repräsentation der gespaltenen Persönlichkeit das Doppelgängermotiv ist, so ist das Medium der Multiplizität zweifellos der Computer, oder genauer die spielerische Internet-Kommunikation, wie Sherry Turkle in ihrem Beitrag wie auch in ihrem neuesten Buch *Leben im Netz. Identität im Zeichen des Internet* (Turkle) argumentiert. Auch hier finden wir das Gefangenschaftsmotiv im Zusammenhang mit der Mißbrauchsfrage.

Selbsthilfegruppen von Mißbrauchsopfern haben dieses Medium symbolischer Traumaverabeitung für sich entdeckt und therapeutische MUDs ins Netz gestellt, die ausschließlich Opfern von Mißbrauch vorbehalten bleiben sollen. Eine Situation von Verfolgung und Bedrängung wird simuliert und von den Mitspielerinnen in ständiger Wiederholung therapeutisch gelöst. Ein solches Selbsttherapie-MUD, nämlich JennyMUSH, wurde Schauplatz eines virtuellen Mißbrauchs. Ein Mitspieler änderte seinen nom de guerre in DADDY und benutzte das *Shout*-Kommando, um seine Mitspielerinnen mit verbalen sexuellen Attacken zu belästigen (Reid 1994). Ein Aufschrei der Empörung ging durch die Gemeinschaft der Mitspielerinnen und eine breite Nettikette-Debatte führte zu einer Verstärkung der Sicherheitsvorkehrung, um das Eindringen unerwünschter »mißbrauchender« Spieler in den MUD künftig zu verhindern.

III Eine Amerikanische Erzählung von Gefangenschaft und Sklaverei
Die Zentralität des Gefangenschaftsmotivs in der Erzählung von Multiplizität scheint mir keineswegs zufällig zu sein, sondern Teil einer größeren Erzählung, mit der das amerikanische kollektive Gedächtnis fundamentale Beunruhigungen, man könnte auch sagen, nationale Traumata verarbeitet. Ich spreche von der Erzählung der Indianergefangenschaften (*Captivity Narrative*). Diese erste eigenständige amerikanische Literaturgattung entstand gegen Ende des 17. Jahrhunderts und erzählt – häufig aus der Perspektive einer Frau – von der damals nicht seltenen Praxis der Indianer, neuenglische Siedler zu entführen und auf ihren nomadischen Wanderungen zu verschleppen, um Lösegeld zu erpressen. Besagte *Captivity Narratives* berichten von einer Leidenszeit in Gefangenschaft, in der nur unter größten Mühen eine christliche und zivilisierte Identität aufrecht erhalten werden konnte, und von der letztendlichen Befreiung über Flucht

oder durch die Bezahlung eines Lösegeldes. Die semi-autobiographischen Texte, die im Stil religiöser Traktate verfaßt waren, verhandeln im Subtext den Kulturkonflikt zwischen Ureinwohnern und Puritanern. Sie liefern in ihren grimmigen Porträts über angebliche oder wirkliche Grausamkeit und »Primitivität« ihrer Entführer und in ihrer Konzeptualisierung als Leidens- und Passionsgeschichte einer weiblichen Protagonistin eine Art Legitimationslegende für den Genozid an den amerikanischen Ureinwohnern (Smith Rosenberg 1993, 179).

Diese Erzählungen von Indianergefangenschaften gehören zu den Gründungstexten und zum literarischen Kanon der Vereinigten Staaten. Sie werden schon an der Schule unterrichtet und spielen in der nationalen Mythologie eine entscheidende Rolle, und machen z.B. die Leidenschaft erklärlich, mit der die amerikanische Öffentlichkeit auf die Geiselkrise im Iran reagiert hat, und die niemals verstummende Spekulation darüber, daß es noch immer amerikanische Kriegsgefangene in Vietnam geben soll. Das Gefangenschaftsmotiv ist eine zentrale Metapher für die gedemütigte Nation in Zeiten (außen-)politischer Krisen.

Aus dem komplexen Gewebe dieser uramerikanischen Erzählung sollen nur zwei Einzelaspekte herausgegriffen werden: 1. der testimoniale-zeugnishafte Charakter dieser Geschichten und 2. ihre Funktion, soweit es weibliche Autorinnen betrifft, die Unberührtheit d.h. die Unschuld ihrer Erzählerin zu bezeugen. Zum ersten Punkt: Die *Captivity Narrative* wurde von den Geiseln meist in Kooperation mit Geistlichen geschrieben. Sie wurden in den puritanischen Kirchengemeinden als Bußpredigt gelesen und gelehrt, als Gleichnis von teuflischer Versuchung und göttlicher Erlösung (*Redemption* bedeutet sowohl gegen Lösegeld ausgelöst, wie auch er-löst zu werden), als Belohnung für Seelenstärke, als Appell zur Bekehrung und als Mahnung, zum rechten Glauben zu stehen. Der Titel der berühmtesten *Captivity Narrative*, 1682, verdeutlicht ihre religiöse Zeugnisfunktion: *The Souveraignty and Goodness of God, together, with the Faithfulness of his Promisis: Being a Narrative of Captivity of Mary Rowlandson.* (Die Allmacht und Güte Gottes, die von der Wahrhaftigkeit seiner Versprechen kündet: Das ist die Erzählung von der Gefangenschaft der Mary Rowlandson).

Mary Rowlandson gibt sich selbst am Ende ihrer Erzählung von Gefangenschaft, Versklavung (die Geiseln waren einzelnen Entfüh-

Gabriele Dietze

rern als Bedienstete zugeteilt) und Verschleppung (ständiger Orts-wechsel in der Wildnis sollte ihr Auffinden erschweren) eine Ehren-erklärung der Keuschheit:»Ich war gefangen unter brüllenden Löwen und wilden Bären, die weder Gott noch den Teufel fürchteten. Tag und Nacht war ich mit ihnen zusammen, allein und mit anderen: und obwohl ohne Unterschied gemeinsames Nachtlager gehalten wurde, näherte sich nicht einer von ihnen sich mir jemals unziemlich oder unkeusch weder in Worten oder Taten. Manch einer wird sagen, Ehrenerklärungen in eigener Sache seien ohne Wert, aber so wahr mir Gott helfe, ich spreche in seinem Angesicht und zu seinem höheren Ruhm« (eig. Ü. Rowlandson 1978, 3161f). Die Versicherung, unge-schändet geblieben zu sein, ist eine der zentralsten Motivationen für die weibliche *Captivity Narrative*, denn sie war die Voraussetzung dafür, wieder in die Gemeinschaft aufgenommen zu werden. Mary Rowlandsons rhetorische Vorwegnahme befürchteter übler Nachrede bezeichnet die delikate Position der zurückgekehrten weiblichen Geisel (Toulouse 1992). Obwohl nach dem heutigen ethnologischen Kenntnisstand Vergewaltigung nicht zum Grausamkeitsrepertoir der Indianer gehörte – im Gegensatz zu den Weißen in den Indianer-kriegen (Axtell 1983) – spielte sie in den Ängsten der Puritaner, neben der Furcht, zu Kannibalismus gezwungen zu werden, eine vorherrschende Rolle. Die Reinheit der Frau sollte einen idealen Stand der Unschuld der Gesellschaft symbolisieren. In der Terminologie von Christina von Brauns Beitrag gesprochen, sollte der individuelle Leib der weiblichen Geisel den Kollektivkörper der puritanischen Siedler reprä-sentieren und ihre Abgrenzung gegenüber den »wilden« Indianern markieren.

Der Fall der Dienstmagd Mercy Short illustriert ebenfalls den Zusam-menhang von Keuschheit, Gefangenschaft und weiblicher Reprä-sentation. Dieses aus indianischer Gefangenschaft freigekaufte sech-zehnjährige Mädchen ist gewissermaßen die erste dokumentierte amerikanische multiple Persönlichkeit. Sie taucht in keinem medizin-historischen Werk über Multiplizität auf, denn sie galt als von Dämo-nen Besessene, dem vormodernen Paradigma von den fremden Seelen im eigenen Körper (Ellenberger 1985). Viele zurückgekehrte India-ner-Geiseln litten an nach heutigen Maßstäben psychoneurotischen

Störungen, die – in der Formensprache meines Untersuchungsge-
genstandes gesprochen – die Symptomatik von Chronischen Posttraumatischen Streß Syndromen zeigten, nach den historischen Aus-
drucksmöglichkeiten jedoch die Form der Besessenheit von Dämonen
und Teufeln annahm (Karlsen 1989, 235). In der Erzählung der Multiplizität würde man sagen, daß das Trauma der Indianergefangenschaft, das vergessen werden will, zur Bildung von Alter-Persönlichkeiten führte, die gleichwohl einen zitierenden Bezug zum Erlebten
verkörperten. Ein Dämon der Mercy Short z.B. ist ganz deutlich als
Indianer zu erkennen.

Mercy Shorts Fallbericht, *A Brand Pluck'd Out of the Burning*
(Eine Gebrandmarkte aus dem Höllenfeuer gerissen, 1693), stammt
aus der Feder einer der berühmtesten puritanischen Autoren, des
Historikers und Geistlichen Cotton Mather, der an dem jungen Mädchen einen Exorzismus vornahm. Er hörte dabei den Stimmen ihrer
Dämonen sehr aufmerksam zu, denn Mercy Short lebte in Salem, dem
berüchtigten Ort der amerikanischen Hexenprozesse und hatte ihre
ersten Heimsuchungen durch Dämonen, nachdem sie bereits verhaf-
teten Hexen Essen ins Gefängnis gebracht hatte, also in ihren eigenen
Augen verhext worden war. Mercy Shorts Besessenheit war sozusagen der lebendige Beweis dafür, daß die beschuldigten Frauen Hexen
und damit tatsächlich mit dem Teufel im Bunde waren. Zusammen mit
anderen besessenen jungen Mädchen spielte Mercy Short in Hexen-
prozessen später die Rolle der Zeugin der Anklage.

Die Sorge um Keuschheit, wie sie schon im *Captivity*- Diskurs der
Mary Rowlandson zu sehen war, lieferte auch hier die unbewußte
Motivation für die Beschuldigungen Mercy Shorts in Richtung der
Salemer Bürgerschaft. Das junge Mädchen beklagt sich nämlich darüber, daß man in der Stadt angezweifelt habe, daß sie in der Indianergefangenschaft unberührt geblieben ist. Mather berichtet, daß die
Dämonen ihr die Verdächtigungen ihrer Nachbarn eingeflüstert hätten, um sie zu quälen: »wir glauben, daß der Teufel ihr die ungerechten
und absurden Gerüchte, die ihr von vorschnellen Mitmenschen in den
Kaffeehäusern und anderswo angehängt wurden, hinterbrachte und
sie besessen machte, um sie zu entmutigen« (Mather 1966, 270).

In gewisser Weise ist das die Urszene der Erzählung von Multiplizität. Es gibt die Geschichte einer Heimsuchung, berichtet von

Gabriele Dietze

einem weiblichen Opfer in Zusammenarbeit mit – hier religiösen, später psychiatrischen – Experten ihres Zustandes. Es gibt ein Trauma, das die Gastpersönlichkeit dazu zwingt, in vielen Zungen zu sprechen. Die Besessene läßt benennbare Dämonen sprechen, die multiple Patientin unterscheidbare Persönlichkeiten. Dann legt eine gequälte Frau ein Zeugnis ab, verweist auf die Verkommenheit ihrer Umgebung und beschuldigt die Verursacher ihres Schmerzes öffentlich. Der Exorzismus / die Therapie befreit sie sodann von den Geistern einer unverarbeitbaren Vergangenheit, und die Experten (Geistliche/Therapeuten) nutzen das durch sie gewonnene Wissen, um – im Extremfall – einen Kreuzzug zu orchestrieren. Das Opfer kann unter diesen Bedingungen zum Instrument einer Hexenjagd werden, wie es bei Mercy Short eindeutig der Fall war und wie es bei Anklagen gegen angeblichen satanischen Kultmißbrauch heutzutage geschieht (Nathan/Snedecker 1995).

Neben dem Genozid an der Urbevölkerung existiert ein zweites großes nationales Trauma: Das Selbstbild der großen demokratischen und den Menschenrechten veschriebenen Nation ist von der Erbschaft der Sklaverei getrübt, die auch nach der Unabhängigkeitserklärung bis zum Bürgerkrieg 1861-65 Bestand hatte. Auch hier ist ein Textkorpus überliefert, der diesmal nicht aus der Perspektive der in Gefangenschaft geratenen Herrschaftskultur, den entführten Siedlern, sondern aus dem Blickwinkel der ursprünglichen Opfer, der Sklaven selbst, erzählt. Die sogenannten *Slave Narratives* sind autobiographische Berichte entlaufener Sklaven über das Plantagensystem, die unbezahlte Zwangsarbeit, das drastische Strafsystem, die Mühsal des Lesenlernens und Flucht aus der Sklaverei. *Slave Narratives* gehören ebenso wie Mary Rowlandsons *Captivity Narrative* zum Kanon der in der Schule gelehrten nationalen Gründungstexte. Die Sklavenerzählungen haben trotz ihrer ganz anderen Voraussetzungen strukturelle Ähnlichkeit mit der Gefangenschaftserzählung. Das trifft besonders auf die weibliche *Slave Narrative* zu, denn der männliche Text, z.B. Frederick Douglass' berühmter Bericht *Sklaverei und Freiheit* (1848) modelliert sich an Benjamin Franklins Autobiographie eines Self-Made Man. Eine Self-Made Frau kann es unter der Bedingung der Sklaverei nicht geben, weil, wie die feministische Literaturwissenschaft umfassend beleuchtet hat, der schwarzen Frau ein zentrales Mittel der Selbstautorisierung versagt ist: Die Integrität ihres Körpers. Der Master besitzt nicht nur ihre Arbeitskraft, er kann auch sexuell über sie verfügen. »Der gefangene weibliche Körper«, schreibt Hortense Spillers, »benennt exakt den Punkt, wo politische und soziale Vektoren zusammentreffen, und das Fleisch als Preis für den Warentausch markieren« (Spillers 1987, 75). Der »gefangene weibliche Körper« wird zum zweiten Mal in der amerikanischen Geschichte zur Zentralmetapher für ein systematisches Unrecht, diesmal nicht als Legitimationslegende wie in der *Captivity Narrative,* sondern als Allegorie für das amoralische System der Sklaverei.

Die schiere Unmöglichkeit, ihre Unschuld zu bewahren, schließt die Sklavin aus dem zeitgenössisch einzig akzeptablen Weiblichkeitsmodell, dem Kult Wahrer Weiblichkeit, aus (Kuppler 1995, 284). Um ihrem Anliegen, der Aufdeckung der Grausamkeit der Sklaverei und dem Plädoyer für ihre Abschaffung, Gehör zu verschaffen, muß die Sklavin einerseits die Heuchelei einer Gesellschaft angreifen, die moralische Empfindsamkeit über einfache Humanität setzt, und andererseits aber um Verständnis für ihre Lage werben. »Ich glaube, daß die Sklavenfrau nicht nach dem gleichen Standard wie alle anderen Frauen beurteilt werden sollte«, schreibt Harriet Jacobs 1861, die der Zudringlichkeit ihres Masters zuerst in eine siebenjährige selbstgewählte Gefangenschaft auf dem Dachboden ihrer Großmutter entflieht, dann aber »freiwillig« in den Besitz und die sexuelle Verfügung eines anderen Weißen übergeht und ihm zwei Kinder gebärt, bevor sie letztendlich von einer weißen Philanthropin freigekauft wird (Jacobs 1987).

Die Parallele mit der Konfession eines Inzestopfers, die den Kern der meisten Multiplizitätserzählungen bildet, ist evident. Es muß das schmutzige Geheimnis der verlorenen Unschuld enthüllt werden, damit das Traktat über den falschen Zustand einer Welt, die systematisch die Unschuld zerstört, seine Wirkung entfalten kann. Elizabeth Fox-Genoveses Zusammenfassung von Harriet Jacobs *Incidents of the Life of a Slave Girl. Written by Herself* könnte ohne Schwierigkeiten auf *Sybil* oder *The Flock* übertragen werden: »Jacobs Erzählung von der erfolgreichen Flucht aus der Sklaverei kann als Reise verstanden werden, die vom ursprünglichen Zustand der Unschuld durch viele Widrigkeiten des Kampfes gegen die bedrückenden sozialen Verhältnisse

Gabriele Dietze

und eine lange Zeit ritueller und mythischer Verschleierung, schließlich zu Wissen und der endgültigen Eroberung der Freiheit führt«
(Fox-Genovese 1988, 77). Auch die Multiplizität erzählt von der
ursprünglichen Unschuld der kleinen Tochter durch ein Stadium lang
andauernder mythischer oder ritueller Verhüllung, was das große Spektakel der Alter-Persönlichkeiten wäre, hin zu Wissen und Freiheit,
was der in der Therapie gewonnenen Einsicht und Loslösung von den
traumatisierten Gespenstern der Vergangenheit entspricht. Die »ge-
flohene weibliche Gefangene« ist die Figur, die die Erzählungen von
Gefangenschaft, Sklaverei und Multiplizität miteinander verbindet
und sie gleichzeitig an die uramerikanischen kollektiven Traumata
Genozid an den Indianern und Sklaverei anschließt.

Allen drei großen Erzählungen ist ein zeugnishafter, ein testimonialer
Charakter gemeinsam. Der charismatische Protestantismus der Puritaner ist wie oben entwickelt der Nährboden der *Captivity Narrative*,
wie auch die *Slave Narrative* der biblischen Heilsgeschichte typolo-
gisch nachgebildet ist. Die kanadische Psychologin Margo Rivera setzt
den Angriff der multiplen Persönlichkeit auf den Vater ebenfalls in
Bezug zum protestantischen Erweckungserlebnis: Der Prozeß der
Inzestaufarbeitung beginnt mit Verleugnung, die Klientin leugnet,
daß sexueller Mißbrauch stattgefunden hat, sodann folgt die Therapie
als Bekehrung (Konversion). Auf das Bekenntnis (Konfession) des
erinnerten Mißbrauchs erfolgt die spirituelle Wiedergeburt und Rück-
gewinnung der eigenen Vergangenheit. An einer entscheidenden Position dieses Musters allerdings verändert sich die Dramaturgie: Es
werden nicht die eigenen Sünden bekannt, sondern die des Vaters.
Statt des Opferlamms Jesus Christus nimmt ein alter Bock (Hacking
1996, 102), der Sündenbock Vater die Schuld auf sich, oder bekommt
sie aufgeladen.

IV Eine psychiatrische Erzählung
Das Trauma-Dissoziationsmodell – oder metaphorischer ausgedrückt – das Trauma-Unschuldsmodell kann wie die Hysterie zur
Jahrhundertwende oder die Schizophrenie in den Siebzigern als Zei-
chensystem von Geschlechterbeziehungen gelesen werden. Christina
von Braun z.B. las die Hysterie als körperlich metaphorisierte Wider-

ständigkeit der Frau gegen ihre Vernichtung als Sexualwesen (von Braun 1985) und Julia Kristeva las die Psychose als »Krise der Wahrheit in der Sprache«, die sowohl 'Psychotiker wie Patient bezeugen (Kristeva, 1978). Psychische Abweichungen drücken einerseits eine *nicht*diskursive Kritik der Patientin an einer Gesellschaft, die sie auffällig macht, aus und andererseits bezeichnet die Konzeptualisierung der psychischen oder mentalen Abweichungen durch die »Experten« das Modell von Gesundheit und Anpassung, das der jeweiligen historischen Situation entspricht, wie Foucault in seinen wissensarchäologischen Arbeiten zur Klinik, zum Strafsystem und zum Wahnsinn ausführlich dargelegt hat.

Komplexer werden die Zusammenhänge, wenn die Spezialisten für psychische Abweichung mit den Patienten ein Bündnis gemeinsamer Gesellschaftskritik eingehen, wie es die britische und italienische Antipsychiatrie und Deleuze/Guattari getan haben. Die psychotische Abweichung wird in diesem Zusammenhang als Symptom und Revolte gelesen: als Symptom für und Revolte gegen die Pathogenität der bürgerlichen Familie, z.B. die das Verhängnis der *Double Bind* disseminierende Mutter bei Antipsychiatern wie David Cooper (vgl. Showalter 1985 167f.) oder als Beleg für die Unmöglichkeit beziehungsweise Unwünschbarkeit einer (männlichen) Subjektkonstitution nach dem Modell der Aufklärung bei den französischen Kritikerinnen. Die Schizophrenie konnte in einem solchen Zusammenhang als das heroische Verweigern eines phallogozentrischen Subjekts interpretiert werden (Irigaray 1977).

An einem solchen Kreuzungspunkt von kultureller Erzählung entfaltet sich auch das Spektakel der Multiplizität. Im Gegensatz zu den beiden anderen erwähnten Paradigmen – der Sprache des Körpers (Hysterie) und der Sprache des Unsinns / der Vernunftverweigerung (Schizophrenie) – ist die Sprache der Multiplizität beredt und (realistisch) diskursiv. Vielstimmig kündet sie von einer Verletzung, einem Unrecht, das sie nicht begreift und kennt. So jedenfalls die Lesart ihrer Therapeuten. Die Dissoziation wird auf ein Ursprungstrauma zurückgeführt und als »kreative und vernünftige«, i.e. funktionale, Antwort auf eine unerträgliche und deshalb zu verdrängende Verletzung interpretiert. Das therapeutische Ziel ist, den in Angst und Terror entstandenen Alter-Persönlichkeiten Wissen über das

Gabriele Dietze

Ursprungstrauma zu vermitteln und nach einem kathartischen bewußten Durchleben des Schreckens die Abwehrpersönlichkeiten zu fusionieren oder zu integrieren (*fuse/integrate*). Die Kontrolle übernehmen (*to take control*) oder sich wieder ganz fühlen (*to feel whole again*) sind dabei die häufigsten Vokabeln.

Die Erzählung der Multiplizität vereinigt damit zwei Zentralkonflikte im postfeministischen – weißen, westlichen – Kosmos des ausgehenden Jahrhunderts. Einerseits theatralisiert sie das fragmentierte Selbst, d.h. sie inszeniert ein Spektakel von konfligierenden Rollenanforderungen und Funktionsaufteilungen der modernen Frau und die Qual ihrer Unentscheidbarkeit, und andererseits steuert sie das Ideal eines Ureinen/Urganzen (*whole*) an.

Zwei wichtige Vorannahmen werden dabei gemacht. Erstens, daß es einen Stand der unambivalenten Unschuld gibt. Zweitens, daß die Zerstörung dieser Unschuld irreparables Leiden nach sich zieht und notwendigerweise von einer feindlichen äußeren Instanz verursacht wurde. Zum ersten Punkt: Das psychologische Denken über das kindliche Ich hat in diesem Jahrhundert zu eher ambivalenten Formulierungen über Unschuld gefunden: a) Freud zum Begriff der polymorphen Perversion des Kleinkindes (Freud 1905), b) Melanie Klein zur paranoischen Position des Säuglings, der sich auf seine Mutter in einem unentmischten Gefühlssturm des Verschlingens und des Vernichtungswunsches stürzt (Klein 1952) und c) Deleuze/Guattarie zur Konstruktion einer antiödipalen Wunschmaschine des unstrukturierten anarchischen Begehrens (Deleuze/Guattari 1977). Keine dieser Denkfiguren geht von einer ursprünglichen kindlichen Unschuld aus, wie sie die Mißbrauchserzählung konstituiert. Die Vorstellung eines äußeren Aggressors setzt zum zweiten voraus, daß es beim Opfer keine inneren Instanzen gibt, die eine Komplizenschaft mit dem Aggressor oder eine Gegenaggression entwickeln können. Diese beiden Vorannahmen führen zu der Paradoxie, daß ein Diskurs, der ganz auf die Selbstermächtigung seiner Teilnehmerinnen ausgerichtet zu sein scheint – Konfrontation mit dem Mißbraucher, öffentliche Anklage, wenn nötig Abwendung von der Familie und juristische Verfolgung – die angeblich völlige Machtlosigkeit einer weiblichen Opferposition zur Bedingung seiner Möglichkeit macht. Janice Haaken weist in ihrem Beitrag auf die Selbstentmündigungsgefahr hin, die in diesem Konzept liegt.

Durch die Benennung eines Verursachers ist implizit eine weitere große Veränderung der therapeutischen Diskurse ins Werk gesetzt worden. Der mißbrauchende Vater/Bruder/Onkel – und damit die Urform des Patriarchats wie es sich in seiner Keimzelle, der Familie, darstellt –, hat in der neuen großen Erzählung des Wahnsinns die pathogene Mutter der klassischen Psychoanalyse abgelöst. In *Sybil* (1957) war es noch die schizophrene Mutter, die die Multiplizität ihrer Tochter auslöste. Fast ausnahmslos alle neuen Multigraphien finden den Ursprung des Traumas bei einem männlichen Familienmitglied.

Die väterlich ödipal ausgerichtete Psychoanalyse hat in den USA an Boden verloren. Nathan Hale datiert ihren Niedergang in *The Rise and Crisis of Psychoanalysis in the United States* in den frühen Sechzigern (Hale 1995). In der sich immer mehr verweiblichenden Profession hat sich eine feministisch inspirierte Spielart der Psychoanalyse etabliert (Chodorow 1978). Sie privilegiert ein positives Konzept der Mutter-Tochter-Beziehung, das nicht wie beim Freudschen Ödipusmodell dem Verhängnis des Objektwechsels anheimfällt, sondern von der Geschlechtsidentität mit der Mutter profitieren kann. Eine alte therapeutische Kultur, die auf Distanz als Vermeidung von Übertragung ausgerichtet war, weicht einem Konzept von »Umeltern« (*Reparenting*), dem zur Verfügungstellen emotionaler Zuwendung, die wie man aus den oben dargestellten Multigraphien feststellen konnte, exzessive Dimensionen annehmen kann. Sowohl Sybils wie Joan Frances Casey Therapeutinnen lösten im Laufe der Behandlung die Trennung von Privatleben und Kur auf, pflegten private Kontakte und hielten sich Tag und Nacht für Krisenintervention bereit.

Es ist nicht überraschend, daß in therapeutischen Beziehungen, die einem gelungenen Mutter-Tochter-Verhältnis nachgestellt sind, die pathogene Mutter als Allphantasma verschwindet und durch den pathogenen Vater ersetzt wird. Therapieschulen dieser Ausrichtung sind folgerichtig eine geeignete Wirtskultur, in der Multiplizität diagnostiziert wird. Dort sind die Berufsverbände von Therapeuten, die sich auf dissoziative Störungen spezialisiert haben und die verschiedensten Arten von Posttraumatischen Streß Störungen behandeln, angesiedelt.

Gabriele Dietze

In diesem Umkreis findet sich ein großes Selbsthilfegruppenmilieu, das an der psychischen Gesundung (*Healing*) arbeitet und an *Recovery*, was sowohl genesen wie auch hervorholen, nach oben holen bedeutet, und damit auf den Trauma-Kern dieser Krankheits- und Gesundheitsvorstellung verweist.

Die Zuspitzung des Traumamodells auf eine rückerinnerte, zwischenzeitlich vergessene Mißbrauchssituation benennt zugleich einen Verursacher – Vater/Bruder/Onkel – der verantwortlich gemacht werden kann. Die Konfrontation mit dem Mißbraucher wird zu einem Ichwerdungsakt von einerseits spiritueller und andererseits politischer Natur. Die Öffentlichkeit des Mißbrauchsgeständnis oder des Mißbrauchsvorwurfs dient als Strukturkritik an der Macht der Väter, ihrer Verfügung über den Familienkörper und die Verlängerung ihrer Herrschaft im Rechtssystem. Konsequenterweise verstehen sich auch große Teile der Inzestüberlebenden (*Incest Survivors*) und die mit ihren Fällen beschäftigten Therapeuten als politische Bewegung und organisieren sich in Gruppen wie VOICE, um ihr Anliegen in Medien und Gesetzgebung einzubringen (Ofshe/Watters 1996).

Das Mißbrauchsparadigma wird so in die großen amerikanischen Opferdiskurse eingebracht, die Unschuld und Trauma verhandeln, wie die Erzählung von Indianergefangenschaft und Flucht aus der Sklaverei. Gleichzeitig wird eine neue – gewissermaßen postfeministische – Verhandlungsrunde des Geschlechter-Konflikts eingeleitet. Es geht nicht mehr um die Frage der Partizipation von Frauen am politischen Entscheidungen oder der Legitimität von Umverteilungsansprüchen, sondern es geht jetzt um die Frage einer ganz persönlichen Schuld. Eine systematische Patriarchatskritik hat sich in einen Verbrechensvorwurf verwandelt, der den individuellen Vater, Bruder, Onkel, Lehrer meint. Damit geht eine Mythisierung des Geschlechterkonflikts einher. Statt Herrschaft, Gegenwehr und Institutionalisierung des politischen »Erfolgs« werden jetzt Unschuld, Trauma und Strafe verhandelt und damit das zivile Drama des Interessenabgleichs in eine blutige Tragödie von Schuld und Sühne verwandelt. Im Subtext werden die Fröste der neuen Freiheit für einen weiblichen Persönlichkeitsentwurf und die Qual einer Wahl verhandelt, die unabweisbare Rollenanforderungs-Dilemmata gebiert: Mutterschaft und/oder Beruf und/oder Karriere und/oder Ehe und/oder Haushalt. Die unvollendete Kulturrevolution der Frauenbewegung, die zwar das Selbstbewußtsein stärken, aber weder die öffentlichen (Politik/Beruf) noch die privaten Institutionen (Liebe/Ehe/Familie) von Grund auf umbauen konnte, findet mit einer mythischen Erzählung von Trauma und Unschuld zum Mißbrauchsparadigma und damit zu einem identifizierbaren Schuldigen.

Die besondere amerikanische Erzählung von Multiplizität speist sich – noch einmal zusammengefaßt – aus vier Haupt-Quellen: 1. aus den intertextuellen Bezügen, mit denen sich die Multigraphien zu einer Fortsetzungsgeschichte zusammenwirken und aus der medialisierten Selbstgeneration eines »spektakulären« Leidens über Film, Fernsehen und Internet; 2. aus der kulturellen Tradition der *Captivity* und *Slave Narrative*, deren kollektives und rituelles Traumaverarbeitungsmuster konstitutiv für die amerikanische Selbstwahrnehmung und ein besonderes Konzept von Unschuld ist; 3. aus einer Therapiekultur, die ein vom Ödipuskomplex abweichendes Paradigma der Objektbeziehung pflegt und dementsprechend emotional zuwendende *Reparenting*-Modelle verfolgt, die Trauma-Dissoziationsmodelle bevorzugen und auf einen pathogenen Vater fokussiert sind und schließlich 4. aus einem postfeministischen Verhaltensanforderungs-Dilemma, in dem sich ein reales und berechtigtes Unglücks- und Ungerechtigkeitsempfinden in der Sprache eines psychischen Frauenleidens ausgedrückt und mit der Mißbrauchsfrage verknüpft wird und so mittelbar und unmittelbar Patriarchatskritik artikuliert. Diese vier Stränge könnten einen Hinweis darauf geben, warum die Vereinigten Staaten eine fruchtbare Wirtskultur für das Konzept der Multiplen Persönlichkeit sind. Ob das Frauenleiden allerdings auf lange Sicht eine *folie americaine* bleiben wird, ist nicht ausgemacht, da Rollenanforderungs-Dilemmata postfeministischer Weiblichkeitskonstruktionen keineswegs eine exklusiv amerikanische Angelegenheit sind.

Postskript
Unübersehbar schiebt sich auch in Europa ein Mißbrauchsdiskurs in den gesellschaftlichen Vordergrund, obwohl Kriminologen immer wieder darauf hinweisen, daß Sexualstraftaten an Kindern statistisch

Gabriele Dietze

nicht zugenommen haben und ein Verbrechen sind, das in den Straftatsstatistiken nur eine unbedeutedende Rolle spielt. In Belgien liegt der Schwerpunkt des Mißbrauchsdiskurses auf Kinderpornographie als organisiertem Verbrechen, in Deutschland auf Kindsmord als Triebtat eines Unbekannten.

Mißbrauchsdiskurse sind Symptome einer viel grundsätzlicheren kulturellen Angst. Allen gemeinsam ist, daß sie das Kind zum Mittelpunkt ihrer Beunruhigung erklären (Dietze 1996). Im Zeichen sich auflösender sozialer Bindungen, der zunehmenden Instabilität der Kleinfamilie und problematischer Gender-Arrangements wird das Kind als zu schützende Einheit zum zentralen Träger gesellschaftlicher Wertvorstellungen. Alte Werte wie Loyalität gegenüber Obrigkeit, Eltern, Arbeitgebern sind funktionaleren Paradigmata wie Persönlichkeitsentfaltung und Preis-Leistungs-Verhältnis gewichen, Gefühlswerte wie romantische Liebe und Treue sind nicht mehr mit lebenslanger Ehe und Familienbildung verbunden. Das kulturelle Zeichen kindlicher Unschuld wird so zum letzten Residuum, Bedeutungsraum, Projekt, worauf sich ein ethischer Diskurs einigen kann, und stiftet somit Gemeinschaft.

Mißbrauchsdiskurse eignen sich demnach gut dazu, gesellschaftlichen Konfliktparteien moralische Valenz und Gewicht zu verleihen. In Belgien markiert das Thema über das aktuelle Verbrechen hinaus Kritik an korrupten politischen Institutionen, die durch den Proporz von Flamen und Wallonen gelähmt sind, in Deutschland bildet die aufgeflammte Diskussion über Strafverschärfung für Kinderschänder die Speerspitze von Debatten über Innere Sicherheit in Vorwahlzeiten. In den USA illuminiert der Mißbrauchsdiskurs ein weibliches Gerechtigkeitsdefizit und de-legitimiert mit seiner Inzesterzählung patriarchalisch regulierte Geschlechterverhältnisse.

Die Allgegenwart des Inzestthemas weist – möglicherweise besonders in amerikanischen Zusammenhängen – noch in weitere Richtung. Das Tabu, öffentlich über Inzest zu sprechen, die Täter zu bestrafen und den Opfern zu helfen, ist seit langem gebrochen. Trotzdem zirkuliert das Thema fast rituell in Talkshows, Expertenrunden, Filmen, Romanen. Inzest bedeutet immer auch mißbrauchtes Vertrauen. Der Vater und in abgeleiteter Form auch die Mutter hatten die Pflicht zu beschützen, zu hegen und zu pflegen. Die Aggressivität des

Angriffs auf die Eltern speist sich auch aus dem betrogenen Bedürfnis, sich sicher, behütet, versorgt und ohne Verantwortung zu fühlen. Das Drama der Multiplen Persönlichkeit, wie es sich in den autobiographischen Fallberichten darstellt, kann auch als Bühne begriffen werden, auf dem sich souveräne und abhängige Persönlichkeitsanteile moderner Frauenbiographien einen Kampf liefern und auf ihrer Gleichzeitigkeit bestehen. Die in jedem Hollywoodfilm nachvollziehbare weibliche Doppelstruktur von kämpferischer Emanzipationsrhetorik am Arbeitsplatz und klassischen Liebes- und Familienvorstellungen für die häusliche Sphäre produziert an ihren Rändern eine soziale Pathologie, die den Riß zwischen Sicherheit/Abhängigkeit und Selbstverantwortung/Unabhängigkeit ausleuchtet.

Inzest wäre somit eine Allegorie, in der die weibliche Ambivalenz von Sicherheitswunsch und Abhängigkeitsangst dargestellt wird. Der gordische Knoten wird mit dem Schwert des Verbrechensvorwurfs zerschlagen, und in der Therapie werden lebenslange enttäuschte Abhängigkeiten und Freiheitsängste als Effekt von Vertrauensmißbrauch und Verletzung der körperlichen Integrität behandelt. Es ist nicht schwer einzusehen, warum diese therapeutische Erzählung erfolgreich ist. Sie organisiert schmerzende und unglückliche Erfahrungen zu einem Plot, der Täter und Opfer benennt und Lösung über Bestrafung des Verbrechers und eine Heil(s)geschichte des unschuldigen Opfers anbietet. In einem philosophischen Essay über die Zunahme von Opferdiskursen in der Spätmoderne schreibt Pascal Bruckner: »Unschuld nenne ich die Krankheit des Individualismus, die darin besteht, den Folgen des eigenen Handelns entgehen zu wollen, den Versuch die Wohltat der Freiheit zu genießen, ohne deren Nachteile in Kauf zu nehmen. Sie breitet sich in zwei Formen aus, im *Infantilismus* und in der *Viktimisierung* (...) Bei der ersten versteht sich Unschuld als Parodie auf die Sorglosigkeit und Unwissenheit der Kindheit; sie gipfelt in der Gestalt des *immerwährenden Unreifen*. Bei der zweiten, die mit Engelhaftigkeit gleichzusetzen ist, handelt es sich um ein Fehlen von Schuld, um eine sich selbst zugeschriebene Unfähigkeit, Böses zu tun. Sie wird verkörpert in der Gestalt des *selbsternannten Märtyrers*.« (Bruckner 1996, 13)

Bruckners schwarze Zivilisationskritik, so zutreffend sie in der Phänomenologie auch ist, krankt an einer gewissen Unterstellung der

Gabriele Dietze

Vorsätzlichkeit. Die Lektüre von kulturellen Zeichensystemen ist immer eine Interpretation von kollektivem Unterbewußtsein. Das setzt erstens voraus, daß Symbolisierungen hinter dem Rücken der Protagonistinnen und Protagonisten stattfinden, und zweitens, daß die metaphorisierten Konflikte real existent sind und nicht einem kollektiven Wahnsystem entstammen. Ob die multiple Persönlichkeit ein reales Symtombild ist oder ein soziales Konstrukt oder ein Effekt unsachgemäßer Hypnose wie unlängst im Fall Sybil recherchiert (Borch-Jacobson, 1997) ist dabei weniger von Interesse als das, was das Krankheitsbild *sagen* will. Wenn eine soziale Pathologie sich mit solcher Macht auf das Thema des sexuellen Mißbrauchs stützt, dann artikuliert sie eine nicht zu lindernde Qual, die zweifellos in strukturell gewaltsamen Geschlechterverhältnissen ihren Ursprung hat.

Literatur

Axtell, James, 1983, »The White Indians of Colonial America«, in Stanley N. Katz und John M. Murrin (Hg.), *Colonial America. Essays in Politics and Social Development* (New York: Knopf).
Borch-Jacobson, Mikkel , 1997, »Sybil – the Making of a Disease «, in: New York Times Rewiev, 24, April.
Braun, Christina von, 1985, *NICHT ICH. Logik, Lüge, Libido* (Frankfurt: Neue Kritik).
Bruckner, Pascal, 1996, *Ich leide, also bin ich. Die Krankheit der Moderne* (Qaudriga: Weinheim).
Bruner, Jerome, 1987, »Life as Narrative«, *Social Research* 54:1.
Carlson, E.T., 1974, »The History of Multiplicity in the United States: Mary Reynolds and her Subsequent Reputation«, *Bulletin of the History of Medicine* 58.
Casey, Joan Frances, 1993, *Ich bin Viele. Eine außergewöhnliche Heilungsgeschichte* (Reinbek: Rowohlt).
Chodorow, Nancy, 1985 (1978), *Das Erbe der Mütter. Psychoanalyse und Soziologie der Mütterlichkeit* (München: Frauenoffensive).
De Certeau, Michel, 1984, *Practice of Everyday Life* (Berkeley: U-California Press).
Deleuze, Gilles und Felix Guattari, 1977, *Anti-Ödipus. Kapitalismus und Schizophrenie I* (Frankfurt: Suhrkamp).
Dietze, Gabriele, 1998, »The Naked Truth. Mickey Spillane and the Masculinity Crises of the Fifties«, *Amerikastudien* 43.4.

- 1997, *Hardboiled Woman. Geschlechterkrieg im amerikanischen Kriminalroman* (Hamburg: EVA)
- 1996, »Child Abuse as a Metaphor. Andrew Vachss and Michael Jackson as a Flipside of One Coin«, in L. Carlson (Hg.), *American Popular Culture. Home and Abroad* (Kalamazou: West Michigan University Press).
Ellenberger, Henry F., 1985, Die Entdeckung des Unbewußten. Geschichte und Entwicklung der dynamischen Psychiatrie von den Anfängen bis zu Janet, Freud, Adler und Jung (Zürich: Diogenes)
Fox-Genovese, Elizabeth, 1988, »My Statue, Myself: Autobiographical Writing of Afro-American Women«, in Shari Benstock (Hg.), *The Private Self. Theory and Practice of Woman's Autobiographical Writing* (Chapel Hill, London: U-North Carolina Press).
Fraser, Sylvia, 1987, *My Father's House. A Memoir of Incest and Healing* (Toronto: Doubleday).
Freud, Sigmund, 1973 (1905), *Drei Abhandlungen zur Sexualtheorie* in GW V (Frankfurt: Fischer)
Friedan, Betty, 1975, *Der Weiblichkeitswahn oder die Selbstbefreiung der Frau. Ein Emanzipationskonzept* (Reinbek, Rowohlt).
Hacking, Ian, 1992, »Multiple Personality Disorder and its Hosts«, *History of Human Sciences* 5.
- 1996, *Multiple Persönlichkeit. Zur Geschichte der Seele in der Moderne* (München: Hanser).
Hale, Nathan G., 1995, *The Rise and Crisis of Psychoanalysis in the United States. Freud and the Americans 1917-1985* (New York: Oxford U-Press).
Herman, Judith L., 1992, *Trauma and Recovery* (New York: Basic Books).
Irigaray, Luce, 1977, *Unbewußtes, Frauen, Psychoanalyse* (Berlin: Merve Verlag).
Jacobs, Harriet, 1987 (1861), *Incidents in the Life of a Slave Girl* (Cambridge: Harvard U-Press).
James, William, 1983 (1890), *Essays in Psychology* (Cambridge: Harvard U-Press).
Karlsen, Carol F., 1989, *The Devil in the Shape of a Woman. Witchcraft in Colonial New England* (New York: Vintage).
Klein, Melanie, 1972, *Das Seelenleben des Kleinkindes und andere Beiträge zur Psychoanalyse* (Reinbek: Rowohlt).
Kristeva, Julia, 1978, *Die Revolution der Poetischen Sprache* (Frankfurt: Suhrkamp).
Kuppler, Lisa, 1995, »Weiblichkeitsmythen zwischen Gender, Race und Class: True Womanhood im Spiegel der Geschichtsschreibung«, in Hadumod Bußmann und Renate Hof (Hg.), *Genus. Zur Geschlechtsdifferenz in den Kulturwissenschaften* (Stuttgart: Kröner).
Lewis, R.W.B., 1955, *The American Adam. Innocence, Tragedy and Tradition in the Nineteenth Century* (Chicago: U-Chicago Press).
Leys, Ruth, 1992, »The Real Miss Beauchamp«, in J. Butler und J. Wallach Scott (Hg.), *Feminists Theorize the Political* (New York: Routledge).
Masson, Jeffrey, 1995, *Was hat man dir, du armes Kind, getan? Oder was Freud nicht wahrhaben wollte* (Freiburg: Kore).

Gabriele Dietze

Mather, Cotton, 1960 (1693), »A Brand Pluck'd out of the Burning, in Burr, George Lincoln (Hg.), *Narratives of the Witchcraft Cases 1648-1706* (New York: Barnes & Noble).

Miller, Karl, 1985, *Doubles. Studies in Literary History* (Oxford: Oxford U-Press).

Nash Smith, Henry, 1950, *The Virgin Land. The American West as Symbol and Myth* (Cambridge, Harvard U-Press).

Nathan, D. und Snedecker, E., 1995, *Satan's Silence: Ritual Abuse and the Making of a Modern Witch Hunt* (New York: Basic Books).

Ofshe, Richard und Watters, Ethan, 1996, *Die mißbrauchte Erinnerung. Von einer Therapie die Väter zu Tätern macht* (Stuttgart: Deutscher Taschenbuch Verlag).

Prince, Morton, 1978 (1906), *The Dissociation of a Personality. The Hunt for the Real Miss Beauchamp.* Mit einer neuen Einleitung von Charles Rycroft (Oxford: Oxford U-Press)

Reid, Elizabeth, 1994, Cultural Formations in Text Based Realities (Magisterarbeit, University of Melbourne: http://www.rrz.uni-koeln.de/themen/cmc/text/reid.94.txt).

Rowlandson, Mary, 1978 (1682), »The Souveraignty and Goodness of God, together, with the Faithfulness of his Promisis: Being a Narrative of Captivity of Mary Rowlandson«, in Richard Slotkin und James K. Folso, *So Dreadful a Judgement: Puritan Responses to King Philips War* (Middletown: Wesleyn U-Press).

Schreiber, Flora Rheta, 1977 (1973), *Sybil. Persönlichkeitsspaltung einer Frau* (Frankfurt: Fischer).

Showalter, Elaine, 1985, *The Female Malady: Women, Madness and the English Culture* (New York: Shengold).

– 1997, *Hystorien. Hysterische Epidemien im Zeitalter der Medien* (Berlin: Berlin Verlag).

Sizemore, C.C., 1989, *A Mind of My Own.* (New York: Morrow).

Sizemore, C.C., Pitillo E.S., 1977, *I am Eve* (Garden City: Doubleday).

Slotkin, Richard, 1973, *Regeneration Through Violence. The Mythology of the American Frontier* (Middletown: Wesleyan U-Press).

Smith, Rosamond (Joyce Carol Oates), 1996, *Komm, wenn es dunkel wird* (Frankfurt: Fischer).

Smith-Rosenberg, Carol, 1993, »Captured Subjects / Savage Others: Violently Engendering the New American«, *Gender and History* 5:2.

– 1985 *Disorderly Conduct. Visions of Gender in the Victorian America* (New York: Oxford U-Press).

Spillers, Hortense J. »Mama's Baby, Papa's Maybe: An American Grammar Book.« *Diacritics*, Summer (1987).

Thigpen, Corbett A., Checkley, Hervey M., 1957, *The Three Faces of Eve* (New York: McCraw-Hill).

Toulouse, Teresa A., 1992, »My Own Credit: Strategies of (E) valuation in Mary Rowlandsons Captivity Narrative«, *American Literature* 64.4.

Auswahlbibliographie

Alcoff, Linda und L. Gray, 1993, »Survivor Discourse: Transgression or Recuperation?«, in *Signs* 18 / Winter.

Aldridge-Morris, Ray, 1989, *Multiple Personality: An Exercise in Delusion* (London: Lawrence Erlbaum).

American Psychiatric Organization (Hg.), 1994, *Diagnostic Criteria from MPD-IV. Diagnostic and Statistical Manual of Mental Disorders.* (Washington DC: American Psychiatric Assoziation).

Armstrong, Louise, 1994, *Rocking the Cradle of Sexual Politics* (New York: Addison-Wesley).

Assmann, Aleida und D. Harth (Hg.), 1991, *Mnemosyne: Formen und Funktionen der kulturellen Erinnerung* (Frankfurt/M.: Fischer).

Assmann, Jan und T. Hölscher (Hg.), 1988, *Kultur und Gedächtnis* (Frankfurt/M.: Suhrkamp).

Bass, Ellen und L. Davis 1988, *The Courage to Heal. A Guide for Woman Survivors of Child Sexual Abuse* (New York: Harper & Row).

Benjamin, Jessica, 1993, *Die Fesseln der Liebe. Psychoanalyse, Feminismus und das Problem der Macht* (Frankfurt/M.: Fischer).

Bliss, Eugene L., 1986, *Multiple Personality, Allied Disorders, and Hypnosis* (New York: Oxford University Press).

Borch-Jacobsen, Mikkel, 1997, »Sybil – the Making of a Disease. An Interview with Dr. Herbert Spiegel«, in: *New York Times Review*, 24. April.

Braude, Stephen E., 1991, *First Person Plural: Multiple Personality and the Philosophy of Mind* (London: Routledge).

Braun, Christina von, 1985, *Nicht Ich: Logik, Lüge, Libido* (Frankfurt/M.: Neue Kritik).

Bruch, Hilde, 1991, *Eßstörungen. Zur Psychologie und Therapie von Übergewicht und Magersucht* (Frankfurt/M.: Fischer).

Bruckner, Pascal, 1996, *Ich leide, also bin ich. Die Krankheit der Moderne* (Weinheim: Quadriga).

Brumberg, Joan Jacobs, 1994, *Todeshunger. Die Geschichte der Anorexia Nervosa vom Mittelalter bis heute* (Frankfurt/M.: Campus).

H. Bürger-Prinz, 1971, *Ein Psychiater berichtet* (Hamburg: Hoffmann und Campe).

Canguilhem, Georges, 1974, *Das Normale und das Pathologische* (München: Hanser).

Carlson: E.T., 1974, »The History of Multiplicity in the United States: Mary

Reynolds and her Subsequent Reputation«, in *Bulletin of the History of Medicine* 58.

– 1981, »The History of Multiple Personality in the United States: I. The Beginnings«, in *American Journal of Psychiatry* 138.

Carruth, Cathy (Hg.), 1995, *Trauma: Explorations in Memory* (Baltimore: Johns Hopkins University Press).

Chasseguet-Smirgel, Janine, 1994, »The Femininity of the Analyst in Professional Practice«, in *International Journal of Psycho-Analysis* 65.

Chodorow, Nancy, 1985, *Das Erbe der Mütter. Psychoanalyse und Soziologie der Geschlechter* (München: Frauenoffensive).

Cohen, David, 1996, *Alter Egos. Multiple Personalities* (London: Constable).

Comaroff, J., 1994, »Aristotle Re-membered«, in J. Chandler, A.I. Davidson und H. Harootunian (Hg.), *Proof, Practice and Persuation across the Disciplines* (Chicago: Chicago University Press).

Costins, L.B., H.J. Karger und C. Stoesz, 1996, *The Political of Child Abuse in America* (New York: Oxford University Press).

Crabtree, A., 1985, *Multiple Man: Explorations in Possession and Multiple Personality* (Toronto: Collins).

Crews, Frederick und F. Crews, 1997, »Memory Wars: Freud's Legacy in Dispute«, in *New York Review of Books*, April.

Danziger, K., 1990, *Constructing the Subject* (Cambridge: Cambridge University Press).

Dershowitz, Alan M., 1995, *The Abuse Excuse: And Other Cop-Outs, Sob Stories and Evasions of Responsibility* (Boston: Little Brown & Co).

Dietze, Gabriele, 1996, »Child Abuse as a Metaphor. Andrew Vachss and Michael Jackson as a Flipside of One Coin«, in L. Carlson (Hg.), *American Popular Culture. Home and Abroad* (Kalamazou: West Michigan University Press).

Ellenberger, Henry F., 1985, *Die Entdeckung des Unbewußten. Geschichte und Entwicklung der dynamischen Psychiatrie von den Anfängen bis zu Janet, Freud, Adler und Jung* (Zürich: Diogenes).

Elster, J. (Hg.), 1985, *The Multiple Self* (Cambridge: Cambridge University Press).

Figley, Charles, 1985, *Trauma and Its Wake* (New York: Bunner & Mazel).

Fischer-Homberger, E., 1975, *Die traumatische Neurose. Vom somatischen zum sozialen Leiden* (Bern: Huber).

Forrester, John, 1997, *Dispatches from the Freud Wars: Psychoanalysis and its Passions* (Cambridge: Harvard University Press).

Freyd, Jennifer J., 1996, *Betrayal Trauma: The Logic of Forgetting Childhood abuse* (Cambridge: Harvard University Press).

Garret, Laurie, 1995, *The Coming Plague: Newly Emerging Diseases in a World Out of Balance* (New York: Penguin).

Gelles, Richard J., 1975, »The Social Construction of Child Abuse«, in *American Journal of Orthopsychiatry* 45.

– 1987, *Family Violence* (Newbury Park: Sage).

Gergen, Kenneth, 1996, D*as übersättigte Selbst. Identitätsprobleme im heutigen Leben* (Heidelberg: Carl-Auer-Systeme).

Gilman, Sander L., 1988, *Disease and Representation: Images of Illness from Madness to AIDS* (Ithaca: Cornell University Press).

– und H. King, R. Porter, G. S. Rousseau, E. Showalter, 1993, *Hysteria Beyond Freud* (Berkeley: University of California Press).

Giovannono, Jeanne M. und R.M. Becerra, 1982, *Defining Child Abuse* (New York: The Free Press).

Glass, James M., 1993, *Shattered Selves. Multiple Personalities in a Postmodern World* (Ithaca: Cornell University Press).

Goldstein, Eleanor und K. Farmer, 1992, *Confabulations: Creating False Memories, Destroying Families* (Boca Raton: Social Issues Resources Series).

Gordon, Linda, 1988, *Heroes of Their Own Lives: The Politics and History of Family Violence* (New York: Viking).

Gree, Bonnie L., J.P. Wilson und J.D. Lindy, 1985, »Conceptualizing Post-Traumatic Stress Disorder: A Psychosocial Framework«, in C. Figley (Hg.), *Trauma and its Wake* (New York: Brunner & Mazel).

Gross, Peter, 1994, *Die Multioptionsgesellschaft* (Frankfurt/M.: Suhrkamp).

Haaken, Janice, 1998, *Pillar of Salt: Gender, Memory, and the Perils of Looking Back* (New Brunswick: Rutgers University Press).

– 1994, »Sexual Abuse, Recovered Memory, and Therapeutic Practice: A Feminist-Psychoanalytic Perspective«, in *Social Text* 40.

Hacking, Ian, 1991, »Two Souls in One Body«, in *Critical Inquiry* 17.

– 1992, »Multiple Personaliy Disorder and its Hosts«, in *History of Human Sciences* 5.

– 1995, »Multiple Personality and Gender: A Historical Approach«, in M.V. Seeman (Hg.), *Gender and Psychopathology* (Washington DC: American Psychiatric Press).

– 1996, *Multiple Persönlichkeit. Zur Geschichte der Seele in der Moderne* (München: Hanser).

Hale, Nathan G. Jr., 1995, *The Rise and Crisis of Psychoanalysis in the United States* (New York: Oxford University Press).

Hawthorn, Jeremy, 1983, *Multiple Personality and the Desintegration of the Literary Character. From Oliver Goldsmith to Sylvia Plath* (London: Edward Arnold).

Herman, Judith L., 1988, »Considering Sex Offenders: A Model of Addiction«, in *Signs* 13.

– 1992, *Trauma and Recovery* (New York: Basic Books).

Huber, Michaela, 1995, *Multiple Persönlichkeiten. Überlebende extremer Gewalt. Ein Handbuch* (Frankfurt/M.: Fischer).

Hughes, Robert, 1995, *Denn ich bin nichts, wenn ich nicht lästern darf* (München: Knaur).

Jacobs, Janet Liebman, 1993, »Victimized Daughters: Sexual Violence and the Empathic Female Self«, in *Signs* 19.

Kenny, M., 1986, *The Passion of Ansel Bourne* (Washington DC: Smithsonian Series of Ethnographic Inquiry).

Kluft, R.P. und C.G. Fine (Hg.), 1993, *Clinical Perspectives on Multiple Personality Disorder* (Washington DC: American Psychiatric Press).

Kolk, Bessel A. van der, 1987, *Psychological Trauma* (Washington DC: American Psychiatric Press).

Krippner, Stanley und S.M. Powers (Hg.), 1997, *Broken Images, Broken Selves: Dissociative Narratives in Clinical Practice* (New York: Brunner & Mazel).

Laing, R.D., 1972, *Das geteilte Selbst. Eine existentielle Studie über geistige Gesundheit und Wahnsinn* (Köln: Kiepenheuer & Witsch).

Leys, Ruth, 1992, »The Real Miss Beauchamp«, in J. Butler und J. Wallach Scott (Hg.), *Feminists Theorize the Political* (New York: Routledge).

– 1992, »Traumatic Cures: Shell Shock, Janet, and the Question of Memory«, in *Critical Inquiry* 20.

Lifton, Robert J., 1993, *The Protean Self. Human Resilience in an Age of Fragmentation* (New York: Basic Books).

Loftus, E. und K. Ketcham, 1995, *Die therapierte Erinnerung* (Hamburg: Klein).

Lunbeck, Elizabeth, 1994, *The Psychiatric Persuasion* (Princeton: Princeton University Press).

Masson, Jeffrey, 1992, *The Assault on Truth. Freud and Child sexual Abuse* (New York: Harper Collins).

– 1995, *Was hat man dir, du armes Kind, getan? Oder: was Freud nicht wahrhaben wollte* (Freiburg i. Br.: Kore). Neu übersetzt und kritisch bearbeitet von Monika Waldmüller, mit Massons Vorworten zu den amerikanischen Ausgaben von 1984 und 1992.

Micale, Mark S., 1994, *Approaching Hysteria* (Princeton: Princeton University Press).

– 1991, »Hysteria Male/ Hysteria Female«, in M. Benjamin (Hg.), *Science and Sensibility* (London: Basil Blackwell).

– und R. Porter (Hg.), 1994, *Discovering the History of Psychiatry* (New York/ Oxford: Oxford University Press).

Miller, Karl, 1985, *Doubles. Studies in Literary History* (Oxford: Oxford University Press).

Mulhern, Sherrill, 1993, »La Trauma Perdue: La trouble de la personalité perdue«, in *Chimère* 18.

– 1994, »Satanism, Ritual Abuse, and Multiple Personality Disorder«, in *Journal of Clinical and Experimental Hypnosis* 1002/ Oktober.

– 1995, »Deciphering Ritual Abuse: A Socio-Historical Perspective«, in *International Journal for Clinical and Experimental Hypnosis*.

Nathan, Debbie und M. Snedeker, 1995, *Satan's Silence: Ritual Abuse and the Making of a Modern American Witch Hunt* (New York: Basic Books).

Neal, Arthur G., 1998, *National Trauma and Collective Memory: Major Events in the American Century* (Armorik: E.M. Sharpe Inc.).

Nelson, Barbara J., 1984, *Making an Issue of Child Abuse: Political Agenda for Social Problems* (Chicago: University of Chicago Press).

North, C.S. (Hg.), 1993, *Multiple Personalities, Multiple Disorders. Psychiatric Classification and Media Influence* (Oxford: Oxford University Press).

Ofshe, Richard und E. Watters, 1996, *Die mißbrauchte Erinnerung. Von einer Therapie, die Väter zu Tätern macht* (München: Deutscher Taschenbuch Verlag).

Parton, Nigel, 1985, *Politics of Child Abuse* (New York: Macmillan).

Pendergrast, Mark, 1995, *Victims of Memory: Incest Accusations and Shattered Lives* (Hinesberg: Upper Access).

Philipson, Ilene, 1993, *On the Shoulders of Women: The Feminization of Psychology* (New York: Guilford Press).

Piper, August, 1997, *Hoax and Reality: The Bizarre World of Multiple Personality Disorder* (Dunmore: Jason Arondson Publishers).

Prince, Morton, 1978, *The Dissociation of a Personality. The Hunt for the Real Miss Beauchamp*. Mit einer neuen Einleitung von Charles Rycroft (Oxford: Oxford University Press).

Putnam, Frank W., 1989, *Diagnosis and Treatment of Multiple Personality Disorders* (New York: Guilford).

Quen, Jacques M., 1984, *Split Minds / Split Brains. Historical and Current Perspective* (New York: New York University Press).

Richardson, J.T., J. Best und D.G. Bromley, 1991, *The Satanism Scare* (New York: de Gruyter).

Rivera, Margo, 1987, »Am I a Boy or a Girl? Multiple Personality as a Window on Gender Differences«, in *Resources for Feminist Research 17.*

- 1988, *All of Them to Speak: Feminism, Poststructuralism, and Multiple Personality* (Ph. D. Dissertation, University of Toronto).

- 1991, »Multiple Personality Disorder and the Social Systems: 185 Cases«, in *Dissociation 4.*

- 1996, *More Alike Than Different: Treating Severely Dissociative Trauma Survivors* (Toronto: University of Toronto Press).

Rosenberg, Charles E. und J. Golden (Hg.), 1992, *Framing Disease* (New Brunswick: Rutgers University Press).

Ross, Colin R., 1997, *Dissociative Identity Disorder: Diagnosis, Clinical Features, and Treatment of Multiple Personality* (Somerset: Wiley).

Roth, M.S., 1991, »Remembering Forgetting: *Maladies de la mémoire* in Nineteenth-Century France«, in *Representation 26.*

Rush, Florence, 1989, *Das bestgehütete Geheimnis: sexueller Mißbrauch von Kindern* (Berlin: Orlanda).

Rutschky, Katharina, 1992, *Erregte Aufklärung: Kindesmißbrauch: Fakten und Fiktionen* (Hamburg: Klein Verlag).

Saks, Elyn R., 1994, »Does Multiple Personality Disorder Exist? The Beliefs, the Data, and the Law«, in *International Journal of Law and Psychiatry 17.*

- und S.H. Behnke, 1997, *Jekyll on Trial: Multiple Personaliy Disorder and Criminal Law* (New York: New York University Press).

Shengold, Leonard, 1995, *Soul Murder. Seelenmord - die Auswirkungen von*

Mißbrauch und Vernachlässigung in der Kindheit (Frankfurt/M.: Brandes und Apsel).

Shorter, Edward, 1992, *From Paralysis to Fatigue* (New York: The Free Press).

– 1994, »The Reinvention of Hysteria«, in *Times Literary Supplement*, 17. Juni.

Showalter, Elaine, 1985, *The Female Malady: Women, Madness, and English Culture* (New York: Shengold).

– 1997, *Hystorien. Hysterische Epedemien im Zeitalter der Medien* (Berlin: Berlin Verlag).

Slovenko, R., 1993, »The Multiple Personality and the Criminal Law«, in *Medicine and Law* 12.

Spanos, Nicholas P., 1996, *Multiple Identities and False Memories. A Sociocognitive Perspective* (Washington DC: American Psychological Assoziation).

– mit J.R. Weekes und D.B. Lorne, 1985, »Multiple Personality: A Social Psychological Perspective«, in *Journal of Abnormal Psychology* 94.3.

Spence, Donald P., 1982, *Narrative Truth and Historical Truth: Meaning and Interpretation in Psychoanalysis* (New York: Norton).

Tavris, Carol, 1992, *The Mismeasure of Woman* (New York: Simon and Schuster).

Taylor, Charles, 1994, *Quellen des Selbst. Die Entstehung der neuzeitlichen Identität* (Frankfurt/M.: Suhrkamp).

Terr, Lenore, 1994, *Unchained Memories: True Stories of Traumatic Memory, Loss* (New York: Basic Books).

– 1993, »Beware the Incest-Survivor Machine«, in *New York Times Book Review*, 3. Januar.

Trimble, Michael R., 1985, »Posttraumatic Stress Disorder: History of a Concept«, in C. Figley, *Trauma and its Wake* (New York: Brunner & Mazel).

Turkle, Sherry, 1984, *The Second Self: Computers and the Human Spirit* (New York: Simon & Schuster).

– 1998, *Leben im Netz. Identität in Zeiten des Internet* (Reinbek: Rowohlt).

– 1996, »Who Am We? – We are moving from a modernist calculation to a postmodernist simulation, where the self is a multiple, distributed system«, in *Wired 4.1.*

– 1997, »Multiple Subjectivity and Virtual Community at the End of the Freudian Century«, in *Sociological Inquiry* 67.1.

Usher, Jane, 1991, *Women's Madness: Misogyny or Mental Illness?* (New York / London: Harvester/Wheatsheaf).

Veith, Ilza, 1965, *Hysteria: The History of a Disease* (Chicago: University of Chicago Press).

Victor, Jeffrey S., 1993, *Satanic Panic: The Creation of a Contemporary Legend* (New York: Open Court).

Wallen, Ruth, 1994, »Memory Politics. The Implications of Healing from Sexual Abuse«, in *Tikkun* Nov./ Dez.

Wassil-Grimm, Claudette, 1995, *Diagnosis for Disaster* (Woodstock: Overlook Press).

Yapko, Michael D., 1996, *Fehldiagnose sexueller Mißbrauch* (München: Knaur).

Biographische Angaben

Christina von Braun, Prof. Dr. phil., Kulturtheoretikerin, Autorin und Filmemacherin. 1944 in Rom geboren. Studium in den USA und Deutschland. Von 1969 bis 1981 in Paris ansässig als freischaffende Autorin und Filmemacherin. 1991-1993 Fellow am Kulturwissenschaftlichen Institut in Essen. Seit 1994 Lehrstuhlinhaberin für Kulturwissenschaft an der Humboldt-Universität zu Berlin. Bücher und Aufsätze über das Wechselverhältnis von Geistesgeschichte und Geschlechterrollen, u. a. *Nicht ich. Logik, Lüge, Libido* (1985) und *Die schamlose Schönheit des Vergangenen* (1989).

Gabriele Dietze, studierte Germanistik und Philosophie, arbeitete als Literaturkritikerin und Lektorin und promovierte in Amerikanistik. Unterrichtet Gender Studies und amerikanische Kultur an der Humboldt Universität zu Berlin. Veröffentlichungen im Bereich feministische Theorie, Cultural Studies und Populärkultur, u.a. *Die Überwindung der Sprachlosigkeit* (hg. 1979) *Hard Boiled Woman. Geschlechterkriege im Amerikanischen Kriminalroman* (1997)

Ian Hacking, Professor für Philosophie an der University of Toronto. 1936 in Vancouver, Kanada geboren. Er ist Mitglied des Institute for the History and Philosophy of Science and Technology an der University of Toronto. Zahlreiche Veröffentlichungen. In deutscher Übersetzung liegen vor: *Über die Bedeutung der Sprache für die Philosophie* (1984), *Einführung in die Philosophie der Naturwissenschaften* (1996) und *Multiple Persönlichkeit. Zur Geschichte der Seele in der Moderne* (1996).

Tilo Held, Priv.-Doz. Dr. med. Psychiater und Psychoanalytiker. 1938 geboren, Studium in Tübingen und München, von 1965 bis 1981 in Paris tätig in der Entwicklung neuer sozialpsychiatrischer Konzepte. Seit 1981 Ärztlicher Direktor der Rheinischen Landesklinik Bonn. 1990 Hermann-Simon-Preis für Sozialpsychiatrie. Forschungsschwerpunkt psychotherapeutische Verfahren in der Schizophreniebehandlung. Veröffentlichungen u. a. : *Psychiatrische Familienpflege* (1989) und *Schizophreniebehandlung in der Familie* (1995).

Reinhard Isensee, Dr. Phil., Dozent für Amerikanistik an der Humboldt-Universität zu Berlin. 1955 geboren, Studium in Berlin, Studien- und Lehraufenthalte in den USA. Promovierte zum amerikanischen Naturalismus und Realismus. Zahlreiche Veröffentlichungen zu amerikanischer Jugendliteratur in den USA und Deutschland.

Ursula Link-Heer, Prof. Dr. Phil., Professorin für Allgemeine und Vergleichende Literaturwissenschaft an der Universität Bayreuth. Geboren 1948, Studium der Romanistik, Germanistik und Philosophie in Bochum, Salamanca und München. Gastprofessuren in Minneapolis, USA und Montréal, Kanada. Arbeitet zu Diskurstheorie und -analyse. Veröffentlichungen u. a. mit Volker Roloff: *Luis Buñuel. Literatur - Film - Intermedialität* (1994) und *Proust und die Philosophie* (1997).

Sherry Turkle, Professorin für Soziologie am Massachusetts Institute of Technology. In New York geboren, Studium an der University of Chicago und Harvard University. Sie ist Mitglied der Boston Psychoanalytic Society. Zahlreiche Veröffentlichungen zu Psychoanalyse und Kultur und zur "subjektiven Seite" der menschlichen Beziehungen mit Technologie, insbesondere mit Computern. Sie ist Autorin von *Psychoanalytic Politics: Jacques Lacan and Freud's French Revolution* (1978/ 92), *The Second Self: Computers and the Human Spirit* (1984) und *Leben im Netz* (1998)